Bruno Sandkühler

Begegnung mit dem Islam

Drei Jahrtausende: Moschee und Sphinxallee in Luxor

Bruno Sandkühler

Begegnung mit dem Islam

Lebensformen und Perspektiven einer Religion

Verlag Freies Geistesleben

1. Auflage 2005

Verlag Freies Geistesleben
Landhausstraße 82, 70190 Stuttgart
Internet: www.geistesleben.com

ISBN 3-7725-2038-3

Umschlagfoto: Rainer Drexel / Bilderberg
Alle Fotos im Innenteil (bis auf Seite 109) stammen vom Autor
Druck: ScandBook AB, Falun

Inhalt

Vorwort

Kampf der Kulturen? – Welcher Kulturen? Was bedeuten uns die allgegenwärtigen Etiketten «Demokratie», «Christentum»? Was vermuten wir hinter den Anderen – «*Der* Islam», «*Die* Araber»…?

Viel zu selten machen wir uns den Unterschied zwischen den kodifizierten Lehren und den tatsächlich gelebten Werten bewusst. Es scheint kaum jemanden zu beunruhigen, dass die Auszahlung von Millionenprämien an Mannesmann- oder Elf-Manager, dass Asylfragen und Umweltverhalten, ja unser gesamter Alltag sich nicht am Maßstab unserer vorgeblichen «christlichen Werte» orientieren, sondern an egoistischen oder abstrakt juristischen oder wirtschaftlichen Kriterien.

Im Islam ist vielfach noch die gegenteilige Tendenz vorherrschend. Religion und Alltag sind eng verknüpft. Alle gesellschaftlichen Bereiche bestimmen sich aus der Religion. Da es keine Kirche gibt, kann es islamisch gesehen auch keine Trennung von Kirche und Staat geben. Islam ist kein Gedankengebäude, sondern eine innere Haltung. Al-Bukhari schreibt in der Einleitung zu seiner maßgeblichen Sammlung von Aussprüchen des Propheten Mohammed: «*Es ist doch wahrlich das Handeln des Menschen gemäß seinen Intentionen, und jeder wird erhalten, wonach er streb*t.» Dieser Begriff der Intention, der *Niyah*, ist ein lebendiges Fundament des islamischen Lebens. Von Inhalt und Zielrichtung dieser Intentionen wie auch von Abirrungen wird im Lauf der folgenden Ausführungen vielfach die Rede sein. Schon hier sei aber die Meinung geäußert, dass die islamischen Grundwerte sich gegenüber der fortschreitenden Amerikanisierung in der Seele der Muslime wie im Alltag wesentlich stärker behauptet haben als die christlichen in unseren westlichen Gesellschaften. Hier ist ein Motor der gegenwärtigen Problematik zu suchen. Mohammed Atta, einer der Attentäter vom 11. September 2001, hatte alle Stufen der westlichen Wissenschaftsbildung durchlaufen. Er führte scheinbar ein

Leben wie alle seine deutschen Kommilitonen auch. Seine Intention aber war eine fundamental andere.

Mit dem vorliegenden Buch wird der Versuch gemacht, die Ansichten Andersgläubiger nicht aus überlegener Sicht zu kritisieren, sondern in ihrer Vielschichtigkeit darzulegen und für Zeitgenossen, die guten Willens sind, verständlicher zu machen. Dabei wurden bevorzugt auch islamische Quellen herangezogen. Ausgehend von den wichtigsten islamischen Glaubensinhalten und der Vielfalt der historischen Ausprägungen werden in einem weiteren Schritt die Beziehungen zum Westen aufgezeigt, die am Ende nicht unwesentlich zur heutigen Konfrontation beigetragen haben. Auf eine neuerliche Definition der heute gängigen Begriffe *Fundamentalismus, Islamismus* usw. wurde bewusst verzichtet. Wo sie gebraucht werden, wird der Leser unschwer erkennen, was gemeint ist.

In einem abschließenden Kapitel sollen Gedanken zum weiteren Dialog angeregt werden.

Immer wieder hört man in der gegenwärtigen Diskussion die Frage, ob ein Gespräch mit dem Islam überhaupt noch möglich sei – womit wir wieder am Anfang dieser Vorbemerkungen sind: Die Antwort wird davon abhängen, was wir unter Islam verstehen. Für den künftigen Dialog wird es wichtig sein, die im Islam selbst vorhandenen zukunftsorientierten Ansätze zu kennen und zu ihrer Wirksamkeit beizutragen.

Sicher ist eines: Der Islam ist eine rasch expandierende Weltreligion.[1] «Wenn man behauptet, dass der Islam als solcher seine Anhänger zu Archaismus und Despotismus verleitet, versperrt man sich die Möglichkeit, eine Entwicklung auf unserem Planeten – die Muslime machen immerhin ein Viertel seiner Bewohner aus – ins Auge zu fassen, die zu einer Welt führt, in der Menschsein den höchsten Wert darstellt».[2]

Vorbemerkungen

Zur arabischen Sprache und Schrift

Im Gegensatz zu den indogermanischen Sprachen bestimmt im Arabischen nicht in erster Linie das Klangbild die Bedeutung der Wörter, sondern der konsonantische Kern. Im Deutschen etwa umfassen Wortgruppen wie *Wall, Welle, Wille und Wolle* oder *Leder, Lieder, Luder* und *leider* ganz verschiedene Bedeutungen, im Arabischen hätte die Tatsache, dass jeweils die Konsonanten w-l-l, bzw. l-d-r enthalten sind, auch eine Bedeutungsverwandtschaft zur Folge. Wörter können dann sehr verschieden klingen, aber dennoch ähnliche Bedeutungen haben. Originär arabischen Wörtern liegen jeweils drei sogenannte Radikale oder Wurzelkonsonanten zu Grunde. In der 3. Person der Vergangenheitsform der Verben sind sie am klarsten erkennbar. Nehmen wir zum Beispiel die Radikale s-l-m, so finden wir darin als Grundbedeutung Heil, Gesundheit. *Salima* meint dann «er war gesund, wohlbehalten». Von hier aus bilden sich die uns wohlbekanntenWörter *as-salâm* (Heil, Friede – wie im Gruß *as-salâmu 'alêikum*), *Islâm,* das Sich-dem-Heil-Einfügen, *muslim*[3], der sich dem Heil anheim gibt, usw.

Ein zweites nahe liegendes Beispiel gibt der Name des Propheten. *Mohammed* (in anderer Umschrift *Muhammad*) enthält neben der uns nun schon bekannten Vorsilbe mu- die Konsonantenfolge h-mm-d; die Verdoppelung des m ist hier eine grammatische Verstärkung, also bleiben h-m-d mit der Bedeutung des Lobpreisens und Segnens. *Mohammed* ist somit der Hochgepriesene, Hochgesegnete. Derselben Wurzel – und doch einem ganz anderen Klang – begegnen wir in Namen wie *Ahmed, Mahmûd* oder *Hamdi,* wie auch in dem Ausdruck *al-hamdu li'llah,* Preis sei Gott, Gott sei Dank.

Das arabische Alphabet umfasst 28 Konsonantenzeichen, davon drei Halbkonsonanten, die auch als Vokalträger dienen[4]. Von diesen 28 Zeichen sind nur sechs eindeutig, die übrigen unterscheiden sich nur durch über- oder untergesetzte Punkte, die in der Anfangszeit noch nicht konsequent geschrieben wurden. Der Buchstabenkörper verändert sich mit seiner Stellung im Wort – als Beispiel die Zeichen für n, nûn: Am Wortanfang ﻧ in der Wortmitte ﻨ, am Wortende oder frei stehend ن.

Obwohl das Arabische über einen großen Reichtum vokalischer Klangfarben verfügt, werden die Vokale in der Schrift stiefmütterlich behandelt: Kurze Vokale werden entweder gar nicht geschrieben oder durch Hilfszeichen markiert, die langen Vokale o, u, e und i müssen sich auf die zwei Halbkonsonanten w und y stützen, oder sie erhalten wie das lange a als symbolischen Träger die aufrechte Gerade ا, Alif. So erklärt es sich, dass arabische Wörter in verschiedener Form in das lateinische Alphabet übertragen werden können, z.B. ist für den Artikel sowohl al- als auch el- möglich, die weibliche Endung wird sowohl als -a, als auch als -ah oder -at transkribiert.

Eine Konsequenz daraus führt zum einen dazu, dass man die Sprache kennen muss, um Geschriebenes vorlesen zu können (in Europa kann ein Spanier prinzipiell Deutsch vorlesen, selbst wenn er nichts davon versteht, er erkennt also z.B. Straßen- und Ortsnamen); zum anderen muss man *muslim* in wissenschaftlichen Wörterbüchern nicht unter M suchen, sondern unter S-L-M; und schließlich, was gravierender ist, kann ein nicht vokalisierter Text zu allerlei Missverständnissen führen.[5]

Schließlich ist noch anzumerken, dass das Arabische keine Hilfsverben kennt, und dass das Verb nicht die uns gewohnten Zeiten bildet, sondern nur eine vollendete (alles Vergangene) und eine unvollendete Form (Gegenwärtiges und Zukünftiges). Dafür entwickelt es eine andere Kraft durch Erweiterungen seines Stamms in bis zu zehn Metamorphosen, wodurch die Bedeutung verstärkt wird oder reflexiven, instrumentalen, reziproken u.a. Charakter annimmt.

Umschrift und Aussprache arabischer Buchstaben

Der Übertragung arabischer Wörter und Begriffe in lateinische Schrift lässt sich kaum ohne allerlei Inkonsequenzen durchführen, nachdem die verschiedensten Systeme in Anwendung sind und sich zudem manche Wörter in einer bestimmten Schreibweise eingebürgert haben. Daher gibt es auch im vorliegenden Buch einige Ausnahmen. Eine davon besteht darin, dass zur Vereinfachung für *hamza,* den hörbaren Anlaut, bzw. Zwischenraum zwischen zwei Vokalen, dasselbe Zeichen benutzt wird wie für *'ain,* den konsonantischen Kehlverschlusslaut (s.u.). Der Artikel wird durchgehend mit *al-* wiedergegeben (gesprochen zwischen *al-* und *el-*); andere (*-ul* oder *-il* in der Literatur) können in Deklinationsformen begründet sein. Das -t der weiblichen Endung ist durchgehend weggelassen. Auf eine Unterscheidung der emphatischen (d.h. mit am Gaumen liegender Zunge gesprochenen) Konsonanten s, d, th und t von den entsprechenden normalen wurde ebenso verzichtet wie auf die Unterscheidung des stimmhaften und stimmlosen th. Prinzipiell gilt somit die folgende Tabelle.

ا	Alif, Vokalträger, oder a
ب	b
ت	t
ث	th (engl. thing)
ج	dj (ital. gelato)
ح	h (gehaucht, hörbarer Atemstrom)
خ	kh (ach)
د	d
ذ	th (engl. there)
ر	r
ز	z (stimmhaft wie franz. *zone*)
س	s
ش	sch
ص	s (Zunge am Gaumen)
ض	d (Zunge am Gaumen)
ط	t (Zunge am Gaumen)
ظ	th (Zunge am Gaumen)
ع	' Kehlverschlusslaut (er'ahnen, ver'ehren)

غ	gh
ف	f
ق	q
ك	k
ل	l
م	m
ن	n
ه	h
ة	ah, at (als weibl. Endung)
و	w, u
ي	y, i

Die Buchstaben werden eingeteilt in Sonnen- und Mondbuchstaben, wonach Sonnenbuchstaben das vorangehende *al-* des Artikels assimilieren, die Mondbuchstaben dagegen nicht. Die Sonne wird dann nicht *al-schams* ausgesprochen, sondern *asch-schams*, der Mond aber behält das hörbare l und bleibt *al-qamar.* Obwohl dies, und nicht nur im europäischen Gebrauch, häufig außer Acht bleibt, ist es doch eine wichtige sprachliche Eigenheit; daher habe ich mich hier zur Konsequenz entschlossen, selbst wenn dadurch aus dem vertrauten *Harûn al-Raschîd* ein *Harûn ar-Raschîd* wurde.

Eine schwierige Entscheidung

Im Koran wie im gesamten islamischen Gebrauch wird *Allah* als Name Gottes benutzt. Es ist üblich geworden, in Übersetzungen diesen Namen beizubehalten, d.h. er wird fast wie ein Eigenname behandelt. Andererseits legt aber der Koran Wert darauf, dass Allah dasselbe göttliche Wesen ist wie der Gott Abrahams, also des Alten und, mit Ausnahme der Gottessohnschaft, auch des Neuen Testaments. Die in *Allah* enthaltene Konsonantenwurzel bedeutet «Gott», wie auch im Glaubensbekenntnis des Gebetsrufes täglich mit dem Plural derselben Wortwurzel bezeugt wird, dass es keine Götter außer ihm gibt. Nach meinem Empfinden wird mit der Beibehaltung des *Allah* unnötigerweise eine gewisse exotische Andersartigkeit suggeriert, sodass in diesem Buch bis auf wenige Ausnahmen das Wort «Gott» auch im islamischen Zusammenhang Verwendung findet.

Verszählung im Koran

Die gängigen europäischen Koranübersetzungen weisen zwei verschiedene Verszählungen auf. Ich habe die originale arabische Zählung übernommen, die z.B. in der französischen Pléiade-Ausgabe benutzt wird. Wo es Abweichungen gibt, sind sie niemals sehr groß, sodass eine kurze Suche in der Nähe des angegebenen Verses stets zum Erfolg führen wird, falls man eine andere Ausgabe in der Hand hat.

Zeitangaben

Alle Zeitangaben folgen der Zeitrechnung nach Christi Geburt.

Abkürzungen

Sekundärliteratur wird in der Regel mit Autor bzw. verkürztem Titel zitiert. Die vollständigen Angaben finden sich im Literaturverzeichnis. Darüber hinaus gelten folgende Kürzel:

A.H.	Anno Hegiræ = seit dem Auszug Mohammeds nach Medina, 622 n.Chr.
AHDR	Arab Human Development Report
AvL	Avicenna Latinus, Liber de Anima, hg. von S. van Riet, Louvain/Leiden, 1968-72
BS	Bruno Sandkühler
DF	Al-Bukhari: Detti e fatti del profeta dell'Islam, Torino 1982 (alle hieraus entnommenen Zitate von BS ins Deutsche übertragen)
DSM	Malek Chebel, Dictionnaire des symboles musulmans, Paris 1995

EI	Enzyklopädie des Islam
FHQ	Fourty Hadith Qudsi. Revival of Islamic Heritage Society, Islamic Translation Center, Aldahieh, Kuwait o.J.
GRLMA	Grundriss der roman. Literaturen des Mittelalters
IMA	G.E. von Grunebaum: Der Islam im Mittelalter, Zürich/Stuttgart 1963
LAW	S. und N. Ronart: Lexikon der Arabischen Welt, Zürich/München 1972
LMA	Lexikon des Mittelalters München/Zürich 1977–94
MSA (-USC)	Association of Muslim Students of the University of South Carolina mit der Internet-Seite http://www.usc.edu/dept/MSA (Zitate v. BS aus dem Engl. übers.) Wo nicht anders vermerkt, entstammen alle Hadith-Zitate dieser Quelle.
RFMÆ	Repertorium Fontium Medii Ævi
SWEC	P.L. Butzer (Hg.): Science in Western and Eastern Civilization, Basel 1993
TL	Wolfgang Buchwald (Hg.) u.a. Tusculum Lexikon griech. u. lat. Autoren des Altertums und des Mittelalters, München/Zürich, 3.Aufl. 1982

1. Grundlagen

Quellen

Mohammed und der Koran

Mekka, im Niemandsland zwischen den Reichen, seit alters auch Ziel von Pilgern der Beduinenvölker aus der Arabischen Wüste. Sie kamen zum Kubus, der Qaaba, um dort Gott in dem vom Himmel gestürzten schwarzen Stein zu verehren. So galt der Ort seit Urzeiten als heilig und unverletzlich, und es scheint dort auch – neben der im Koran verteufelten Vielgötterei – von jeher die Verehrung eines alleinigen Gottes gelebt zu haben. Daher kann Mohammed später sagen: *«Ich erhielt lediglich die Weisung, den Herrn dieser Stätte zu verehren, die er geheiligt hat – alles ist sein!»*[6]

Der für Mekka geltende Gottesfriede bildete die ideale Grundlage einer wirtschaftlichen Blüte, denn selbst verfeindete Stämme konnten gefahrlos die dortigen Märkte besuchen. In allen arabischen Orten definierten sich die Bewohner nicht durch den Ort – also etwa als Mekkaner oder Medinenser – sondern durch die Stammes- oder Sippenzugehörigkeit. In Mekka herrschte der Stamm der Qoreisch; ihm oblag es, und obliegt es noch heute, das Heiligtum zu bewachen und das Pilgerwesen zu ordnen.

Neben den heidnischen Kulten blühte in Mekka aber auch eine bedeutende christliche Gemeinde, mit der sich Mohammed auseinander zu setzen hatte und deren Einfluss auf den jungen Islam neuerdings wieder ins Licht der Diskussion gerückt ist[7].

Mohammeds Sippe, die Banu Hâschim, bildeten eine Untergruppe der Qureisch. Früh zur Waise geworden, wuchs er unter der Obhut der Verwandten auf und trat als junger Mann in den Dienst der reichen Kaufmannswitwe Khadidja, die ihn in der Folge als etwa 25-

Jährigen heiratete. Da aus der Zeit vor seiner Berufung nur sehr vage Daten überliefert sind, bleiben die Umstände dieser Lebensphase umrisshaft. Khadidja war offenbar fast zwei Jahrzehnte älter, sodass man sie gleichzeitig als Frau und mütterliche Beschützerin sehen darf. Die Überlieferung zeigt sie als diejenige, die dem durch seine Erlebnisse zutiefst erschütterten Mohammed Mut und Sicherheit vermittelte. Von den sieben Kindern dieser Ehe überlebten nur die vier Töchter. Fatima, die jüngste, sollte später in ihrer Ehe mit Ali welthistorische Bedeutung erreichen.[8]

Mohammed hatte das vierzigste Lebensjahr überschritten, als sich in Träumen eine Verbindung zu höheren Mächten ankündigte – eine Verbindung, die bereits in seinem Namen anklingt, denn Mohammed bedeutet *«Der Hochgesegnete»*. Zwei auf Aischa, die zweite und jüngste der Ehefrauen Mohammeds, zurückgehende Hadithe geben einen Einblick in den Vorgang:

Aischa erzählte: «Zum ersten Mal zeigte sich die Offenbarung dem Gesandten Gottes – möge Gott ihn segnen und ihm ewiges Heil gewähren – in einem wahrhaftigen Traumgesicht im Schlaf. Alle seine Visionen erreichten ihn in gleicher Weise im Morgengrauen. Darauf begann er die Einsamkeit zu lieben; er zog sich allein in die Höhle von Hira zurück und verbrachte viele Nächte in Andacht, oder vielmehr in Anbetung, bevor er zu seiner Familie zurückkehrte. Dazu nahm er Vorräte mit, ging zu Khadidja, um sich erneut zu versorgen, bis schließlich die Wahrheit zu ihm kam, während er in der Höhle von Hira war. Da kam der Engel zu ihm und sprach: «Lies!»

Er berichtete:

Ich erwiderte: «Ich kann nicht lesen.» Da ergriff mich der Engel und presste mich, bis mich die Kräfte verließen; dann ließ er mich los und sprach: «Lies!»

Ich antwortete wiederum: «Ich kann nicht lesen.»

Da ergriff er mich zum andern Male und presste mich, bis mich die Kräfte verließen, ließ mich wieder los und sprach:

«Lies, im Namen des Herrn, der geschaffen hat.
Der den Menschen aus einem Blutgerinnsel[9] geschaffen hat.
Lies! Denn dein Herr ist der Allgütige.»

Darauf kehrte der Gesandte Gottes – möge Gott ihn segnen und ihm ewiges Heil gewähren – zitternden Herzens nach Hause zurück zu Khadidja, Tochter des Khuwaylid, und rief: «Hüllt mich ein! Hüllt mich ein!» Sie hüllten ihn in den Mantel, bis der Schrecken ihn verließ; da sprach er zu Khadidja und berichtete ihr das Vorgefallene: «Ich fürchtete um mich!» Khadidja sprach zu ihm «Nicht doch! Gott wird dich nie beschämen, bist du doch den Blutsbanden treu, erträgst alles, erarbeitest was von Nöten ist, bist Gästen großzügig und hilfst, wo echtes Unglück ist ...»[10]

Nach derselben Überlieferung bringt nun Khadidja Mohammed zu Waraqah, ihrem blinden alten Vetter. Er ist Christ, hoch gelehrt und wegen seiner Weisheit verehrt. Waraqah hört den Bericht und ist der Ansicht, dass zu Mohammed dieselbe Gottheit gesprochen habe wie zu Moses. Zugleich aber bereitet er Mohammed darauf vor, dass er wie alle Gottesverkünder verfolgt werden würde.

Auf diesen dramatischen Auftakt folgt später noch eine ähnlich erschütternde Vision, in der ihm der Erzengel Gabriel in gewaltiger Größe gegenübertritt. Sie ist in der 53. Sure überliefert. Allgemein aber scheinen die Offenbarungen in der Folge in einem ruhigeren Strom verlaufen zu sein, wie wir aus einem weiteren Hadith schließen können:

Es sagte Aischa, Mutter der Gläubigen, dass al-Harit, der Sohn Hischams, den Gesandten Gottes – möge Gott ihn segnen und ihm ewiges Heil gewähren – folgendermaßen gefragt habe: «Sage mir, Gesandter Gottes, in welcher Weise erreichte dich die Offenbarung?» Darauf hatte der Gesandte Gottes erwidert: «Manchmal kommt sie wie der Klang eines Glöckchens, dann ergreift sie mich am stärksten. Dann verlässt sie mich, doch bleibt das Gesagte mir im Gedächtnis eingeprägt. Ein anderes Mal zeigt sich der Engel in Menschengestalt und spricht zu mir, und ich erinnere, was er sagt.»[11]

In fast allen koranischen Zeugnissen bleibt die Identität der offenbarenden Geistigkeit unbestimmt. Der Name Gabriels wird nur zweimal genannt, mehrfach wird allgemein von einem Engel gesprochen, dann wieder von der «Kraft Gottes». Auch grammatisch fällt eine Unbestimmtheit auf, ein Wechsel zwischen Ich-Form und der Wir-Form. Selbst in der berühmten Sure 53 bleibt die sich offenbarende Kraft verschleiert. Nach einem mehrfach überlieferten Hadith hat es auch Mohammed gegenüber seiner Frau Aischa bekräftigt: Gott spricht nicht unmittelbar.[12]

In der islamischen Tradition ist aufgrund der 97. Sure die Vorstellung lebendig, dass der Koran aus seiner göttlichen Urheimat von der «Behüteten Tafel» (*al lauh al-mahfûz*) in der heiligen Nacht des Göttlichen Beschlusses (*lailat al-qadr*) in den irdischen Himmel herabkam, wo er im «Haus der Kraft» (beyt al-izz) verwahrt wurde; von dort habe Gabriel in Gottes Auftrag die einzelnen Suren im Lauf von 23 Jahren Mohammed offenbart[13].

Der Koran, äußerlich umschrieben

Aus der Bedeutungswurzel *qara'a* und dem aramäischen *queryânâ*, zu übersetzen mit «Lesung» oder «Rezitation».
In der Regierungszeit des Khalifen Osman (644-656 n.Chr.) schriftlich fixiert und seitdem nahezu unverändert überliefert.
114 Kapitel (*suwar*, Einzahl *sura*), heute nach ihrem Umfang geordnet, wobei die längste Sure den Anfang bildet mit Ausnahme der Eröffnungssure (Fatiha).
Die Suren sind nach ihrem Hauptthema bezeichnet. Bei jeder ist der Entstehungsort vermerkt – Mekka oder Medina.
Sie sind gegliedert in Verse («Zeichen», *ayat*) unterschiedlicher Länge (Verszählung, seit 1924 üblich, in arabischen Ausgaben und europäischen Übersetzungen etwas unterschiedlich).
Bis auf die neunte beginnen alle Suren mit der Anrufung «Bismillâh ar-rahmân ar-rahîm» (Im Namen Gottes, des Erbarmers, des Barmherzigen).
26 Suren sind Buchstaben vorangestellt, deren Bedeutung nicht entschlüsselt ist.

Für den gesamten Islam ergibt sich hier eine entscheidende Frage: Kann geistige Wahrheit durch irdische Worte unmissverständlich wiedergegeben werden? Nicht umsonst wird doch betont, dass dem Propheten ein *arabischer* Koran[14] übermittelt wurde, d.h. eine Botschaft in der Sprache, die der Mensch zu einem bestimmten Zeitpunkt in einer bestimmten Gesellschaft verstand. Muss also nicht unterschieden werden zwischen zeitlosen Wahrheiten und historisch bestimmten Entscheidungen, die sogar gelegentlich Antwort auf akute persönliche Anliegen des Propheten und seiner Gemeinschaft geben? Muss nicht das Zustandekommen des seit dem neunten Jahrhundert vorliegenden Textes als ein dialogischer Prozess verstanden werden?[15] Derartige Fragen werden auch von Muslimen immer häufiger gestellt. Koran und Hadith geben dazu interessante Hinweise, auf die ich an geeigneter Stelle zurückkomme.[16]

Über den Koran als Gottes Botschaft gibt es im Islam keinen Zweifel. Allerdings sieht die orthodoxe Sunna die 114 Suren nur als einen blassen Abglanz des im Himmel verborgenen Urkorans, der «Mutter des Buches» an. In zwei Suren[17] gibt es dafür ein anschauliches Bild:

Wären alle Bäume Schreibrohre
und das Meer und sieben weitere Meere lieferten Tinte
fürwahr, sie könnten Allahs Worte nicht erschöpfen.

Abweichend von dieser Auffassung war jedoch die im 8. Jahrhundert entstandene rationalistische Gruppe der Mu'taziliten der Ansicht, dass der arabische Koran von Gott erst im Zuge der Verkündigung an Mohammed geschaffen worden sei.

Es erzählte Zaid, Sohn des Tabit – möge Allah mit ihm zufrieden sein! –: «*Nach der Schlacht von al-Umamah ließ mich Abu Bakr zu sich rufen. Omar war bei ihm*».

Abu Bakr – möge Allah mit ihm zufrieden sein! – sagte: Soeben berichtete mir Omar: «*In der Schlacht von al-Umamah sind viele Koranrezitatoren ums Leben gekommen; ich fürchte sehr, dass dies auch bei weiteren Kämpfen der Fall sein wird und ein großer Teil des Koran verloren geht. Ich denke also, du solltest Befehl erteilen, den Koran vollständig niederzulegen.*»

Ich erwiderte Omar: «*Wie kannst du etwas unternehmen, was der Prophet – möge Allah ihn segnen und ihm ewiges Heil gewähren – zeitlebens nicht unternommen hat?*».

«Bei Gott, es wäre eine gute Tat», erwiderte Omar und ließ nicht locker, bis Allah mein Herz öffnete und ich ihm zustimmte.» (Abu Bakr beauftragt also Zaid.)

Und Zaid sagte ferner:

«Bei Gott, hätte mich Abu Bakr beauftragt, einen Berg zu versetzen, so wäre das für mich keine so schwere Aufgabe gewesen, als den Koran zusammenzustellen. Ich forschte, sammelte, was auf Steinen und Palmstengeln aufgeschrieben oder im Gedächtnis von Menschen bewahrt war; schließlich fand ich sogar noch die beiden letzten Verse der Reue-Sure.»

Der Inhalt der koranischen Offenbarung wird an vielen Stellen als «klare Botschaft» bezeichnet, und doch bedürfen seine Bilder und esoterischen Formulierungen immer wieder der Entschlüsselung, bis in den Sinn einzelner Wörter und Begriffe. Dies geschieht mit der Methode des *tawîl*, d.h. der «Ausdehnung» des Textverständnisses über den Wortsinn hinaus. Besonders in der Rechts- und Strafpraxis kann ein solchermaßen vertieftes Verständnis zu erheblichen praktischen Konsequenzen führen.

Neben den Offenbarungsinhalten umfasst der Koran auch eine Fülle von Bezügen auf das Alte Testament und frühchristliche Anschauungen sowie die schon erwähnten Anspielungen auf damals aktuelle Vorgänge bis zu privaten Regelungen in Mohammeds Familie und detaillierten sozialen, rechtlichen und kommerziellen Vorschriften. Damit erscheint er wie gesagt in seiner Gesamtheit nicht als einheitliche Verkündigung, sondern eher als ein jahrelanger Gesprächsprozess zwischen einem göttlichen Sprachrohr[18], dem Übermittler Mohammed und der entstehenden Gemeinde oder auch den sie umgebenden Heiden, Juden und Christen.

Zu Lebzeiten Mohammeds lebte der Text vor allem mündlich, wobei es nicht nur die von ihm selbst autorisierten sieben Vortragsweisen, sondern auch unterschiedliche Textversionen gab, über die nach seinem Tod erbittert diskutiert wurde.

In dieser Situation unternahm es Zaid ibn Tabit, wohl auf Veranlassung von Abu Bakr, dem ersten Kalifen, eine vollständige Abschrift aller 114 Suren zusammenzustellen. Zaid war schon als Knabe wegen seines hervorragenden Gedächtnisses aufgefallen; war von Mohammed adoptiert worden, hatte schreiben gelernt und später als Sekretär seine Fähigkeiten in den Dienst des Propheten gestellt.[19] Auf Veranlassung Osmans, des späteren dritten Kalifen, wurde dieses erste Exemplar von Zaid vollendet – Osman soll die Suren geordnet und in zweifelhaften Fällen selbst entschieden haben, wobei er sich offenbar manche Gewährsleute zu Feinden machte.[20] Der Kalif soll sodann sieben Abschriften veranlasst und sechs davon in die wichtigsten Städte des damaligen Reiches gesandt haben: nach Mekka, Medina, Damaskus, Kufa/Baghdad und in den Jemen. Trotz vereinzelter Debatten über verschiedene Lesarten oder Vokalisierungen blieb der angeblich unter Osman offiziell gewordene Text bis heute maßgeblich. Eine 1924 in Kairo gedruckte Ausgabe stärkte diese Verbindlichkeit[21]. Aus moderner wissenschaftlicher Sicht sind allerdings mit der Entstehungs- und Überlieferungsgeschichte des Koran vielfältige Einzelfragen verbunden. Auf einige derselben werde ich an späterer Stelle nochmals eingehen.[22]

Die arabische Schrift hat aber einen großen Mangel, nämlich die ähnliche Gestalt der paarweise gleichen Buchstaben und die Notwendigkeit der Unterscheidung durch diakritische Punkte und Vokalzeichen. Wenn man sie weglässt, wird der Sinn verdunkelt, und wenn dann noch das Vergleichen und Korrigieren nach der Vorlage vernachlässigt oder ganz unterlassen wird – und das ist bei unseren Zeitgenossen weit verbreitet – so läuft es auf eines hinaus, ob das Buch noch vorhanden ist oder nicht, und ob man noch weiss, was darin steht oder nicht.

Mohammed al-Biruni, geb. um 1048

Es sind überwiegend nicht-muslimische Gelehrte, deren philologische und historische Forschungen sich weiterhin mit bestimmten problematischen Stellen befassen und zum Teil tief greifende Änderungsvorschläge unterbreiten.[23]

Für den traditionsgebundenen Muslim sind solche Änderungen indiskutabel. Als Wort Gottes ist der Koran jeglichem menschlichen

Zugriff entzogen.[24] Selbst wenn die Grammatik des 7. Jahrhunderts ohne Änderung des Bedeutungsinhalts modernisiert wird, darf ein solcher Text nicht offiziell benutzt werden. Prinzipiell kann der Koran auch nicht übersetzt werden, denn der Übersetzer gibt ja nicht Gottes Wort wieder, sondern nur das eigene Verständnis des authentischen Textes. Eine Übersetzung wird im strengen Sinn denn auch nicht als Koran, sondern als *ma'al,* als Auslegung bezeichnet. So wird der Koran auch im Iran, in Indien oder Indonesien arabisch rezitiert. Manche islamische Gelehrte vertreten sogar die Auffassung, dass ein Verständnis ohne Kenntnis des arabischen Dialektes der Quraisch nicht möglich sei.[25]

Bei dem skizzierten Vorgang des Übergangs aus der mündlichen in die schriftliche Überlieferung spielt die Struktur der arabischen Schrift eine wesentliche Rolle. Die arabischen Buchstaben (bei denen die kurzen Vokale fehlen) bestehen aus drei unterschiedlichen Elementen:

- Dem Grundmuster (rasm).
- Den diakritischen Zeichen, über- oder untergesetzten Punkten verschiedener Anzahl.
- Der Bezeichnung der kurzen Vokale durch weitere über- bzw. untergesetzte Zeichen.

Da in der älteren Schrift oft nur das Grundmuster geschrieben wurde, war der Sinn in solchen Fällen einzig durch den Zusammenhang oder das Verständnis des Lesers zu erkennen. Eine bestimmte Schreibung konnte somit in unterschiedlichster Art gelesen werden, z.B. als schadjar = Baum, sachira = spotten, sahar = Lunge, sihr = Zauber, schachara = wiehern u.a. Daraus ergibt sich die Folgerung, dass die mündliche Rezitation keine Unklarheit ermöglicht, sich aber mit der schriftlichen Festlegung des Korans ein weiter Spielraum ergibt (der Begriff «Festlegung» ist also hier fehl am Platz).[26] Man muss für den zitierten Seufzer des Zaid volles Verständnis haben.

Hadith – die mündliche Überlieferung der Prophetenworte

Was der Prophet mündlich geäußert hatte, oft nur zu einem einzigen Menschen, hatte naturgemäß nicht das Gewicht der Offenbarungstexte. Es drohte sich zu verwandeln oder in Vergessenheit zu geraten. Nach Mohammeds Tod tauchten zudem immer neue Aussprüche unter seinem Namen auf – aus dem Mund der volkstümlichen Wanderprediger, als Argumente bei Auseinandersetzungen, zu politischen Zwecken oder einfach bei der Erörterung gewisser Fragen. Es entstand eine eigene Traditionswissenschaft, *Ilm al-hadith,* die das Überlieferte sammelte und auf seine Echtheit prüfte.

Hundert Jahre später zählte sie bereits mehrere Hunderttausend Aussprüche und über vierzigtausend Gewährsleute. Als echt wurde nur anerkannt, was sich über eine Kette zuverlässiger Gewährsleute bis auf einen der Gefährten des Propheten oder eine seiner Frauen zurückführen ließ. Zu diesem Zweck wurden genau festgelegte Prüfungskriterien und Glaubwürdigkeitskategorien entwickelt. Es ist nicht sicher, wann zum ersten Mal etwas schriftlich festgehalten wurde, aber zu Beginn des zweiten Jahrhunderts A.H. gab es jedenfalls eine Reihe von Sammelwerken, unter denen die «Sechs Bücher» an erster Stelle stehen. Hier wiederum sind die thematisch geordneten Sammlungen von Al-Bukhari und von Muslim ibn al-Hadjadj die wichtigsten. Sie werden als wahrhaftig, *sahih* bezeichnet, d.h. sie enthalten Texte der zuverlässigsten Kategorie, wenngleich auch bei diesen die historische Verbürgtheit vor allem von westlichen Orientalisten nicht ohne weiteres akzeptiert wird. Jeder Hadith besteht aus einer Angabe der Reihe der Gewährsleute, dem *isnâd,* und aus dem überlieferten Wort des Propheten, dem *matn.*

Die Wertschätzung dieser Überlieferungen beruht auf Aussprüchen des Propheten wie dem Folgenden:

«Meine Gefährten sind wie die Sterne am Himmel.
So du einem von ihnen folgst, wirst du den rechten Weg finden.»

Die Hadithe ermöglichen einen ungeheuer reichen und vielfarbigen Einblick in den Diskurs und die gesellschaftlichen Prozesse während der Entstehungszeit des Islam. Leider sind diese Sammlungen hierzulande noch weitgehend unübersetzt und somit für den deutschen Leser schwer zugänglich.[27] Als Kostprobe für die in ihnen aufleuchtende Stimmung mögen die beiden folgenden dienen, die später an entsprechenden Stellen durch weitere ergänzt werden:

Es erzählte Abu Said al-Khudir:

Der Prophet saß einmal auf einer Kanzel und wir saßen um ihn herum. Da sagte er: «Was ich für euch am meisten befürchte, wenn ich nicht mehr da bin, das sind die Freuden und die Pracht der Welt, und ihre Schönheit, die euch eröffnet wird.»

Jemand sagte: «O Gesandter Gottes! Kann denn Gutes Böses hervorbringen?» Der Prophet schwieg eine Weile, und wir sagten zu diesem Mann: «Was ist in dich gefahren? Du sprichst den Propheten an, – Friede und Heil sei mit ihm – wo er doch nicht zu dir gesprochen hat!» Da merkten wir, dass Gottes Inspiration über den Propheten gekommen war. Er wischte sich dann den Schweiß ab und fragte: «Wo ist der Fragesteller?» – offenbar hatte dem Propheten die Frage gefallen. Dann sagte er: «Gutes bringt nie Böses hervor. Es ist indessen so, wie etwas, das an einem Wasserlauf wächst: es kann ein Tier krank machen oder umbringen, es sei denn, das Tier isst sich an dem Grünzeug satt, wendet sich dann der Sonne zu, verrichtet seine Notdurft und grast weiter. Ohne Zweifel ist Reichtum süß und grün. Gesegnet ist der Wohlstand eines Muslimen, von dem er den Armen, den Waisen und den Wanderern abgibt (oder der Prophet sagte etwas Ähnliches). Ohne Zweifel gleicht jeder, der unrechtmäßig zu Wohlstand kommt, einem, der isst, aber nie genug bekommt, und sein Reichtum wird am Tage der Auferstehung zum Zeugnis gegen ihn werden».[28]

Eine besondere Stellung nehmen die *hadith qudsi* ein, die Heiligen Worte. Ihre Überlieferung wird nicht nur bis auf den Propheten zurückgeführt, sondern bis zu Gott selbst, wobei Mohammed der letzte Gewährsmann ist. Nach traditioneller Definition stammt zwar ihr Wortlaut von Mohammed, doch ihr Inhalt von Gott, indem er dem Propheten in Träumen oder außerkoranischen Visionen übermittelt wurde. Solch ein *hadith qudsi* ist zum Beispiel der Folgende:
Nach dem Gewährsmann Abu Hurayra – möge Gott Gefallen an ihm

finden – sagte Gottes Gesandter – Friede sei mit ihm –: «Als Gott die Schöpfung beschloss, verpflichtete er sich, indem er es in Sein bei ihm verwahrtes Buch schrieb: Meine Barmherzigkeit überwiegt meinen Zorn».[29]

Die überwiegende Mehrzahl der in den anerkannten Sammlungen enthaltenen Aussagen betreffen aber Worte des Propheten selbst. Darüber hinaus gibt es nicht wenige aus der Zeit nach seinem Tode, die sich auf seine Gefährten beziehen – insbesondere die ihm Nächststehenden Abu Bakr, Omar und Osman, die in dieser Reihenfolge dann auch die Gemeinschaft der Muslime als Nachfolger des Propheten (als *«rechtgeleitete Kalifen»*) weiterführten. Bezüglich Omars und Osmans ist überliefert, dass Mohammed sie auf ihren Märtyrertod hingewiesen habe.[30]

Aischa bint Abu Bakr, die «Mutter der Gläubigen»

Wie wir zu Beginn dieses Kapitels gesehen haben, hatte schon Mohammeds erste Frau Khadidja entscheidend dazu beigetragen, dass er den Mut fasste, seine Offenbarung in die Öffentlichkeit zu tragen. In Koran und Hadith sind Spuren der Selbstzweifel des Propheten erhalten, die offenbar stets aufs Neue überwunden werden mussten.[31] Nachdem Khadidja um das Jahr 619 gestorben war, heiratete Mohammed Aischa, die blutjunge Tochter des reichen Kaufmanns Abu Bakr, mit dem der nun fünfzigjährige Mohammed seit seiner Jugend aufs engste befreundet war, und der als einer der Ersten zu der neuen Lehre stand.

Das übliche Etikett der «Lieblingsfrau», das man Aischa anzuheften pflegt, wird ihrer Bedeutung in keiner Weise gerecht. Obwohl sie bei der Heirat wohl erst zehn Jahre alt war, erwies sich bald die außergewöhnliche Stärke ihrer Persönlichkeit. Hunderte von überlieferten Aussagen der ersten Gefährten geben ein eindrucksvolles Bild ihrer Rolle als engster Vertrauter des Propheten und als politische Akteurin, besonders nach seinem Tod. Sie gehört zu den wenigen

Menschen, die Veranlassung zu spezifischen Offenbarungen gegeben haben. In der berühmten Episode, die fast zur Scheidung der Ehe geführt hätte, sah sich Aischa schuldlos dem Verdacht des Ehebruchs ausgesetzt. Sie hatte Mohammed auf einem Kriegszug begleitet und sich eines Morgens zur Verrichtung ihrer Notdurft vom Lagerplatz entfernt, während die Zelte schon abgebrochen wurden. Auf dem Rückweg zum Lager stellte Aischa fest, dass sie ihre Halskette verloren hatte und verbrachte einige Zeit mit der Suche. Inzwischen hatten die Träger ihre Sänfte auf das Kamel gehoben, in der Annahme, sie säße bereits darin; als Aischa zurückkam, war der Zug schon außer Sicht. Wenig später wurde sie von einem nachkommenden jungen Krieger gefunden und zur Karawane zurückgebracht, was einen allgemeinen Skandal verursachte. Besonders Mohammeds Vetter und Schwiegersohn Ali verdächtigte Aischa und riet zur Scheidung, sodass Mohammed seine junge Frau in ihr Elternhaus zurückschickte. In einer folgenden Offenbarung wurde er für diese Entscheidung von Gott aufs strengste gerügt, und Aischa war voll rehabilitiert.[32] Ihr Hass gegen Ali begleitete das politische Geschehen der Folgezeit und kam am stärksten in der Frage seiner Nachfolge im Kalifat zum Ausbruch.[33]

Für Aischa folgte daraus die Verbannung nach Medina, wo sie nach einem Leben in Zurückgezogenheit 678 etwa siebzigjährig starb.

Doch blicken wir zurück auf die Zeit ihrer mehr als zehn Jahre währenden Ehe mit dem Propheten. Zunächst ist der Umstand zu vermerken, dass Mohammed häufig in Aischas Gegenwart, beziehungsweise in ihrem Zimmer seine Gebete verrichtete, meditierte und Offenbarungen empfing.[34] So konnte Aischa selbst grundlegende Gebote übermitteln, die sie den Gepflogenheiten ihres Mannes entnahm, z.B. über die Wirkung von Bildern oder über das Beweinen Verstorbener.[35] Häufig wurden Fragen der Gefährten an Aischa gerichtet oder über sie an den Gesandten Gottes herangetragen. Direkt über bestimmte Koranstellen befragt, verweigerte Mohammed in der Regel jede Erklärung, aber bei Aischa verhielt es sich offenbar anders, denn es wird berichtet, sie habe bei Unklarheiten so lange weitergefragt, bis sie vollständig verstanden hatte. Dabei scheute sie nicht davor zurück, mit Hinweis auf bestimmte Koranstellen Einwände zu äußern.[36] Ein anderes Beispiel ihrer Stellung ist ihr wiederholter Rat, Mohammed möge nicht ihren Vater Abu Bakr zum Vorbeter bestimmen, wenn er selbst krank oder verhindert sei – Abu Bakr sei ein weichherziger Mann, der während der Koranrezitation oft weine und damit die Gläubigen ablenken könne. (In diesem Fall befolgte Mohammed allerdings ihren Rat nicht.)

Als Mohammed so schwer erkrankte, dass er seinen Tod nahen fühlte, bat er seine Frauen, ihn von dem turnusmäßigen Aufenthalt im Hause einer jeden von ihnen zu entbinden und ihm zu gestatten, ständig bei Aischa zu bleiben, in ihren Armen starb er dann auch.

In der auf seinen Tod folgenden Periode wurde Aischa zur wichtigsten Autorität, wenn es galt, die Glaubenspraxis oder das soziale Verhalten zu überprüfen. Im Grunde müsste alles von Aischa Überlieferte als eine besondere Quelle neben Koran und anderen Hadithen gewürdigt werden. Trotz ihrer Bedeutung und der ihr entgegengebrachten Verehrung sind aber bis heute die Männer in der *umma* tonangebend geblieben.

Sunna und Idjma'

Koran und Hadith bilden heute zusammen die *Sunna*, das Fundament der islamischen Orthodoxie. Zur Sunna gehören auch die maßgeblichen Interpretationen der vier großen Rechtsschulen. Alle Gläubigen, die sich zu diesem Traditionsgut bekennen, werden entsprechend als Sunniten bezeichnet. Der Koran kennt jedoch eine darüber hinaus gehende Gemeinschaft aller Muslime, die *umma al-muslimîn*. Definiert man sie gemäß der Aussage in der dritten Sure, so umfasst sie auch unorthodoxe Richtungen:

… Unter den Völkern der Schrift ist eine rechtgeleitete Gemeinschaft (*umma*),
welche des Nachts die Zeichen Allahs liest und ihn anbetet.
Sie glauben an den Jüngsten Tag, leiten an zum Rechten, lehnen Böses ab.[37]

Diese Gemeinschaft ist nicht nur eine theoretische. Bis heute ist für Muslime die Anrede *Bruder* selbstverständlich und im Empfinden verankert.

Und dennoch ist die Umma, die in der islamischen Blütezeit von der Politik bis in die Alltagskultur alle Bereiche umfasste, heute auf den religiösen Bereich beschränkt; teilweise ist sie noch durch die arabische Sprache wirksam, aber hier herrscht ein Zustand, wie er in Europa etwa im 13./14. Jahrhundert zu beobachten ist: Latein war Schriftsprache, die Völker sprachen ein verwandeltes Latein, das dann durch bahnbrechende Persönlichkeiten wie Chrestien de Troyes, den unbekannten Verfasser des Cid und Dante Alighieri «schriftwürdig» wurde und damit ein neues Denken inaugurierte. In der arabischen Welt besteht die Trennung weiter, jedes Land hat sein gesprochenes Arabisch, geschrieben wird die klassische Sprache koranischen Ursprungs. Daher sprechen Autoren wie Abdelwahab Meddeb oder Malek Chebel von der Umma als von etwas Unwirklichem.[37a]

Für die Lösung von Glaubensfragen, die nicht durch Koran oder Hadith festgelegt sind, gibt es einen wichtigen, wenn auch weniger bekannten Weg: den *idjma'* oder Konsens der Gläubigen. Er wird aus mehreren Koranstellen abgeleitet[38] und hat zur Entstehung und Anerkennung von maßgeblichen Schulen der Rechtsauffassung geführt – wobei wir stets daran denken müssen, dass es im Islam keine von der Religion unabhängigen gesellschaftlichen Bereiche gibt und die religiöse Aussage weithin einen stark rechtlich orientierten Charakter hat. Somit üben Rechtsschulen einen tief wirkenden kulturellen Einfluss aus.

Idjma' geht von der Voraussetzung aus, dass alle Muslime rechtgeleitet sind, indem sie sich der Führung Gottes anvertraut haben. Wenn daher eine große Zahl von Muslimen zu einem bestimmten Sachverhalt ein übereinstimmendes Urteil bilden, so muss dieser Sachverhalt richtig sein. Ein solches Urteil steht dann sogar über der Tradition. Bisher war allerdings die Wirksamkeit dieses Instruments eingeschränkt durch die Auffassung, dass nur theologisch besonders geschulte Männer zur Mitwirkung berechtigt seien – eine These, die sich aus den Quellen nicht eindeutig begründen lässt. Nimmt man jedoch *idjma'* im ursprünlichen Sinn als Ausdruck der Urteilsfähigkeit jedes Menschen, so ergibt sich daraus eine der wichtigsten Möglichkeiten zur Fortentwicklung des Islam.

Die Prophetenbiografie des Ibn Ishaq

Eine wesentliche Rolle bei der Formung der islamischen Tradition spielt die *sirat an-nabi*, die um die Mitte des achten Jahrhunderts von Ibn Ishaq verfasste Biografie Mohammeds. Die erhaltene Fassung ist von Ibn Hischam bearbeitet und wohl im frühen neunten Jahrhundert niedergeschrieben. Sie zeichnet neben den biografischen Schilderungen ein vielfarbiges Bild der islamischen Gemeinschaftsbildung und ihrer Beziehungen zu den anderen religiösen und gesellschaftlichen Gruppen der Arabischen Halbinsel und Äthiopiens. Besonders interessant ist dabei die Geschichte des christlichen Mönchs Bahira. In der von Ibn Ishaq überlieferten Version tritt Bahira als Zeuge für die Legitimität der neuen Verkündigung auf, doch ist daneben eine zweite Fassung aus christlicher Sicht überliefert, nach der Bahira der Lehrer Mohammeds war, die neue Verkündigung also aus christlicher Quelle entsprungen sei.[39]

Die vier Rechtsschulen

Die Vielfalt der Rechtsfragen nahm mit der rasanten Ausbreitung des Islam sprunghaft zu, und ihre Thematik sprengte bald den Rahmen der ursprünglichen arabischen Verhältnisse. Von den in Koran und Hadith bereits vorliegenden Bestimmungen ausgehend, musste daher das Recht weiter entwickelt werden, wozu die Instrumente des *idjmai* und des *idjtihâd* den Weg öffneten. Das arabische Wort für Weg oder Straße lautet *schârî'* und aus derselben Wurzel stammt der Begriff für das nun entstehende islamische Rechtswesen. Er ist heute als Inbegriff finsterster Rechtsperversionen im Westen weithin in Verruf geraten.

Die vier traditionellen Rechtsschulen			
Hanafiten	Malikiten	Schafi'iten	Hanbaliten
Abu Hanifa	Malik ben Anas	asch-Schafi'i	Ibn Hanbal
† 767	† 795	† 820	† 855
Kufa	Medina	Baghdad	Baghdad
Sucht Analogie zur Sunna, berücksichtigt aber örtl. Sitten u. besondere Umstände	Konsensprinzip Blick auf Allgemeinwohl u. Opportunität	Konsensprinzip Eigene Meinung des Richters unter Umständen zulässig	Streng traditionell keine persönliche Auslegung erlaubt
Türkei, Ägypten Indien	Nordafrika, einst al-Andalus	Südarabien Indonesien	Saudi-Arabien Golfstaaten

Auch die für die Rechtsschulen gebräuchliche Bezeichnung *madâhib (Sing. madhab)* geht von der Bedeutung eines Weges aus, jedoch mehr im Sinne des griechischen *Methodos*, also einer Interpretationsweise, eines Interpretationssystems.

Die vier heute noch bestehenden Systeme gingen in der Blütezeit der islamischen Kultur im achten Jahrhundert aus scharfen Auseinandersetzungen ihrer Gründer hervor. Heute bestehen sie mehr oder weniger friedlich nebeneinander und sind fester Bestandteil des sunnitischen Islam. Die Rechtsprechung der verschiedenen islamischen Staaten richtet sich jeweils nach einer dieser juristischen Schulen.

Als bedeutendste Ausdeutung und Erweiterung der ursprünglichen Angaben stellen die Rechtsschulen zugleich eine prinzipiell zulässige Öffnung dar, die auch heute weitere Entwicklungen ermöglichen könnte.

Die «fünf Säulen» des Islam

«Islam» bedeutet «Ergebung (in Gottes Willen)». Der Muslim definiert sich daher in erster Linie durch bestimmte Verpflichtungen, die es zu erfüllen gilt. Im Koran sind sie an vielen Stellen in unterschiedlichen Kombinationen als Grundforderungen genannt. Die wesentlichen dieser Glaubenspflichten werden unter der traditionellen Bezeichnung der *«fünf Säulen»* zusammengefasst:

Das Zeugnis oder Glaubensbekenntnis *(schehâda),* das tägliche Gebet *(salât),* die Armenspende *(sadaqa, zakât),* das Fasten im Monat Ramadan *(saum),* die Pilgerfahrt nach Mekka *(hadj).*

In ihnen tritt das aktive Element ganz in den Vordergrund, es wird vom Gläubigen eine Tätigkeit gefordert. Wenn man vom Islam gewöhnlich als der Religion der Ergebung oder Unterwerfung spricht, so wird mit den fünf Säulen erkennbar, dass es sich nicht einfach darum handelt, sich einer Führung anheim zu geben, sondern dass beim Beschreiten des Heilsweges auch eigenes Handeln notwendig ist. Die Richtung dieses Handelns allerdings ist durch den *geraden Weg* vorgegeben, den Gottes Offenbarung dem Muslim verspricht. Die dabei auftretende Frage der Willensfreiheit gehört zu den aktuellsten und schwierigsten Fragen des Islam.

In den fünf Säulen erscheint ein zeitlich-biografischer Aspekt, indem mit der *schehâda* Gott als Anfang und Ende gesehen werden kann, das Gebet den Tagesrhythmus markiert, der Ramadan den Jahresrhythmus, die Pilgerfahrt ein Lebensziel darstellt, und die *zakât* die lebenslange Verbundenheit mit der Gemeinschaft deutlich macht.

Ebenso kann man auch einen Weg vom Einzelnen in die so wichtige *umma,* die Gemeinschaft der Gläubigen sehen: Während das Glaubensbekenntnis eine ganz persönliche Sache ist (*«Ich bezeuge …»*), hat schon das Gebet einen mehr gemeinschaftlichen Charakter:

«Ein gläubiger Muslim zu einem gläubigen Muslim ist wie die Ziegel in einer Mauer, sie stärken einander. Indem der Prophet dies sagte, legte er die Hände ineinander und verschränkte die Finger.»[40]

Und in einem anderen Ausspruch des Propheten heißt es: *«Ein ge-*

meinschaftliches Gebet ist fünfundzwanzigfach überlegen einem, das man allein zu Hause oder in einem Geschäftsviertel vollzieht.»[41]

Die *zakât* verbindet den Einzelnen mit dem bedürftigen Nächsten, stellt also eine soziale Tat und eine ausgleichende Gerechtigkeit innerhalb der *umma* dar. Im Fasten vereinigt und reinigt sich die weltweite Gemeinschaft, in der Pilgerfahrt kommt sie auch räumlich zusammen.

Der *Djihâd*, der innere und äußere Einsatz für den Glauben, von dem noch zu sprechen sein wird, gehört nicht zu diesen fundamentalen Pflichten, obgleich er insbesondere von fundamentalistischen Kreisen oft dazu gerechnet wird.

Das Glaubensbekenntnis

Der Muslim *glaubt* nicht nur, sondern er *legt Zeugnis ab*, gemäß der Aufforderung in der 112. Sure des Koran:

«Sprich: Er ist der eine Gott
Gott, der Unerforschliche
Er zeugt nicht und er ist nicht gezeugt
Und keiner ist ihm gleich.»

Dieses Zeugnis stellt gewissermaßen die einzige dogmatische Aussage der islamischen Theologie dar. In persönlicher Form erschallt es täglich aus dem Mund des Muezzin vom Minarett:

«Ich bezeuge,
dass es keine Götter gibt außer Gott.
Ich bezeuge, dass Mohammed sein Prophet ist.»

Die Gläubigen sind aufgefordert, dieses persönliche Bekenntnis nachzusprechen, wenn sie den Ruf des Muezzin hören.

Wenn es hier auch in erster Linie auf den Inhalt ankommt, so ist doch in dem Ausdruck *bezeugen* eine Aktivität gefordert, wie sie in *glauben* nicht enthalten ist.

Das tägliche Gebet

In den frühen Suren des Koran wird zunächst von einem nächtlichen Gebet gesprochen, dann folgt gegen Ende der mekkanischen Zeit die Anweisung:

Preis sei Gott, wenn ihr den Abend erreicht
Und wenn ihr euch am Morgen wiederfindet.
Preis sei ihm in den Himmeln und auf Erden
Des Nachts und in des Tages Mitte![42]

Dazu kam eine Aufforderung zum Nachmittagsgebet, sodass heute fünf Gebetszeiten gelten, zu denen der Muezzin vom Minarett ruft. Im dritten Kapitel wird ausführlicher von Bedingungen und Inhalten des Betens berichtet werden. Im Gegensatz zum jüdisch-christlichen Gebot, den Namen Gottes nicht unnötig auszusprechen, ist dem Muslim das Gegenteil empfohlen, nämlich Gott bei jeder Gelegenheit zu preisen.

Die Armenspende

Unter den im Koran als Voraussetzung für den wahren Islam benannten Pflichten ist die Armenspende, arabisch *sadaqa*, bzw. *zakât*, eine der meistgenannten und immer wieder betonten. Das Wort stammt aus einer sprachlichen Wurzel, die auch Reinigung und Gerechtigkeit bedeutet. Sie soll der Liebe zu weltlichen Gütern entgegenwirken und einen sozialen Ausgleich bewirken. Die Gabe erscheint in zweierlei Form – entweder als freiwillige Spende *(sadaqa)* oder als verpflichtende Abgabe *(zakât)* in bestimmter Höhe. Zwei Hadithe mögen dies illustrieren:

Es erzählte Abu Burda, der es von seinem Urgroßvater gehört hatte, der Prophet habe gesagt: «Jeder Muslim muss Bedürftigen eine Spende geben.» Die Leute fragten ihn: «Oh Prophet Gottes! So jemand nichts zu geben hat, was soll er tun?» Er sprach: «Er soll mit seinen Händen arbeiten und etwas verdienen und dann ebenfalls etwas abgeben.»

Die Leute fragten weiter: «Wenn er nicht einmal das findet?» Er antwortete: «Dann soll er den Bedürftigen helfen, die um Hilfe bitten.» Darauf fragten die Leute: «Und wenn er das auch nicht kann?» Er antwortete: «Dann sollten sie gute Taten tun und sich schlechter Taten enthalten, das wird dann als Mildtätigkeit angesehen.»[43]

Die zweite Möglichkeit:
Es berichtete Abu Said: Allahs Gesandter – Friede sei mit ihm – hat gesagt:

«Keine zakât ist von dem zu entrichten, dessen Besitz weniger als fünf Uqiya (Silberwert) beträgt, und keine zakât ist auf weniger als fünf Kamele zu entrichten …»[44]

Die Abgabe bezieht sich also sowohl auf Geld- und Sacheigentum als auch auf Vieh und Feldfrüchte.[45] Die ursprüngliche Bedeutung von *zakât* klingt auch bei *sadaqa* an, wenn es in Sure neun heißt: *«Erhebe eine Sadaqa auf ihr Gut, um sie zu reinigen und zu läutern.»*[46]

Das Fasten

Als eine uralte Tradition wurde das Fasten in den Islam aufgenommen: *«O ihr Gläubigen! Das Fasten ist euch vorgeschrieben, wie es vorangegangenen Generationen vorgeschrieben war.»*[47] Es heiligt den Monat Ramadan, in dem der Koran zu den Menschen herabgesandt wurde. Bis heute ist das Fasten im Leben der islamischen Völker so verwurzelt, dass auch weniger Strenggläubige es durchführen. Wenn im Westen von «praktizierenden» Christen gesprochen wird, d.h. von regelmäßigen Kirchgängern, so entsprechen dem im Islam die Muslime, die die Gebetsvorschriften und das Fasten einhalten. Auf die Prägung des Lebens im Fastenmonat werden wir im dritten Kapitel genauer eingehen.

Die Pilgerfahrt

Durch den Auszug des Propheten von Mekka nach Medina veränderte sich die Orientierung: Die Kaaba als zentrales Heiligum lag nun in der Ferne und musste erst wieder errungen werden. Zu dieser Zeit trat in der Offenbarung die Pilgerfahrt in Erscheinung, am ausführlichsten in der Sure, die heute als zweite figuriert und aus dem Anfang der medinensischen Zeit stammt:

«Begehet Gott zu Ehren die große und die kleine Pilgerfahrt.[48]

So ihr verhindert seid, bringt ein Opfer dar, das euch nicht schwer fällt.

Und schert euch nicht das Haupthaar, bevor das Opfer seine Bestimmung erreicht hat.

...

Dem Menschen obliegt es, so er die Mittel hat,
zur Ehre Gottes die Pilgerfahrt zum Hause zu unternehmen.[49]

Die Zeit der großen Pilgerfahrt beginnt mit dem letzten Monat des islamischen Jahres nach dem Neumond, von dem es im Koran heißt: *«Sie fragen dich bezüglich der Neumonde. Sprich: Sie sind für die Menschen Hinweise, die es ermöglichen, die Zeit der Pilgerfahrt festzusetzen».*[50]

Naturgemäß ist die Pilgerfahrt bei weitem nicht jedem Muslim möglich. Manch einer spart ein Leben lang, um dieses Ziel zu erreichen. Wer die Wallfahrt verwirklichen kann, steht deshalb in hohem Ansehen, fügt seinem Namen den unserer älteren Generation wohl vertrauten Ehrentitel «Hadji» hinzu und bemalt wohl auch sein Haus – aller Bilderfeindlichkeit zum Trotz – mit Bildern der Kaaba und der benutzten Verkehrsmittel.

Kleine Moschee. Al Asasif, Luxor-Westufer (das Wasserfass dient für die vorgeschriebenen Waschungen). Neben der Türe das Koranzitat: *«Sprich: Er ist der eine Gott»*.

Haus eines Mekkapilgers in Qurna (Oberägypten)

Der islamische Kalender

Die Visionen hatten in der Einsamkeit begonnen. Noch nach der ersten unmittelbaren Begegnung mit dem Erzengel konnte Mohammed sagen: «*Ich fürchtete um mich.*» Das Erleben war noch privat. Mit den weiteren Begegnungen erst ging die ausdrückliche Beauftragung einher, wie sie am Anfang der Sure 74 erscheint:

«*O du mit dem Mantel bedeckter,*
Steh auf und verkünde!
Verherrliche deinen Herrn!»

Das Geschehen wurde öffentlich, damit erfüllte sich aber die Vorhersage des christlichen Vetters der Khadidja, dass Mohammed wie jeder Künder verlacht und verfolgt werden würde. Nicht einmal die eigene Sippe der Banu Hîscham war bereit, die Botschaft anzunehmen, obwohl sie gemäß althergebrachter Stammestradition den Propheten gegen die aufgebrachten Mekkaner in Schutz nahm. Mit dem Tod Khadidjas im Jahre 619 verlor Mohammed jedoch den Rückhalt der Sippe Asad, aus der sie stammte; zur gleichen Zeit starb auch sein väterlicher Beschützer Abu Talib, und der Widerstand nahm zu. Er war nicht zuletzt von Mohammeds entschiedener Kritik am Lebenswandel der reichen Kaufmannsfamilien verursacht. Es wird sogar berichtet, diese hätten ihm das Angebot einer Einheirat gemacht, wenn er dann seine Kritik zurücknähme; er habe dieses Ansinnen aber kategorisch abgelehnt. Ein dreijähriger Handelsboykott gegen die Banu Hîscham sowie öffentliche Verhöhnung und zunehmende Ausschreitungen gegen seine Anhänger bestimmten den Propheten schließlich, Mekka zu verlassen. Eine Delegation aus Yathrib, dem späteren Medina, hatte sich zum Islam bekannt, ihn eingeladen und ihm ihren Schutz zugesagt. Unter Lebensgefahr verließen die Gefährten und Mohammed selbst in kleinen Gruppen heimlich die Stadt.

Das Loslösen aus dem Sippenverband, arabisch *hidjra*, und die gastfreundliche Aufnahme in Medina leiteten eine entscheidend neue Phase ein. Der neue Glaube verbreitete sich nun unaufhaltsam, und mit voller Berechtigung geht die Zeitrechnung des Islam von diesem

16. Juli 622 n.Chr. aus. Ein neuer Impuls war in die Weltgeschichte eingetreten.

Der islamische Kalender richtet sich nach den Mondzyklen.[51] Jeder Monat beginnt am Abend mit dem ersten Erscheinen der Mondsichel nach dem Neumond. Der erste und alle ungeraden Monate umfassen 30, der zweite und alle geraden 29 Tage.[52] In zwölf Monaten ergibt sich ein Jahr von 354 Tagen; somit ist das normale Mondjahr um 11 Tage kürzer als das Sonnenjahr, dessen Jahreszeiten dem islamischen Jahr allmählich vorauseilen, während die islamischen Feste unser Sonnenjahr in 33 Jahren einmal rückläufig durchwandern.

Teile die Arabische Jahreszahl durch 30. Multipliziere das Ergebnis mit 10.631, addiere die Tagessumme der bereits verflossenen Monate des betreffenden Jahres sowie die 227.016 Tage vom Beginn der christlichen Zeitrechnung bis zur Hidjra. Teile durch 1461 (Tageszahl der 4-jährigen Schaltperiode im christlichen Kalender), multipliziere mit 4

Die islamischen Monate

1. Moharram	7. Ragab
2. Safar	8. Scha'abân
3. Rabi 'l-auwal	9. Ramadân
4. Rabi 'l-âchir	10. Schawâl
5. Djumâda 'l-auwal	11. Du 'l-kada
6. Djumâda 'l-achir	12. Du 'l-hadja

Da ein Mondumlauf etwas mehr als 29,5 Tage beträgt, muss die Ungenauigkeit durch Schaltjahre ausgeglichen werden. Dazu besteht der Kalender aus Zyklen von 30 Jahren, die jeweils 19 Normaljahre und 11 Schaltjahre mit 355 Tagen umfassen – nämlich die Jahre 2, 5, 7, 10, 13, 16, 18, 21, 24, 26 und 29 jedes Zyklus.

Aus diesen Verhältnissen ergibt sich, dass wir nicht einfach durch Addieren von 622 ein islamisches Datum in ein christliches umwandeln können, sondern nur durch eine komplizierte Formel – oder mit Hilfe einer Tabelle. Dank der modernen Technik haben Internetnutzer u.a. die Möglichkeit, das Umrechnungswerkzeug der Universität Zürich zu verwenden: http://www.ori.unizh.ch/hegira.html.

Unser gegenwärtiges Jahr 2005 entspricht dem Jahr 1409 AH.

Um Verwirrung zu vermeiden, vermerken allerdings Zeitungen und kommerzielle Veröffentlichungen zumeist beide Daten nebeneinander.

Der Vollständigkeit halber sei auch noch erwähnt, dass – vor allem in türkischen Publikationen – bisweilen auch noch ein von 622 aus gerechnetes Sonnenjahr angegeben wird *(«hidjri schamsi»)*, das mit geringfügiger Abweichung dem gregorianischen Jahr + 622 entspricht.

2. «Gottes Haus hat viele Wohnungen»

Erste Uneinigkeiten

Schon zu Lebzeiten schien es Mohammed klar zu sein, dass seine Gemeinde sich nicht in beständiger Einigkeit fortentwickeln würde. In diesem Sinn ist sein Ausspruch überliefert, die Juden hätten sich in einundsiebzig oder zweiundsiebzig Sekten gespalten, ebenso die Christen, und seine Gemeinschaft spalte sich in dreiundsiebzig Sekten.[53] Dann gab es bei seinem Tod ein offenes Zerwürfnis. Ein Hadith berichtet vom Wunsch des auf dem Totenbett liegenden Propheten, ein Testament zu verfassen, wogegen Abu Bakr Bedenken erhoben habe; darauf habe es eine laute Auseinandersetzung gegeben, die sich der Sterbende verbat. Die Niederschrift der letzten Direktiven unterblieb.

Mehr oder weniger offen setzten sich die Antagonismen fort, wozu der Gegensatz zwischen Mohammeds Witwe Aischa und seinem Schwiegersohn Ali und die vielleicht auch dadurch bedingte mehrmalige Hintanstellung Alis bei der Nachfolge sicherlich nicht unerheblich beitrugen, denn mit seiner schließlichen Ernennung zum vierten Kalifen brach der Zwist offen aus, nachdem schon die Ermordung Osmans die vielbeschworenen heiligen Grundsätze der Umma schwer erschüttert hatte.

Im zehnten Jahrhundert kann bereits auf eine stattliche Zahl von Gruppierungen zurückgeblickt werden. Der Berichterstatter stellt aber eine interessante und für den Islam charakteristische Gemeinsamkeit fest:

Abu Suleiman erwiderte: «Es mag dir noch mehr Klarheit bringen und dich in Erstaunen setzen, dass die Umma in ihren Meinungen, Lehren und Schriften zwar uneins ist und sich in allerlei Gruppen und Richtungen, wie die Mudjiten, Mu'taziliten, Schi'iten, Sunniten und

Kharidjiten aufgespalten hat, keine von diesen jedoch die Zuflucht zur Philosophie genommen, ihre Schriften und Lehren durch deren Beweise und Aussagen verifiziert, sich mit ihrer Methode befasst und etwas bei ihnen gefunden hat, was sie nicht schon im Buche ihres Herrn [dem Koran] und in der Tradition ihres Propheten besitzt».[54]

Im Großen kann man neben der meist als «orthodox» bezeichneten Sunna vor allem die im Folgenden skizzierten zwei Richtungen unterscheiden.

Die Schi'a

Die plötzliche Erkrankung und der unerwartete Tod im Jahr 632 n.Chr. hatte Mohammed keine Zeit gelassen, die Frage der Nachfolge zu klären. In Medina ging man davon aus, dass er seinen Vetter und Schwiegersohn Ali bestimmt hätte, doch setzte sich die Gruppe der älteren Qoreischiten durch. Grollend stimmten Ali und seine Anhänger zu, dass Abu Bakr, der treueste Prophetengefährte, die Nachfolge antrat. Er war von Jugend an mit Mohammed befreundet, hatte ihm nach Khadijas Tod seine Tochter Aischa zur Frau gegeben und schon zu Lebzeiten des Propheten eine Art Stellvertreterrolle gespielt.

Abu Bakr festigte die noch recht heterogene Glaubensgemeinschaft und setzte mit Hilfe des Heerführers Khalid ibn al-Wâlid die von Mohammed begonnene militärische Expansion fort. Als er schon nach zweijähriger Regierungszeit starb, war zunächst die Nachfolge durch Omar ibn al-Khattâb unumstritten. Er hatte neben Abu Bakr, Osman und Abu 'Ubaida dem Propheten am nächsten gestanden und war mit dessen Tochter Hafsa verheiratet. Auch er gehörte dem Stamm der Qoreisch an. Unter seiner Regierung eroberten die Feldherren Khalid ibn al-Wâlid, Amr ibn al-'As und Sa'd ibn Abi Waqâs die byzantinischen und sassanidischen Gebiete rings um die Arabische Halbinsel. Aus der kleinen Gemeinde wurde innerhalb eines Jahrzehnts ein bedeutendes Reich. Aber im Jahr 644 ermordete ein persischer Sklave Omar, vielleicht um die Eroberung seines Vaterlandes zu rächen.[55]

Zum Nachfolger wurde in einem Umfeld knisternder Rivalitäten Osman ibn 'Affân gewählt, aus der Qoreisch-Sippe der Omayya, auch er ein Schwiegersohn Mohammeds. Seine Versuche, die wachsende Macht der nunmehr von Medina weit entfernten Heerführer einzuschränken, die Agitation der ihm feindlich gesinnten, im Volk aber hoch verehrten Aischa, die Rachsucht der bei seiner Wahl übergangenen Männer und andere Umstände führten zur Forderung seiner Abdankung und nach seiner Weigerung zur offenen Revolte. Osman wurde von einer aufgebrachten Kriegerschar erschlagen. Damit war eine wichtige Regel des Koran durchbrochen.[56]

Nun wurde Ali ibn Abu Talib aus der Qoreisch-Sippe der Benu Haschîm zum Kalifen gewählt, der mit Fatima, der jüngsten Tochter des Propheten, verheiratet war. Seine Wahl erfolgte gegen den erbitterten Widerstand von Aischas, der er angeblich wegen eines lange zurück liegenden Vorfalls verhasst war und die ihn nun der Beteiligung an der Ermordung Osmans beschuldigte. Auf einem Kamel reitend, führte sie selbst ihre Anhänger gegen Ali in den Kampf, wurde aber in der deshalb so genannten «Kamelschlacht» besiegt und nach Medina verbannt. Ali verlegte seine Residenz in die irakische Garnison Kufa.

Diese «Kamelschlacht» im Jahr 656 markiert den wichtigsten Wendepunkt der islamischen Geschichte, indem mit ihr die Spaltung in zwei Glaubensrichtungen ihren Anfang nahm. Mu'awiya, Schwager Mohammeds und Vetter Osmans und wie dieser der Omayya-Sippe zugehörig, erhob Anspruch auf das Kalifat, d.h. auf die weltliche Herrschaft. Als Statthalter Syriens stand ihm ein Heer zur Verfügung, mit dem er nun gegen Ali ins Feld zog. Die Schlacht bei Siffin am Euphrat verlief zu Alis Gunsten, aber Mu'awiya gelang es durch eine List, den Kampf zu unterbrechen und die Nachfolgeentscheidung einem Schiedsgericht zu überlassen. Die Nachgiebigkeit hatte für Ali verheerende Folgen: Ein Teil seiner Gefolgsleute wandte sich von ihm ab, wodurch er seinen militärischen Rückhalt verlor. Der Schiedsspruch sprach das Kalifat Mu'awiya zu, Alis Protest blieb erfolglos. Damit gab es drei Gruppierungen:

- Das sunnitische Kalifat, in dem Mu'awiya die Dynastie der Omayyaden begründete.
- Die Gefolgsleute Alis, die nach seinem Tod unter Führung seiner Söhne, der Prophetenenkel al-Husein und al-Hassan als *Schi'a* («Partei») die Gemeinschaft der Schi'iten bildeten.
- Die aus Alis Heer abgespaltenen Kharidjiten («Auszügler»), die eine dritte Strömung in der islamischen Gemeinschaft bildeten und mit ihrem rigorosen Fanatismus in den folgenden Jahrhunderten das islamische Reich in ähnlicher Weise terrorisierten wie die Taliban Afghanistans.

661 wurde Ali auf dem Weg zur Moschee von einem Kharidjiten ermordet. Nach der Legende wurde sein Leichnam auf ein Kamel gelegt und dort bestattet, wo das Tier zum ersten Mal Halt machte. Das Grab blieb geheim, bis der Kalif Harun ar-Raschid es im 9. Jahrhundert entdeckte. Heute ist der Ort Nadjaf mit der Grabmoschee das zentrale Heiligtum der schi'itischen Muslime.

Nach Alis Tod verzichtete sein älterer Sohn al-Hassan zu Gunsten Mu'awiyas auf das Kalifat, nachdem Mu'awiya den lebensfrohen, aber politisch uninteressierten Jüngling mit einer enormen Summe abgefunden hatte. Die Schi'iten behielten jedoch den Anspruch auf das Kalifat bei und sahen nach Ali in Hassan ihren zweiten oder richtungweisenden Führer. Nach ihrer Ansicht konnte nur ein direkter Nachkomme des Propheten dieses Amt beanspruchen. Als Hassan 670 vergiftet wurde, riefen sie seinen Bruder Husein zum dritten Imâm aus.

Im Jahr 680 wurde mit Mu'awiyas Tod die Nachfolgefrage erneut akut, und dessen Sohn Yazid beanspruchte das Kalifat. Husein zog gegen ihn zu Feld, wurde aber auf dem Weg zur Garnison Kufa bei Kerbela abgefangen und enthauptet. Yazid, dem seine Krieger den Kopf überbrachten, war über den Mord an einem Enkel des Propheten entsetzt und ordnete ein Staatsbegräbnis in Kerbela an. Der Ort wurde damit zur zweiten heiligen Stätte der Schi'a.

Noch einmal wurde der Versuch gemacht, einen Nachkommen Alis auf den Kalifenthron zu erheben. Aber auch er schlug fehl; Mohammed ibn al-Hanafiya, Alis Sohn aus zweiter Ehe, leistete dem

Omayadenkalifen den Treueid. Dennoch wird er von den Schi'iten als vierter Imâm gezählt. Mit seinem Tod kam der Glaube auf, er sei nicht wie andere Menschen gestorben, sondern von Gott in den Himmel entrückt worden – eine Ansicht, die an die koranische Schilderung vom Tod Jesu anschließt.[57]

In den geschilderten Vorgängen lassen sich bereits grundlegende Elemente der Schi'a erkennen. Der Schauplatz hat sich von der Arabischen Halbinsel nach Nordosten verlagert, in den Bereich der persischen Kultur mit ihrer religiösen Vielfalt und einer uralten esoterischen Tradition. Das verborgene Grab Alis, das als Märtyrertod aufgefasste gewaltsame Ende der beiden Söhne und damit das Erlöschen der Linie des Propheten sowie die Verehrung, die man der früh verstorbenen Tochter des Propheten, Fatima, «der leuchtenden Blüte», entgegenbrachte – all das waren Elemente, aus welchen sich der Grundton des Geheimnisvollen und des Leidens bildete, der für die schi'itische Strömung charakteristisch ist.

Im Gegensatz zum Titel eines Kalifen, der erst in den Auseinandersetzungen nach dem Tod Mohammeds seine Bedeutung einer mehr politisch-gesellschaftlichen Nachfolge des Propheten erhielt, erscheint der Imâm schon im Koran als der den Menschen voranschreitende Führer und religiöse Wegweiser.[58] Die volle Erkenntnis der im Koran verborgenen Wahrheit ist nach schi'itischer Auffassung auf seinen Schwiegersohn Ali und durch ihn weiter auf alle Nachkommen übertragen worden. Schon früh verband sich daher mit dem Imâmat auch die Idee einer nicht nur irdisch sichtbaren Führerschaft.

Die übereinstimmende Meinung der Gläubigen (*Idjma)*, für die Sunniten dritte Rechtsquelle neben Koran und Hadith, wird in der Schi'a ersetzt durch das von Gott erleuchtete Urteil des unfehlbaren Imâm. Er allein kann den Koran auslegen und genießt ähnliche Verehrung wie der Prophet selbst. Der Zeugnisformel *«Ich bezeuge, dass es keinen Gott gibt außer Allah, und dass Mohammed sein Gesandter ist»* wird die Erwähnung des Imâm angefügt. Im Volksglauben lebt bis heute die Ansicht, der Imâm sei unverwundbar und werfe keinen Schatten.[59]

Seitdem der Imâm «verborgen» ist, wird bis zu seiner Wiederkunft die Autorität ausgeübt durch eine Gruppe von Klerikern[60], die allein zum *idjtihâd* berechtigt sind, also zur Interpretation von Koran und Sunna, wie auch zur Erstellung einer *fatwa,* eines Rechtsgutachtens. In der iranischen Schi'a tragen sie den Titel eines *Ayatullah uzma*, eines Groß-Ayatullah. Sie bilden die Vorbilder, Schulen, denen alle übrigen Gläubigen nachzustreben haben. Die Auslegungen dieser Ayatullahs müssen nicht übereinstimmen. Die Ayatullahs sind untereinander gleichberechtigt.

Im privaten wie im gesellschaftlichen Leben unterscheidet sich die Schi'a in wesentlichen Punkten vom sunnitischen Islam. Dennoch fühlen sich Angehörige der verschiedenen Richtungen der großen *umma al-muslimîn*, der Gemeinschaft der Gläubigen zugehörig und üben eine weitgehende Toleranz untereinander – und doch wird bei den gegenwärtigen Vorgängen im Irak deutlich sichtbar, dass diese Toleranz eine recht labile ist, wenn sie mit politische Machtstrukturen in Beziehung tritt. In diesem Zusammenhang kommt eine starke Strömung innerhalb der Schi'a ins Spiel, die eine Vermischung der religiösen Sphäre mit Regierungsämtern ablehnt. Zu ihr gehört mit Ali al-Sistani eine der einflussreichsten schi'itischen Persönlichkeiten des Irak.

Eines der wesentlichen Merkmale der Schi'a besteht in der Auffassung der Willensfreiheit, indem Gott zwar das Schicksal jedes einzelnen Menschen im Voraus kenne, der Mensch aber selbst für seine Entscheidungen verantwortlich sei.[61] Auch im Gebetsruf und im Gebetsablauf gibt es Unterschiede, und die im Koran sanktionierte Ehe auf Zeit gilt als zulässig, während sie von den Sunniten abgelehnt wird.[62]

Im Gegensatz zur sunnitischen Verpflichtung zum offenen Bekennen ist dem Schi'iten ferner die *taqiya* erlaubt, die nach außen vorgetäuschte Verleugnung des Glaubens.[63]

Im Lauf des achten und neunten Jahrhunderts n.Chr. teilte sich die schi'itische Strömung in mehrere Gruppierungen auf, deren wichtigste die «Zwölfer-Schi'a» und die «Siebener-Schi'a» sind.

Die *Imâmi- oder Zwölfer-Schi'a* ist heute mit etwa 70 Millionen Gläubigen im Iran und Irak die größte schi'itische Gemeinschaft.

Sie zählt von Ali an zwölf Imâme, deren letzter im Jahr 878 n.Chr. lebte. Er ist nach schi'itischer Auffassung nicht gestorben, sondern «in die Verborgenheit gegangen» und wird als der *Mahdi* und Erlöser der Menschheit eines Tages zurückkehren. Wiederholt haben sich im Lauf der Geschichte Männer als Mahdi ausgegeben und Anhänger um sich geschart – im 19. Jahrhundert im Sudan, wo sich ihr Aufstand gegen die britische Kolonialmacht richtete und von dieser erst nach 17-jährigem Kampf beendet werden konnte, und zuletzt zu Anfang des 20. Jahrhunderts in Indien, wo *Mirza Ghulam Ahmed* (1835-1908) diesen Anspruch erhob und die Ahmadiya-Bewegung ins Leben rief. Geschickt wählte auch Muktada es-Sadr für seine Truppe die Bezeichnung *Mahdi-Armee*, als er 2004 im Irak die Besatzungsmacht angriff. Bei solchen Gelegenheiten wird die tiefe Verwurzelung der Bereitschaft zum Märtyrertod in der Schi'a sichtbar.

Aus einem Hadith des Propheten:

«Streit und Hader wird unter den Menschen herrschen, und dann wird der Mahdi hervorkommen, ein Mann meines Stammes ... Er wird Billigkeit und Gerechtigkeit auf Erden walten lassen, wo jetzt Tyrannei und Bedrückung herrschen ...

Er wird nach dem Vorbild eures Propheten regieren und dem Islam Kraft und Bestand verleihen ... Segen spendender Regen wird reichlich fallen, und die Menschen werden ihr Leben in Freuden verbringen, sodass sie wünschen werden, ihre Toten mögen auferstehen, um daran Teil zu haben ... Sieben Jahre wird der Mahdi die Welt regieren und dann wieder dahin scheiden ...»

Zitiert nach LAW, S.673

Wie nahezu alle islamischen Gemeinschaften kennt auch die Zwölfer-Schi'a seit dem Tod des letzten Imâm keine zentrale Führerschaft oder priesterliche Hierarchie. Dagegen ist bis heute das System der *hauza* wirksam, in dem ein theologisch Gelehrter kraft seines Wissens, seiner Ansichten und seiner Persönlichkeit Anhänger um sich schart und Geldmittel sammelt. *Al-hauza* basiert auf dem Begriff des *Idjtihâd*, der persönlichen geistigen Entscheidung, der in der Schi'a besonderes Gewicht hat Die Autorität des Einzelnen richtet sich dann nach der Zahl und Bedeutung seiner Gefolgschaft. Zwei berühmte Beispiele aus neuerer Zeit können dies illustrieren: Als Khomeini 1979 aus seinem französischen Exil in den Iran zurückkam, war er einer von vielen Korangelehrten. Seine Ausstrahlung zog Volksmassen an, die den Prozess der «Islamischen Revolution» im Iran ermöglichten und ihm schließlich den Titel *Ayatullah al-uzma* und die Würde eines *Naib al-imâm* verliehen.[64]

Den Anfang einer solchen Entwicklung zeigt das zweite Beispiel aus dem heutigen Irak: Moktada as-Sadr stammt zwar aus einer geachteten Gelehrtenfamilie, hatte aber selbst nur einen begrenzten Ruf, bevor er die «*Mahdi-Armee*» bildete und gegen die US-Besatzer antrat. Der als höchste irakisch-schi'itische Autorität geltende Ali al-Sistani riet ihm zwar zur Beendigung der Aktionen, hütete sich aber, ihm so etwas wie eine Weisung zu erteilen. Dass Moktadas Vater und ein Onkel von Saddam Hussein ermordet wurde, verschafft ihm bei seinen todeswilligen Anhängern weitere Autorität. Wie geschickt Moktada diese schi'itischen Märtyrerkräfte benutzt, zeigt sich z.B. auch, wenn er bei einer seiner Massenpredigten im Totenhemd auftritt und zum Kampf gegen die Ungläubigen aufruft. Es wird sich in der Folge zeigen, welche Rolle Moktada in der irakischen Politik aufgrund seiner zunehmenden Anhängerschaft spielen wird.

In der Hauza und im korrespondierenden System der Mardjaya schließen sich solchermaßen anerkannte Persönlichkeiten zu einer flexiblen Gemeinschaft zusammen. Auf diese Weise entsteht über alle nationalen Grenzen hinweg ein solidarisches Netzwerk[65]. In dieser Hinsicht ist auch politisch nicht nur mit einzelnen Staaten oder Regierungen zu rechnen, sondern mit der Gesamtheit der über Iran und Irak, aber auch über Libanon, Syrien, Bahrain und Pakistan verteilten schi'itischen Minderheiten.

Die *Isma'ili- oder «Siebener-Schi'iten»* spalteten sich nach dem Tod des sechsten Imâm im Jahr 765 ab, indem sie den designierten Nachfolger Musa nicht anerkannten. An seiner Stelle sahen sie in seinem älteren Bruder Ismail den rechtmäßigen siebenten Imâm. Sie beenden mit ihm die Reihe der Imâme, und in ihrer Überlieferung erscheint Ismails Sohn Mohammed als der verborgene Imâm und zukünftige Mahdi.

Innerhalb der folgenden zwei Jahrhunderte nahm die ismailitische Lehre Elemente aller esoterischen Strömungen des spätgriechisch-iranischen Kulturraumes auf und erweiterte den ursprünglich rigorosen islamischen Monotheismus durch eine umfangreiche Schar von hierarchisch tätigen Geistwesen. Die Geschichte wird als Auseinandersetzung mit den Mächten der Finsternis gesehen. Sie wird von sieben der geistigen Führer in siebenjährigen Zyklen geleitet: von Adam, Noah, Abraham, Moses, Jesus, Mohammed dem Propheten, und Mohammed, dem Sohn Ismails.

Auch dem einfachen Ismaili ermöglicht ein hierarchisches Einweihungssystem, zu einem tieferen Verständnis der geheimen Weltzusammenhänge zu gelangen und entsprechende Aufgaben zu übernehmen.

Aus der Gemeinschaft der Ismailiten trat von Nordafrika aus in einem langdauernden Prozess verwickelter Auseinandersetzungen die Dynastie der Fatimiden in die Geschichte ein. Die dynastische Legende leitet sie von Fatima ab, der Tochter des Propheten und Gemahlin Alis, und lässt sie als Hervortreten des verborgenen Imâm erscheinen. Mit der Eroberung Ägyptens und der Gründung Kairos im Jahr 969 begann ihre dreihundertjährige glanzvolle Regierungszeit. Die Begründung der nach Fatimas Beinamen *Al-Azhar* benannten Hochschule schuf einen bis in die Gegenwart wirkenden geistigen Mittelpunkt und stellt ein interessantes Beispiel des Ineinanderwirkens des schi'itischen und sunnitischen Islam dar.

Die Ismailiten leben heute als weit verstreute Minderheiten in entlegenen Gebirgsregionen vom Libanon bis zum Hindukusch.

Die von ihnen im elften Jahrhundert abgespaltene Gemeinschaft der Nizaris oder Assassinen griff im 12. und 13. Jahrhundert unter geheimnisumgebenen Führern wie Hasan Sabbah und Raschid ad-Din Sinan, dem «Alten vom Berge», von der nordiranischen Bergfestung Alamut und von Nordsyrien aus immer wieder in den Verlauf der

Schi'itischer Muslim im Gebet. Isfahan (Iran)

Geschichte ein. Ihre Methode der gezielten Ermordung einflussreicher Persönlichkeiten machte sie zur Vorläufern heutiger Selbstmordattentäter, ihr Name lebt in mehreren europäischen Sprachen als Synonym für Mörder fort. Später zogen sie sich aus dem politischen Geschehen zurück und gerieten weitgehend in Vergessenheit, bis im 19. Jahrhundert ein spektakulärer Prozess in Indien wieder auf sie aufmerksam machte. Ihr Oberhaupt führt seit 1817 den Titel eines Aga Khan und ist mit dem vierten Aga Khan und der Beghum der Regenbogenpresse geläufig geworden; ihre überlebenden Gemeinden leben zerstreut vor allem im Jemen, in Iran und Indien, wo sie in Mumbai ihr Zentrum haben. In der großen islamischen Gemeinschaft treten sie kaum in Erscheinung – aus der obigen knappen Charakteristik ist ersichtlich, dass sie an der Grenze dessen agieren, was noch als Islam angesehen werden kann.

Neben ihnen gibt es eine Reihe ähnlicher Gruppierungen. Manche von ihnen haben in der Geschichte zeitweise eine erhebliche Rolle gespielt, wie etwa die Karmaten, andere leben noch heute als kleine Gemeinden im Nahen Osten, auf dem indischen Subkontinent oder in Zentralasien.

Das Sufitum

Mit dem Tod Mohammeds war die Offenbarungsquelle versiegt. Das Offenbarte konnte nur noch bewahrt und weitergegeben werden; darüber hinaus blieb das weltliche Leben zu regeln, das mit der wachsenden Macht der Kalifen bald seine ursprüngliche Einfachheit verlor. Viele fromme Muslime nahmen Anstoß an der zunehmenden Wertschätzung irdischer Güter, vor der Mohammed so eindringlich gewarnt hatte.[66] Angesichts dieser Entwicklung musste es schmerzlich sein, in den christlichen Mönchen und Einsiedlern ein Beispiel frommen asketischen Lebens vor Augen zu haben.[67] Die frühe islamische Überlieferung ist voll von Berichten über erbauliche Gespräche von Muslimen mit christlichen Gottsuchern (*ruhbân, Sing. râhib*); von Anfang an war ein mystisches Streben im Islam veranlagt.

Die *Ruhbân* pflegten einfache Gewänder aus Wolle zu tragen. Mancher wohlhabende Muslim äußerte sich spöttisch über diese *Sufi* (*«Wollleute»)*, wie in untenstehender Anekdote; andere sahen die Wolle als Zeichen vorbildlicher Bescheidenheit. Es war eine Frau, die am eindringlichsten das Ideal der Gottesliebe als vornehmstes Ziel der Gläubigen verkündete. Rabi'a al-'Adawiya aus Basra scharte im achten Jahrhundert eine zahlreiche Anhängerschaft um sich und wurde zum Vorbild späterer Mystiker.[68]

Abu Aliya bekam eines Tages Besuch von einem Freund, der einen Wollmantel trug. Da sagte er: «Das ist Mönchssitte! Die Rechtgläubigen kleiden sich elegant, wenn sie einander Besuche machen.»
Hilyat al-auliya, zit. nach Andrae, Islamische Mystiker, S.16

Seit dieser Zeit wurden nicht nur die christlichen Asketen, sondern auch islamische Gottsucher als *Sufi*, ihr Streben als *tasawwuf* bezeichnet. Die starke individuelle Prägung ihres Schulungsweges lässt kaum eine einfache begriffliche Definition zu, obwohl es viele Versuche dazu gab. Zwei Beispiele mögen einen ersten Eindruck geben:[69]

«Sufitum besteht in edlem Verhalten, das sich zur edlen Zeit durch eine edle Person in Anwesenheit edler Menschen zeigt.»
«Der Sufi besitzt nichts, und niemand besitzt ihn.»
und:
«Schlechtes mit Schlechtem vergelten, charakterisiert den Hund; Gutes mit Gutem zu vergelten charakterisiert den Esel; Schlechtes mit Gutem zu vergelten, charakterisiert den Sufi.»
Khwajah 'Abd Allah al-'Ansari' († 1088 in Herat)

Eine lange Reihe bedeutender Sufi-Persönlichkeiten hat die islamische Geschichte wesentlich beeinflusst, wenn sie auch nicht immer als solche hervortraten. Im Unterschied zu ihren christlichen Gleichgesinnten strebten sie weniger nach Abgeschiedenheit als nach einem Leben der Brüderlichkeit. Gegenüber der strengen Askese sahen viele Sufis in Nahrung und Familie auch Gaben, für die man Gott zu danken habe. So gab und gibt es kaum Sufi-Einsiedler, wohl aber vielfach die Einrichtung besonderer isolierter Meditationsräume innerhalb der Wohnhäuser.

Wenn von traditionell sunnitischer Seite der Vorwurf erhoben wurde, die Sufis zögen sich aus der gemeinsamen Verantwortung für Verteidigung und Ausbreitung des Islam zurück, so ist dieser Vorwurf leicht zu widerlegen, mangelt es doch nicht an Beispielen sozialer, politischer und sogar kämpferischer Aktionen von bestimmten sufischen Richtungen – in neuerer Zeit z.B. sogar im Zusammenhang mit dem Kampf um Tschetschenien. Damit ist aber die innere Grenze des Sufitums überschritten; sein Grundanliegen bleibt die eigene spirituelle Vertiefung, die über Selbsterkenntnis und Liebe zu allen Mitmenschen zu einem weltumgreifenden sozialen Handeln führt. Eine Maxime in diesem Sinn gibt der Koran: *«In unserer Schöpfung gibt es eine Gemeinschaft, deren Mitglieder sich an der Wahrheit ausrichten und die dank der Wahrheit Gerechtigkeit üben.» (7,181)*

Dhu 'n-Nûn al-Masri, einem nubisch-ägyptischen Sufimeister des neunten Jahrhunderts, verdanken wir Ausführungen über die Stufen auf dem Weg der inneren Entwicklung. Er nimmt zunächst eine grundsätzliche Unterscheidung von mystischer Erfahrung *(ma'arifa)* und Verstandeswissen *('ilm)* vor. Die Ausgangsstufe ist die Kenntnis des Gesetzes, der Straße – das inzwischen hierzulande berüchtigte *scharî'a* heißt beides. Darauf folgen die *tarîqa*, das Unterwegssein und die *haqîqa*, die Wahrheit oder Realität, bevor man zur *ma'arifa*, der höchsten Stufe der Erkenntnis, gelangt. Eine wahre Sufi-Enzyklopädie ist das Masnawi des Djelâl ad-Dîn Rûmi, des großen Mystikers des dreizehnten Jahrhunderts und Begründers des Derwisch-Ordens der Mevlani.[69a]

Oh Mensch, du gutes Beispiel aus Gottes Buch!
Oh du glückliches Geschöpf,
Spiegel der erhabenen Schönheit!
Du bist alles. Alles Weltliche befindet sich in dir.
Alles, was du suchst, suche in dir,
denn du vereinigst in dir die ganze Schöpfung.
Mohammed Djelâl ad-Dîn Rûmi, Rubai 1382,
übersetzt v. Y. N. Öztürk

Verschiedene Sufi-Gemeinschaften, *tariqas,* sind auch heute weltweit im Sinn eines interreligösen Dialogs tätig, wie z.B. die Jerrahi-Bruderschaft, die in vielen Ländern Europas vertreten ist. Ein Dachverband in Kalifornien vertritt und koordiniert gemeinsame Anliegen[70], unter denen die Bewusstseinsbildung für geistige Kräfte, ihre Bedeutung für die Gesundheit und für ein friedliches Zusammenleben der Menschen an erster Stelle stehen. Alle Menschen guten Willens werden aufgefordert, jeden Freitag um 12 Uhr in ihrer Zeitzone fünf Minuten für diese Ziele zu beten. Im Sommer 2004 fand in Barcelona ein internationales «Parlament der Weltreligionen» statt mit dem Titel: «Wege zum Frieden – die Weisheit des Zuhörens, die Kraft der Selbstverpflichtung».

Die Rechtsnorm *(fiqh)* betrifft nur äußeres Handeln: *«Hast du es gemäß der Vorschriften vollzogen?»* Der Zustand deines Herzens wird dabei nicht berücksichtigt. Die Wissenschaft der Herzenszustände und ihrer Bedingungen – das ist *tasawwuf.* Fragen der Rechtslehre sind: *«Hast du die Waschungen vorschriftsmäßig vollendet? Hast du in der Richtung nach Mekka gebetet? Hast du die Säulen des Gebets erfüllt?»* Wenn all dies zutrifft, ist dein Gebet nach den Regeln des *fiqh* korrekt. Was *tasawwuf* betrifft, so stellt es Fragen nach deinem Herzen: *«Hast du bereut und dich deinem Herrn im Gebet zugewandt? Hast du beim Gebet dein Herz von Alltagssorgen geleert? Hast du in Gottesfurcht gebetet, im Wissen, dass er dich sieht und hört?» Tasawwuf* bedeutet Verwirklichung des islamischen Gesetzes

bis zum äußersten Punkt der Aufrichtigkeit, der Klarheit der Absicht und der Reinheit des Herzens.
Abu al-Alavù al-Maud'di, Mabadi' al-Islam (Islamische Grundlagen)

Die «Brüder der Reinheit», Ikhwân as-Safa'

Etwa um die Mitte des zehnten Jahrhunderts bildete sich in Basra ein Zusammenschluss schi'itischer Muslime mit dem Ziel einer ethischen Läuterung und religiösen Vertiefung, die sich *ikhwân as-safa' wa khullân al-wafa'* nannten (Brüder der Reinheit und Freunde der Treue), im Deutschen meist verkürzt mit «Brüder der Reinheit» oder «Lautere Brüder» wiedergegeben. Ihre Bewegung breitete sich rasch aus und wirkte im Verborgenen über Jahrhunderte in verschiedensten Verzweigungen weiter. Die Mitglieder vermieden öffentliches Auftreten, sodass bis heute Namen und Gepflogenheiten der Gemeinschaft weitgehend unbekannt sind. Was wir wissen, verdanken wir ihren «Botschaften» (*rasa'il*), einer Sammlung von 50 Abhandlungen nebst einer Zusammenschau. Eine weitere Quelle bietet Abu Haiyan at-Tauhidi, der sein Gespräch mit dem Wesir über einen der Lauteren Brüder schildert, in dem wiederum eine Debatte über ihre Ansichten mit Pro und Contra eingefügt ist, aus der nachfolgend eine Probe wiedergegeben wird.[71]

Nun fragte der Wesir: «*Was ist nach alledem denn nun seine Lehre?*» Ich erwiderte: «*Man kann ihn auf nichts Bestimmtes zurückführen ... Er hat sich lange Zeit in Basra aufgehalten und ist dort einer Anzahl von Leuten begegnet, die sich mit verschiedenen Gebieten der Wissenschaft und Arten von Kunstfertigkeiten befassten ... Die Mitglieder der Gruppe harmonierten in trautem Umgang miteinander, begegneten einander in Freundschaft und waren eines Sinnes über Heiligkeit, Reinheit und aufrichtigen Rat und Ermahnung. So begründeten sie unter sich eine Lehre ... und zwar sagten sie: Das Re-*

ligionsgesetz ist durch allerlei Unwissenheit befleckt und durch allerlei Irrtümer durcheinander geraten. Es gibt keinen Weg, es zu waschen und zu reinigen, außer mit Hilfe der Philosophie; und zwar deshalb, weil diese gleichermaßen die Weisheit des Glaubens und die Erfordernis selbständigen Bemühens in sich schließt ...

Den Hintergrund der *rasa'il* bildet die *ismaïli*-Richtung der Schi'a, doch sind offensichtlich uralte Elemente aus der untergründigen hermetisch-pythagoräischen Tradition eingeflossen, welche ihrerseits nur sporadisch in schriftlichen Zeugnissen zutage getreten war.[72] Besser nachzuweisen sind die ebenfalls deutlichen neuplatonischen Züge. Wie die ihnen nahe stehenden Ismaïlis und andere esoterische Bruderschaften hatten auch die Lauteren Brüder eine hierarchische Gliederung, die bei ihnen in vier Lebensalter-Stufen aufstieg, indem sie sich an der Entwicklung der Verständniskräfte orientierte. Entsprechende Züge sind bereits bei den Baghdader Gelehrten des 9. Jahrhunderts zu erkennen. So ist von Hunain ibn Ishak eine Sammlung von Lebensweisheiten überliefert, in der es zum Beispiel heißt: «*Wer sich selbst erkennt, verliert sich nicht in der Menge*», oder «*Essen mit ungewaschenen Händen macht den Menschen nicht schmutzig, wohl aber beschmutzen ihn die aus dem Herzen hervorgehenden schlechten Gedanken.*»[73]

Es ist offenkundig, dass solche Gedanken in Kreisen der orthodoxen Sunna auf Misstrauen oder gar heftige Ablehnung stoßen mussten. Sie stellten sich auf den Standpunkt, den Tauhidi wiedergibt: «*Gott hat ... das Klare klar gemacht, weil es ihn danach verlangt, dass die Menschen ihn kennen, ihn verehren, ihm gehorchen und dienen; und er hat das Geheime geheim gehalten, damit sie ständig seiner bedürfen und er für sie unentbehrlich ist.*»[74] So kommt schon früh das Problem des eigenständigen Denkens und der Willensfreiheit zur Sprache gegenüber dem vordergründigen Religionsgesetz der gläubigen Unterordnung. Dadurch erklärt sich auch die Zurückhaltung der Lauteren Brüder in der öffentlichen Diskussion. Umso erstaunlicher ist deshalb die weite Verbreitung und tiefgreifende Wirkung, die ebenso wie die der Sufis die Jahrhunderte durchzieht und heute in Bestrebungen einer islamischen Erneuerung wieder auftaucht. Darauf wird sich unser Blick im letzten Kapitel zu richten haben.

Nationale Strömungen

Zur Zeit der ersten Offenbarungen konnte von einem einheitlichen Volksbewusstsein auf der Arabischen Halbinsel noch nicht gesprochen werden. Die verschiedenen Stämme bildeten ein labiles Gefüge von Bündnissen, Loyalitäten oder Gegnerschaften. Die Religionszugehörigkeit spielte dabei keine bestimmende Rolle. Juden, Christen und verschiedene Stammesreligionen lebten neben- und miteinander.

Dies änderte sich mit Beginn der Eroberungszüge. Einerseits erlebten die arabischen Eroberer ihr Eigenwesen an der Begegnung mit anderen Völkern, andererseits wurde die arabische Kultur durch die Aufnahme fremder Elemente verändert.

Dies ist besonders im Verlauf der Abspaltung der Schi'a zu beobachten, bei der auch im Islam selbst neben dem ursprünglich rein arabischen Element das iranische eine eigene Rolle zu spielen beginnt.[75]

Während bei der Ausdehnung nach Westen über das römisch-christliche Nordafrika bis nach Spanien die arabische Prägung weitgehend erhalten blieb, wurde im Osten durch den Einfall und die Islamisierung türkischer Nomadenstämme eine weitere nicht-arabische Kraft wirksam: Um die Mitte des 11. Jahrhunderts n.Chr. hatten die Seldschuken die Herrschaft über das iranische Hochland, den Nordirak, Syrien und weite Teile des byzantinischen Anatolien gewonnen. Ihrem Führer Toghrul Beg wurde vom Abbasidenkalifen al-Qa'im das östliche Sultanat übertragen, das im Lauf der weiteren Geschichte einen ausgeprägten Eigencharakter entwickelte.

1205 wurde das Sultanat von Delhi begründet, womit wiederum eine eigenständige neue Strömung in die islamische Welt einfloss, während gleichzeitig die Mongolenstämme unter Djingis Khan die östlichen islamischen Reiche brandschatzten – ein erster Kontakt, aus dem einige Jahrhunderte später das indisch-islamische Moghulreich entstand.

Durch arabische Seefahrer kam der Islam schon im 13. Jahrhundert bis nach Indonesien und Malaysia, wo er heute Staatsreligion ist, und wenig später zu den Philippinen, wo er jetzt dem Katholizismus gegenübersteht. Seefahrende Kaufleute waren es auch, die ihn nach

Afrika brachten, wo er zunächst in den Hafenstädten der Ostküste Fuß fasste und heute in sämtlichen Staaten nördlich des Äquators mehr oder weniger stark vertreten ist – in einigen, wie z.B. dem Sudan, Somalia und Nigeria als herrschende Religion. Über Mazedonien und den Balkan drangen arabische Heere bis Wien vor, mussten sich nach 1483 jedoch wieder zurückziehen. Nur die isolierten Enklaven Bosnien und Albanien blieben islamisch. Schließlich sind noch die islamischen Länder Mittelasiens und die z.T. erheblichen Minderheiten in China, den USA und den westeuropäischen Ländern zu beachten.

Blicken wir nochmals zurück auf die Tatsache, dass Religion, gesellschaftliche Normen und Politik im Islam nicht zu trennen sind, so erhält die weite geografische Ausdehnung ein ungleich größeres Gewicht als bei anderen Religionen. Wir werden im vierten Kapitel davon noch genauer zu sprechen haben. Ein weiteres Charakteristikum ist in diesem Zusammenhang von großer Bedeutung: Wir erinnern uns an die Aussage, Gott habe einen arabischen Koran herabgesandt[76]; sie impliziert, dass prinzipiell eine Übersetzung den Sinn nicht wiedergeben kann – streng genommen sogar, dass der Islam unlösbar mit der arabischen Sprache verknüpft ist. Mit der Islamisierung der genannten Völker ergab sich daraus in zwei Richtungen ein Problem:

- Entweder mussten Iraner, Turkvölker, Inder und Malaien mit dem Islam die arabische Sprache übernehmen
- oder Sprache und Kultur dieser Länder würden den Islam verändern, während gleichzeitig der arabische Text des Koran – als die einzig legitime religiöse Basis – vom gewöhnlichen Volk nicht verstanden wird.

In der Tat ist von beiden Möglichkeiten jeweils etwas eingetreten. Länder, die durch arabische Heere islamisiert wurden, haben vielfach die Sprache übernommen – also vor allem im nord- und ostafrikanischen Bereich. Völker, die von nichtarabischen, aber bereits islamisierten Heeren unterworfen wurden, haben deren Sprache angenommen, aber stark mit arabisch-koranischen Sprachelementen durchsetzt, wie z.B. in Kleinasien und nördlich des Elbrusgebirges. Länder schließlich, in die der Islam durch Kaufleute oder erst in späterer Zeit gebracht wurde, haben in der Regel ihre Sprachen behalten,

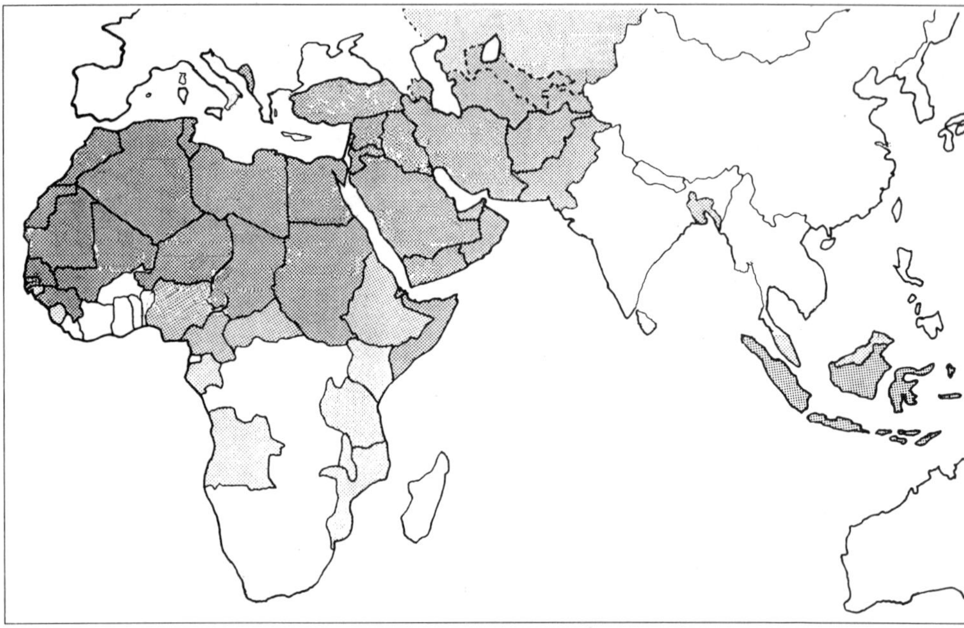

Übersicht über die islamischen Bevölkerungsanteile von 170 Staaten

Anzahl der Staaten mit

66 - 100%	50 - 65%	25 - 49%	10 - 24%	2 - 9%	0,1 -2%	0%
48	11	11	25	27	25	23

Islamische Bevölkerung dieser Staaten (in Millionen, gerundet):

1.066,318	108,627	26,434	199,640	70,869	7,784

Anzahl der Muslime in Millionen und prozentualer Anteil in den europäischen Staaten und der Türkei:

Albanien	2,457	(70%)
Belgien	0,369	(3,6%)
Bosnien-H.	2,353	(60%)
Bulgarien	0,915	(11,9%)
Dänemark	0,107	(2,0%)
Deutschland	3,091	(3,7%)
Finnland	0,009	(0,2%)
Frankreich	5,955	(10,0%)
Griechenland	0,158	(1,5%)
Großbritannien	1,170	(2,0%)
Irland	0,077	(2,0%)
Italien	1,379	(2,4%)
Kroatien	0,060	(1,2%)
Malta	0,0531	(14,0%)
Mazedonien	0,631	(30,0%)
Niederlande	0,841	(5,4%)
Norwegen	0,046	(1,0%)
Österreich	0,182	(2,2%)
Polen	0,773	(2,0%)
Portugal	0,050	(0,5%)
Rumänien	0,217	(1,0%)
Schweden	0,304	(3,1%)
Schweiz	0,226	(3,1%)
Spanien	0,481	(1,2%)
Tschechien	0,205	(2,0%)
Türkei	66,25	(99,6%)
Ungarn	0.606	(6,0%)
Zypern	0,246	(33%)

Anzahl in Mio und Anteil der Muslime in den USA: 9,732 Mio (3,5%)

Muslime weltweit (Stand 2000): 1,48 Mrd. (1974: 520 Mio.)

aber ebenfalls erheblich arabisiert. In diesem Grundmuster gibt es zahlreiche Variationen, von denen zwei hervorzuheben sind:

- Der iranische Kulturraum hat seine Sprache bewahrt, aber die arabische Schrift übernommen, die dort einen besonderen Duktus und einige zusätzliche Buchstaben erhielt.
- Im nordwestlichen Indien entwickelte sich als neue Sprache das Urdu, das zwar die arabische Schrift und einen breiten arabischen Wortschatz benutzt, im Klang und in seinen Strukturen jedoch eigenständig ist.

An dieser Stelle soll zunächst ein Eindruck von der Verschiedenheit einiger nationaler Ausformungen innerhalb des gesamtislamischen Raumes vermittelt werden, soweit sie für das heutige Weltgeschehen von Bedeutung sind. Dabei sollte nicht vergessen werden, dass in Europa inzwischen rund siebzehn Millionen Menschen islamischen Glaubens leben, von denen etwa die Hälfte einen europäischen Pass besitzen. Auch die islamischen Länder der afrikanischen Sahelzone zwischen Sudan und Niger sollen wenigstens erwähnt werden, wenn auch hier keine gesonderte Beschreibung möglich ist.

Türkei – Osmanisches Erbe und säkularer Neubeginn

Mit der Eroberung Anatoliens hatten die türkisch sprechenden Seldschuken begonnen, in der islamischen Welt eine Führungsrolle zu spielen. Sie erneuerten das Sultanat und verwandelten symbolträchtig das christliche Reichszentrum Byzanz/Konstantinopel in Istanbul, die Hauptstadt ihrer osmanischen Großmacht, die über lange Jahrhunderte alle islamischen Länder vom Balkan bis ins Zweistromland beherrschte. Die – mit deutscher Hilfe angelegten – Bahnlinien von Istanbul nach Baghdad und Mekka sollten das letzte Symbol dieser Hegemonie sein, bevor nach dem Ersten Weltkrieg das Reich unter den europäischen Großmächten aufgeteilt wurde.

Schon seit 1876 hatte die Partei der «Jungtürken» eine Modernisierung des Staates betrieben und einige Veränderungen in der Regierung erreicht. Zu ihnen gehörte auch der Offizier Mustafa Kemal, bevor er 1908 mit einer Gruppe von Gleichgesinnten den Geheimbund «Heimatland und Freiheit» gegen das Sultanat gründete. Mustafa hatte seine Bildung in einer der traditionellen religiösen Schulen begonnen und später an der westlich orientierten Militärakademie in Istanbul fortgesetzt, wo er aufgrund seiner hervorragenden Leistungen den Beinamen Kemal, «Der Vollendete», erhielt. Mit 35 Jahren kämpfte er als General auf verschiedenen Kriegsschauplätzen und sorgte bei Kriegsende im Rahmen des von ihm begründeten Türkischen Nationalkongresses dafür, dass das türkische Mutterland nicht wie die übrigen Reichsteile zur Beute der Siegerstaaten wurde. Der von ihm geführte Kampf für die Unabhängigkeit fand seine Krönung in der Ausrufung der Türkischen Republik am 29. Oktober 1923. Mustafa Kemal wurde ihr erster Präsident. Er trat das Amt an mit der Vision von einem weltoffenen modernen *«Staat des Volkes für das Volk»*. *«Es gibt zwei Mustafa Kemals»*, sagte er bei seiner Antrittsrede, *«den Mustafa Kemal aus Fleisch und Blut, der vergehen wird. Der andere seid ihr, ihr alle hier, die ihr in die entfernten Winkel unseres Landes gehen werdet, um die Ideale zu verbreiten, die notfalls auch mit Einsatz unseres Lebens verteidigt werden müssen. Ich stehe für die Träume unseres Landes, und mein Lebenswerk soll sie wahr werden lassen.»*

Sein Charisma und seine kompromisslose Energie ließen wider alle Wahrscheinlichkeit einen großen Teil seiner Reformen Wirklichkeit werden. Seit Echnaton hatte es in so kurzer Zeit keine derart radikale Umwälzung in einem Land gegeben. Islam und Staatsregierung wurden getrennt, alle Religionsgesetze abgeschafft. Religion sollte hinfort Privatsache jedes Einzelnen sein. Damit baute Mustafa Kemal eine Brücke zum Westen, machte die Türkei aber hinfort in den Augen der mehr arabisch geprägten islamischen Länder verdächtig, zumal gleichzeitig die arabische Schrift abgeschafft und die Sprache weitgehend von arabischen, persischen (und auch französischen) Fremdwörtern gereinigt wurde.[77] Das eigens dafür angepasste lateinische Alphabet erleichterte zwar das Lesenlernen und den Zugang zu europäischem Schrifttum, erschwerte aber das Erlernen der arabischen Sprache und damit die Lektüre des Korans im einzig voll gültigen Originaltext. Der Kemalismus löste damit die Türkei aus ihrer islamischen Bindung, indem er den gesamten kulturellen Horizont ausdehnte, die Kleidung modernisierte, das Bildungswesen säkularisierte, eine Schulpflicht einführte, die Emanzipation der Frau propagierte und mit einer «Aufklärungsarmee» und Volkshäusern Kunst und vorislamische anatolische Kulturen breiten Volksschichten zugänglich machte. Das gegenwärtige Bemühen um den Anschluss an Europa ist die logische Fortsetzung dieser Impulse, macht aber auch deutlich, dass die alten Gesellschaftsformen nicht von heute auf morgen zu ersetzen sind – vor allem in abgelegenen ländlichen Gebieten.

Schließlich ist noch das Rechtswesen zu nennen, das nach schweizerischen, italienischen und deutschen Vorbildern völlig neu gestaltet wurde, wobei auch das Namensrecht durch Einführung von Familiennamen eine wesentliche Änderung erfuhr.

Mustafa Kemal selbst erhielt 1934 vom Parlament den Ehrennamen *Atatürk, «Vater der Türken»*.

Es konnte nicht ausbleiben, dass traditionell islamische Kreise von all dem schockiert waren und sich gegen die verordneten Neuerungen wandten. – «*Atatürk hat Gott aus dem Land gejagt*», sagen die Kalligrafen in einem neueren Roman[78]. Überall keimten national-arabische islamistische Bewegungen auf, und da für den Muslim die Vorstellung der übernationalen Gemeinschaft der Gläubigen seit jeher im Lebensgefühl verankert war, konnten solche Bewegungen kaum auf arabische Länder beschränkt bleiben. Nach dem Tod Atatürks im Jahr 1938 und in den bedrohlichen Jahren des Zweiten Weltkriegs kam es zu einer Wiederbelebung islamischer Kultur. An vielen Stellen und bis in die neuere Belletristik wird die daraus resultierende Stimmung sichtbar. In einem in mancherlei Hinsicht charakteristischen türkischen Werk heißt es in deutlicher Anspielung auf die Säkularisierung der Türkei durch Atatürk: «*Um die heiligen Bande zu lösen, die in die Herzen unserer Jugend die Liebe zu unseren Vorfahren gelegt hatten, deren Ruhm sich wegen ihres Wissens, ihrer Wissenschaft und ihrer wundervollen Sittenreinheit und Tapferkeit durch die ganze Welt verbreitet hatte … griffen sie Herzen, Seelen und Gewissen an. Die korrupten Muslime konnten nicht verstehen, dass durch die Schwächung des Islam und die Enfernung vom Pfad des Propheten –*

möge Allah ihm Heil und Frieden gewähren – nicht nur unsere Sitten korrumpiert wurden, sondern wir auch unsere Stärke und Überlegenheit in allen Erwerbszweigen und im Verständnis der zeitgenössischen Wissenschaft verloren, die doch für das gegenwärtige Jahrhundert erforderlich ist … So versuchten diese maskierten Ungläubigen auf einer Seite, in Wissen und Wissenschaft unsere Rückständigkeit zu verursachen, und andererseits sagten sie, ‹der Islam ist der Grund unserer Rückständigkeit; um die westliche Industrie einzuholen, müssen wir diesen schwarzen Vorhang abschaffen und die orientalische Religion und ihre Wüstengesetze loswerden.›»[79]

Die geschilderten politischen Veränderungen seit dem Ersten Weltkrieg boten in dieser Weise die Grundlage für das seither stetig wachsende Bestreben, die ursprünglichen islamischen Kräfte zu erneuern und der «westlichen Gefahr» entgegenzustellen – eine Tendenz, die seit der Kriegssituation 1941 immer stärker hervorgetreten ist.[80] So stehen heute in der Türkei eindeutig europäische Kräfte neben atavistischen Traditionen und rückwärts gewandten Islamisten. Wie in einigen anderen islamischen Ländern ist heute das Militär eine eigene Kraft im politischen Geschehen. In der Türkei hatte es nach einem Staatsstreich 1960 vorübergehend die Macht übernommen; heute steht es einem größeren Einfluss islamischer Extremisten entgegen; der Versuch, im Jahr 2004 erneut Elemente der *Schari'a* in das türkische Strafrecht einzufügen, macht jedoch das Fortbestehen radikaler Gedanken offenkundig.

> *«Das Verschwinden des ottomanischen Kalifats hatte die letzte sichtbare Hoffnung auf eine islamische Umma ausgelöscht. Bedrückende Wolken legten sich über die islamische Welt. Der Horizont erschien finster und unheildrohend.»*
>
> Aus einer anonymen Ansprache im Internet, 2002;
> aus dem Englischen übersetzt von BS
> http://www.witness-pioneer.org/vil/Articles/scholars/bio-2.html

Obwohl die Europa zugewandten Kreise auch gleichzeitig zum Laizismus tendieren, sind die Grenzen keineswegs nur religiös bestimmt, die islamischen Erneuerungsbestrebungen keinesfalls einfach mit einem militanten Fundamentalismus gleichzusetzen. Auch die von universaler Menschenliebe geprägten mystischen Traditionen wirken weiter, und das eben zitierte Grundsatzwerk von Mohamed Siddik Gümüs (s. Anm. 79) vereint unkritisch traditionstreuen Glaubenseifer mit spiritueller Vertiefung und Ablehnung von Gewalt. Daraus ergibt sich ein sehr labiles Gleichgewicht, und es bleibt abzuwarten, wie sich die Annäherung an die Europäische Union auf die Entwicklung auswirkt. Wenn Europa seine Aufgabe als geistige Mittelmacht wahrnehmen würde, so könnte eine Aufnahme der Türkei in die Europäische Union die weitere Entwicklung zweifellos konstruktiv beeinflussen.

Saudi-Arabien – religiöse Enge und weltweite Kapitalströme

Zwar bleibt die Orientierung nach Mekka durch die Jahrhunderte bei Gebet, Pilgerschaft und Bestattung für alle Muslime verbindlich, aber die Zentren der islamischen Reiche verlagern und entfernen sich; Arabien als solches hatte seine Bedeutung verloren, bis im 18. Jahrhundert mit Mohammed ibn Abd al-Wahhâb (1720-92) eine Persönlichkeit zu wirken begann, die dem Land eine neue Bedeutung verschaffte und bis heute aufs stärkste nachwirkt. Abd al-Wahhâb war während seiner theologischen Studien zu der Überzeugung gekommen, dass er zur Erneuerung des alten islamischen Glaubens berufen sei. Er begann, seine Stammesgenossen zur Rückkehr zur einfachen Lebensweise des Propheten aufzurufen, Neuerungen wie die Verehrung von Heiligen und Reliquien abzuschaffen und allen Luxus in Wohnung, Bekleidung und Ernährung, sowie Tanz und Musik, Rauchen und alkoholische Getränke streng zu meiden. Seine Lehre stieß zwar bei vielen islamischen Gelehrten auf scharfen Widerspruch, verbreitete sich aber dennoch rasch, zumal sie in der einflussreichen Familie Ibn Sa'ud Aufnahme fand. Mohammed ibn Sa'ud erlangte gemeinsam mit Abd al-Wahhâb die Kontrolle über alle umliegenden Stämme und legte damit den Grundstein des heutigen Saudi-Arabien, das trotz britischer Intrigen 1932 offiziell zum Königreich proklamiert wurde und bald aufgrund seiner Erdölvorkommen zu außerordentlicher politischer und wirtschaftlicher Bedeutung kam. Der Wahhâbismus wurde zur Staatsreligion. Für den österreichischen Konvertiten Leopold Weiß alias Mohammad Asad muss es so ausgesehen haben, als könnten hier die hohen Ideale des Islam in einem modernen Staat verwirklicht werden. Asad[81], der die Jahre 1927-33 in der engsten Umgebung Ibn Sauds verbrachte, musste jedoch bald feststellen, dass der König nur die eigene Macht im Auge hatte und nicht daran interessiert war, «*seinem Volk den Sinn für Gemeinschaft und Verantwortung einzuprägen und einen gerechten und fortschrittlichen Staat aufzubauen. Er gibt sich einem extravaganten und sinnlosen Luxus hin und lässt diesen auch in seiner Umgebung zu ..., vernachlässigte sogar die Erziehung der eigenen Kinder und lässt sie dadurch schlecht vorbereitet für die auf sie zukommenden Aufgaben. Zudem war er unfähig zur Selbstwahrnehmung.*»[82] Von gelebten islamischen Idealen war nichts zu spüren, und Asad verließ enttäuscht das Land – manche der fortschrittlichen Notablen wie Jusuf Jasîn, der Sekretär des Königs, hatten allerdings in seinen Einfluss große Hoffnungen gesetzt und empfanden nun seinen Weggang als Verrat.

Zurück blieb ein starrer, fanatischer Rigorismus, der alle vorislamischen Altertümer des Landes wie auch die nicht seinen Vorstellungen konformen islamischen Monumente zerstört hat und im Koran die einzig mögliche Verfassung sieht.

Der überwiegend kleinstädtischen, ländlichen oder nomadischen Bevölkerung, die von den erzkonservativen Vorstehern ihrer Moscheen gelenkt wird und die starren Ideen Abd el-Wahhâbs verinnerlicht hat, steht auch heute noch eine unermesslich reiche Elite gegenüber, die zwar dieselbe puritanische Einstellung zur Schau trägt, dann aber unter Umständen übers Wochenende nach Addis Abeba, Kairo oder Paris fliegt, um sich ungehindert auszuleben.

So entsteht ein paradoxer Gegensatz: Der Staat bekennt sich zu dem rigorosen Fundamentalismus, der im Westen den Inbegriff und die Ursache aller Dekadenz sieht. Dieser selbe Staat lebt aber von der automobilen Lebensweise dieses Westens, und die Regierenden verdanken ihren Reichtum neben dem Ölgeschäft massiven Investitionen in die industriellen Grundlagen dieser westlichen Gesellschaft – ein Paradox, das sich in dem widersprüchlichen Dollar-und-Öl-Bündnis mit den USA wiederholt.

Ein ähnlicher Gegensatz besteht zwischen den Landesteilen Saudi-Arabiens: dem Nedjd als dem Ursprungsland des Islam, dessen heilige Städte kein Ungläubiger betreten darf, und der von Bohrtürmen geprägten Nordostprovinz al-Hasâ. Moderne Technik und geschulte Fachleute sind für die Erdölförderung unerlässlich; an Stelle von Beduinenzelten sind moderne Arbeitersiedlungen und amerikanisch anmutende Städte entstanden.

Bisher hält dieses spannungsreiche Staatsgebilde seine fundamentalistischen Pinzipien in allen Gesellschaftsbereichen eisern aufrecht – vom Rechtssystem bis zur Stellung der Frau; traditionell ist auch das allgemeine Schulwesen, das auf der strengen Wahhâbitischen Koranauslegung beruht und Mathematik wie Naturwissenschaft oder gar Kunst nur am Rande einbezieht. Erst neuerdings erfährt es eine zaghafte Kritik wagemutiger saudischer Intellektueller und Journalisten.[83] Die Elite des Landes schickte ihre Kinder bisher in die USA zum Studium, bevorzugt aber heute zunehmend europäische Länder.

Nachdem nun die saudische Wirtschaft in Schwierigkeiten gerät – infolge sinkender Rohölpreise, hoher Belastungen durch die Königsfamilie und eines großzügigen Wohlfahrtssystems aus besseren Zeiten – wird eine Reform unausweichlich. Dabei bildet die wachsende Arbeitslosigkeit ein besonders akutes Problem. Mit einer Durchschnittsquote von ca. 30% und einem noch höheren Anteil bei der Gruppe der jungen Männer liegt hier ein brisanter Herd der Unzufriedenheit; untergeordnete Arbeiten wurden seit alters von Sklaven, werden inzwischen von ausländischen Billigarbeitern versehen[84] und sind in den Augen der Jugend daher mit einer gesellschaftlichen Geringschätzung verbunden. Ohne Arbeit ist jedoch auch die Chance gering, eine Frau zu finden. Die Schuld an den zunehmend schwierigen Lebensverhältnissen wird nicht nur der Regierung und ihren Versäumnissen zugeschrieben, sondern auch den USA als dem Freund dieser Regierung.[85]

Das Herrschaftssystem beruht noch immer auf den althergebrachten Stammesloyalitäten und dem Netzwerk familiär untereinander und mit dem Königshaus verbundener Familienverbände. In beiden Kreisen gibt es konservative Kräfte wie den Klerus und reformgeneigte wie den Kronprinzen Abdallah. Die Veränderung der Strukturen ist ein riskantes Unterfangen.

Zwar zeigte sich im Oktober 2003 ein erstes Zeichen von Reformbereitschaft in der Ankündigung, innerhalb Jahresfrist zunächst in den Gemeinden die ersten Wahlen abzuhalten, und überall im Land regte sich die Hoffnung auf größere Freiheiten, die in Mediendebatten und Veröffentlichungen ihren Ausdruck fand. Im September 2004 fand diese Hoffnung aber mit einem «Maulkorbgesetz» ein Ende, das es allen öffentlichen Bediensteten verbietet, sich in jeglicher Form kritisch gegenüber der Regierungspolitik zu äußern. Die Wahlen schrumpften auf eine kurzfristig im Februar 2005 abgehaltene Teilwahl auf kommunaler Ebene zusammen, von der zudem Frauen ausgenommen waren; im März wurde ein Dutzend Fürsprecher von Reformen verhaftet, und der neue «Konsultativrat» berät über Probleme wie den Holzdiebstahl in saudischen Wäldern (!) und schließt vor den sozialen Problemen die Augen. Seit 2003 nehmen Terrorakte in Saudi-Arabien zu, aber auch hier sucht man die Ursachen eher bei den USA und dem Irak-Krieg als im eigenen Land.

Iran, der schi'itische Gegenpol Arabiens

Als Omar, der zweite Kalif, zehn Jahre nach Mohammeds Tod den Iran eroberte, blickte das Land bereits auf eine lange kulturelle und militärische Vergangenheit zurück. Im Gegensatz zum Zweistromland und Ägypten bewahrte es in der Folgezeit sowohl die eigene Sprache als auch vielfältige religiöse Elemente und drückte damit seinerseits dem Islam einen besonderen Stempel auf. Wesentliche Beiträge zur Wissenschaftsblüte im Baghdad des 9. Jahrhunderts kamen aus dem iranischen Kulturraum, nicht zuletzt aus der Hochschule von Gondischapur in Khuzistan.

Im Verlauf des zweiten Jahrhunderts nach der Eroberung hatte der Iran weitgehend den Islam in seiner schi'itischen Ausprägung angenommen, wenn auch der mazdaische Glaube an manchen Orten fortbestand und sich in den parsischen Gemeinden Indiens bis heute erhalten hat. Ein neuer Impuls wirkte mit dem Einfall der Turkvölker unter Seldschuk seit dem zehnten Jahrhundert und lebt noch immer in der Sprache der Turkmenen, der nomadischen Kaschgai und anderer Bevölkerungsgruppen weiter. In das Spektrum der ethnischen Vielfalt gehören ferner die Kurden im Nordwesten des Landes und die Nachkommen der Mongolen, die unter der Führung von Tschingis Khan seit 1220 mehrfach im Iran eingefallen waren und Teile des Landes von 1256 bis 1355 beherrrschten, nachdem Tschingis Khans Enkel Hulagu mit der Zerstörung Baghdads dem Abbasidenreich ein Ende bereitet hatte.

Unter den wechselnden Herrscherdynastien der Folgezeit sind in unserem Zusammenhang insbesondere die Safawiden von Bedeutung, die im 15. und beginnenden 16. Jahrhundert unter Schah Abbas Isfahan zur glanzvollen Residenzstadt ausbauten. Literatur, Dichtung und bildende Kunst erlebten eine wunderbare Blüte, ungeachtet der in den arabischen Nachbarländern geltenden Ächtung von bildlichen Darstellungen. Die Safawiden leiteten ihre Herkunft von Ali ab und erklärten den von ihm begründeten schi'itischen Islam zur Staatsreligion, wobei sie die sunnitische Geistlichkeit gnadenlos dezimierten.

Im Verlauf des 16. Jahrhunderts nahmen Kämpfe rivalisierender Fürsten zu, in denen 1794 die türkischen Khadjaren die Oberhand gewannen; sie machten Teheran zur Hauptstadt und regierten nominell bis 1921. In Wirklichkeit aber kontrollierten Russland und Großbritannien das Land.

In der Zeit der Khadjaren erwuchs aus der Schi'a eine neue Bewegung: Im Jahr 1848 ging ein Jahrtausend seit dem Verschwinden des zwölften Imâm zu Ende;[86] unter den Schi'iten verbreitetete sich eine Endzeiterwartung; da trat 1844 unter dem Symbolnamen *«Bâb»*, d.h. *«Die Pforte»*, der Perser Ali Mohammed als Verkünder des wiedererscheinenden Mahdi hervor und rief zu Meditation und sozialer Erneuerung auf. Er wurde verhaftet und hingerichtet, doch trat sein Landsmann Husein Ali als *«Baha' ullah»*, d.i. *«Herrlichkeit Gottes»* die Nachfolge an und begründete damit die Baha'i-Religion. Von schi'itischen Grundlagen ausgehend, strebt sie mit Meditation, sozialem Handeln und Einbeziehung aller Religionen eine weltweite Gemeinschaft an. Mit der Auffassung, dass einige der fundamentalen Glaubenssätze des Islam, wie z.B. die Auferstehung der Toten sich nicht auf eine physische, sondern auf geistige Realität beziehe, fielen die Baha'is dem Anathema der Ulemas anheim. Dennoch schlossen sich Tausende der Bewegung an. Ihre Sendboten, die *muballigh*, durchzogen das Land und regten in einer Art Schneeballsystem weitere Menschen zur Verbreitung an. Baha'i ist heute trotz vielfacher Verfolgung mit annähernd fünftausend Gemeinden in allen Erdteilen vertreten.

Zu Beginn des zwanzigsten Jahrhunderts kündigte sich, noch unter den Khadjaren, eine Entwicklung in Richtung einer konstitutionellen Monarchie an, die nach dem Weltkrieg 1921 zu einem Staatsstreich durch den Offizier Reza Pahlevi führte. Er erhöhte den Iran zum Kaiserreich, nahm den altiranischen Titel eines *Shah-inshah*, eines *«Königs der Könige»* an, nachdem er die Provinzfürsten unterworfen hatte. Reza Pahlevi schlug einen nationalistischen Kurs ein, wies aber dabei der Religion eine Nebenrolle zu. Die Trennung von Staat und Religion war für die Schi'a nicht unbedingt etwas Neues, aber der betont westliche Kurs des Schahs gab der Frage einen neuen Stellenwert.

Aufgrund seiner deutschfreundlichen Neutralitätspolitik wurde der Iran im Zweiten Weltkrieg von den Alliierten besetzt. Rezas Sohn Mohammed Reza Pahlevi, der von 1941-79 regierte, musste sich zunächst aus der heiklen Situation einer sowjetisch-britisch-amerikanischen Truppenpräsenz lösen, sah sich danach aber mit starken kommunistisch orientierten Kräften im eigenen Land und sowjetischen Gebietsansprüchen konfrontiert und intensivierte daher seine Beziehungen zu den USA. Er suchte das Land beschleunigt nach westlichem Vorbild zu modernisieren, was den Einfluss der schi'itischen Geistlichkeit weiter verminderte. Die Anerkennung Israels und der Abbruch der Beziehungen zu Nassers «Vereinigter

Isfahan, Masdjid e-Djuma. Kuppeldetail mit dekorativen koranischen Inschriften

Arabischer Republik» sind weitere Elemente seiner Politik, durch die er sich die Ayatollahs zu Feinden machte. Sie empfanden es als tödlichen Affront, dass die Regierung 1962 ein Gesetz erließ, das es Beamten gestattete, den Diensteid auf jede Heilige Schrift ihrer Wahl abzulegen. In dieser Situation erklang mit Dr. Ali Shariati eine neue kritische Stimme, die einerseits dem «Klerus» vorwarf, dem Säkularismus des Schahs keinen Widerstand zu leisten, andererseits aber auch die Verhärtung und – nach der «Islamischen Revolution» – die Menschenverachtung der Traditionalisten kritisierte und eine Reform im Sinne eines «Islamischen Humanismus» forderte. Shariati starb 1977 wie viele andere unliebsame Mahner unter ungeklärten Umständen.

«Muslime in aller Welt, die an die Wahrheit des Islam glauben, erhebt euch und sammelt euch unter dem Banner des tauhîd (der göttlichen Einheit) und der Lehren des Islam! Vertreibt die verräterischen Supermächte aus unseren Ländern und von unseren reichen Rohstoffen. Stellt den Glanz des Islam wieder her, beendet eure egoistischen Auseinandersetzungen und Gegensätze, denn ihr besitzt doch alles! Vertraut auf die islamische Kultur, widersteht den westlichen Vorbildern, und steht auf euren eigenen Füßen!»

Ayatullah Khomeini, 1979

Unter den geistlichen Agitatoren ist Musavi Khomeini einer der aktivsten, er wird 1964 des Landes verwiesen und setzt seine Arbeit aus dem Exil verstärkt fort. 1978 kommt es zu Tumulten, der Schah sucht Zuflucht in der US-Botschaft und wird in die USA verbracht. Khomeini kehrt aus dem Exil zurück und reißt unter Ausschaltung aller anderen Gruppierungen die Macht an sich. In kürzester Zeit verwandelt er den Staat durch eine «Islamische Revolution» in die «Islamische Republik Iran» – ein theokratisches Gebilde, in dem er selbst als *ruhullah*, als *«Geist Gottes»* die höchste Entscheidungsgewalt beansprucht.[87]

Die Gerichte werden durch Religionstribunale ersetzt, Frauen haben sich in der Öffentlichkeit mit dem Tschador zu verhüllen, und patrouillierende «Religionswächter» kontrollieren die Einhaltung der neuen Vorschriften und nehmen eigenmächtig Bestrafungen vor. Die USA sind von nun an «Der Große Satan».

Aus Rache für die Rettung des Schah stürmt eine Gruppe von Studenten mit Billigung Khomeinis die US-Botschaft und hält sie tagelang besetzt – ein folgenreicher Vorgang, der zur Ablösung Präsident Carters und zur Wahl Reagans beiträgt, der dann als Gegengewicht gegen den fanatisierten Iran Saddam Hussein mit Waffen versorgt ...

«Ich bin die erste Frau in der Geschichte des iranischen Gerichtswesens, die als Richterin tätig wurde. Nach dem Sieg der Islamischen Revolution im Februar 1979 wurde ich zusammen mit anderen weiblichen Richtern aus meiner Stellung entfernt und mit Aufgaben an Religionsgerichten betraut, auf Grund der Annahme, dass der Islam den Einsatz von Frauen als Richterinnen verbietet Sie machten mich zur Schreiberin an eben dem Gericht, dessen Vorsitzende ich vorher gewesen war. Wir alle protestierten, und als Ergebnis dieses Protests wurden alle Richterinnen, somit auch ich, zu ‹Experten› ins Justizministerium befördert ...»

Shirin Ebadi, Nobelpreisträgerin 2003, in ihrer Autobiografie

Die iranische Theokratie hat einen siebenjährigen Krieg gegen den Irak und den Tod Khomeinis überdauert. Mit seiner *fatwa* gegen Salman Rushdi hatte Khomeini dem Islam einen schlechten Dienst erwiesen, aber Wasser auf die Mühlen des Terrorismus geleitet. Wenn heute eine breite Opposition Veränderungen fordert, dann wird damit nicht gegen den Islam als Religion argumentiert. Das Ziel ist vielmehr *«eine liberale demokratische Gesellschaft auf der Grundlage der moralischen Werte des Islam ... die jüdische Version dieses Ideals besteht zur Zeit in Israel. Man könnte auch sagen, dass die USA selbst als religiöse Demokratie mit protestantischen moralischen Werten begonnen haben.»*[88]

Die islamischen Länder des Kaukasus, Transoxaniens und des Hindukusch

Die im Westen vom Kaspischen Meer, im Süden von Elbrus und Hindukusch begrenzten Gebiete mit dem Oxus als Hauptstrom erscheinen zwar durch diese natürlichen Barrieren vom Zweistromland wie auch vom Iranischen Hochland getrennt, sind aber historisch seit alters mit ihnen verbunden. Die Gliederung in das südliche Baktrien und die jenseits des Oxus gelegene Sogdiana entspricht in etwa den heutigen Ländern Turkmenistan und Usbekistan. Dazwischen lag am mittleren Oxus Khoresmien mit dem Zentrum Khiva. Als Heimat Zarathustras wurde das Gebiet zur Zeit des Achämenidenreichs von einem persischen Adligen regiert. Alexander der Große stieß am Oxus auf zähen Widerstand durch den König Spitames.[89] Nach seinem Tod blieb das Land zunächst Teil des Seleukidenreichs und anderer griechischer Nachfolgestaaten, bis es um 130 v. Chr. von den Kuschan-Völkern besetzt wurde, die es um die Mitte des dritten nachchristlichen Jahrhunderts oder später an die Sassaniden verloren. Seine fruchtbaren Flussoasen lockten ständig nomadische Völker aus dem Inneren Asiens an, die sich nicht immer nach ihrer ethnischen oder sprachlichen Zugehörigkeit identifizieren lassen. Lange Zeit war Baktrien überwiegend buddhistisch, daneben bestanden bedeutende manichäische und christliche Gemeinden. Im 6. Jahrhundert treten zum ersten Mal die Bezeichnungen «Türken» und «Turkestan» im Zusammenhang mit dem Zusammenschluss nomadischer Stämme zu einem festen Staat in Erscheinung, der auch nach der um 712 erfolgten islamischen Eroberung lange Zeit in Auseinandersetzungen mit den arabischen Statthaltern steht.

Baktrien, Khoresm und die Sogdiana erweisen sich nach alldem als Schmelztiegel verschiedenster Völker und Religionen am Kreuzungspunkt wichtiger Verbindungswege wie der berühmten Seidenstraße zwischen China, Innerasien, Indien und den südwestlich anschließenden Ländern. Mit der Samanidenherrschaft entwickeln sich ab 819 die dortigen Städte zu weithin berühmten Handels- und Bildungszentren, in denen die Früchte all dieser Kulturen geerntet werden. Namen wie Samarkand, Bukhara, Merw oder Khiva haben bis heute ihren märchenhaften Ruf bewahrt und mit Persönlichkeiten wie Ibn Sina, al-Bukhari, al-Farabi oder al-Khwarezmi Bedeutendes zur islamischen wie auch zur abendländischen Kultur beigetragen. Neben dem geistigen Erbe dürfen auch technische Entwicklungen nicht vergessen werden, unter denen astronomische Observatorien und die seit dem achten Jahrhundert berühmte Papierproduktion von Samarkand vielleicht die folgenreichsten waren.

Die nächste Blütezeit erlebt das Gebiet unter dem kriegerischen Türken Mahmud von Ghazni im elften Jahrhundert – sein Reich dehnt sich über Afghanistan bis nach Indien aus, mit der indischen Beute erkauft er sich vom Kalifen die Anerkennung und den Sultanstitel. Sein Reichtum erlaubte ihm dessen ungeachtet eine prachtvolle Hofhaltung in Ghazni und die Förderung von Gelehrten wie al-Birûni[90], dessen Indienbericht einen weltoffenen, geradezu humanistischen Geist atmet, und von Dichtern wie Firdusi, dem Verfasser des «Königsbuches» *Schah-nameh*.

Unterdessen ist mit den Seldschuken aus einem Nomadenvolk eine neue Macht auf der welthistorischen Bühne erschienen und hat mit der Eroberung Bukharas ein eigenes Reich begründet, mit dem sich Sultan Mahmud von Ghazni und seine Nachfolger auseinanderzusetzen haben, bis die Mongolen unter Timur Lenk (dem Tamerlan der europäischen Literatur) die Macht übernehmen. Das Land erhält ein straffes Rechtssystem und wird administrativ neu gegliedert. Unter all diesen Herrschern wie auch den im sechzehnten und siebzehnten Jahrhundert hinzutretenden Usbeken kommt es zu einem erneuten Aufblühen. Dabei entstehen in den Städten Turkmeniens und Usbekistans prächtige islamische Bauten, die noch heute vielerorts das Stadtbild prägen. Mit der Eröffnung des Seewegs nach Indien und dem Fernen Osten seit Vasco da Gama verloren die alten Handelsstraßen ihre Bedeutung, es blieb jedoch der Sklavenhandel, der hier bis ins neunzehnte Jahrhundert blühte.

Das Vordringen Russlands brachte 1860 für die islamischen Gebiete am Oxus einen Kolonialstatus, der zwar 1917-24 eine kurze Unterbrechung erfuhr, sich dann aber unter der Sowjetherrschaft fortsetzte. Trotz intensiver kommunistischer Weltanschauungsarbeit gelang es aber nicht, den Islam in der Bevölkerung nennenswert zu schwächen. Seit 1991 die Usbekische Republik ins Leben kam, zeigt sich aber neben der Wiederbelebung des Islam eine starke Anlehnung an den Westen mit deutlichen Anzeichen einer Amerikanisierung. Ein Satz aus dem Wirtschaftsbericht der Deutschen Botschaft in Taschkent von April 2004 charakterisiert die Lage: «Mit dem 11. September 2001 erhielt Usbekistan dank der Solidarität in der Anti-Terror-Koalition und seiner geostrategischen Lage mehr internationale Beachtung und Unterstützungsangebote für wirtschaftliche und politische Reformen.»

Pakistan – islamische Staatsgründung im zwanzigsten Jahrhundert

Nach der blutigen Erstickung des indischen Aufstandes endete 1857 die Unabhängigkeit der alten Fürstentümer, darunter auch die der islamischen Moghul-Dynastie, als im Jahr darauf die Ostindische Kompanie aufgelöst wurde. Großbritannien übernahm nun auch *de jure* die Oberherrschaft, die es *de facto* schon unter dem Deckmantel der Handelsgesellschaft ausgeübt hatte. Unter den Wirkungen der Kolonialperiode sind für unsere Betrachtungen drei von besonderer Bedeutung:

- Die Rekrutierung von Männern und ihre entsprechende Ausbildung zum Dienst in der britischen Armee auf den verschiedensten Kriegsschauplätzen der Welt.
- Der Aufbau einer britisch orientierten Verwaltung samt Infrastruktur und Ausbildung der Eliten und der Beamtenschaft im Sinne westlicher Wertbegriffe.
- Das wachsende nationale und religiöse Bewusstsein der verschiedenen Bevölkerungsteile auf dem Weg zur Unabhängigkeit.

An diesem Weg begegnen wir einigen der interessantesten Persönlichkeiten der neueren Geschichte: Auf der Seite der Hindus Mahatma Gandhi und Jawahar Lal Nehru, auf muslimischer Seite Mohammad Ali Jinna, Mohammad Iqbal und Mohammad Asad, alias

Leopold Weiss. Dieser Letztgenannte fand schon im Zusammenhang mit Saudi-Arabien Erwähnung. Seine Biografie spiegelt die Hoffnung auf einen modernen Menschheits-Islam wie auch die Enttäuschung über die tatsächliche Entwicklung; sie ist aufs Engste mit den Anfängen Pakistans verknüpft, sodass wir die Betrachtung mit ihr beginnen können. Im Lauf seiner Erlebnisse war Asad zur der Überzeugung gekommen, dass der desolate Zustand der Muslime nicht dem Islam zuzurechnen sei, sondern einem falschen Verständnis desselben. Der wahre Islam sei durchaus in der Lage, geistigen und gesellschaftlichen Halt zu bieten und Fortschritt zu bewirken.

Asad war von Saudi-Arabien zunächst nach Kaschmir gegangen und hatte dort mit führenden islamischen Persönlichkeiten Kontakt aufgenommen und deren Aktionen gegen die Hindu-Verwaltung unterstützt, kam dann aber bald nach Lahore, wo die indische Muslim-Liga ihren Sitz hatte. Dort traf er erstmals mit Muhammad Iqbal, dem geistigen Vater Pakistans zusammen. Iqbal sah im Koran eine sichere Grundlage für ein freiheitliches Gesellschaftssystem. Er lehnte Theokratie wie Diktatur ab und war davon überzeugt, dass im wahren Islam individuelle Entwicklung und Entscheidungsfreiheit möglich seien.[91] Er sah in der Staatsgründung eine Gelegenheit, sein Land *«vom Stempel und Zwang des arabischen Imperialismus zu befreien, seine Gesetze, seine Erziehung und seine Kultur in Bewegung zu bringen und mit ihrem ursprünglichen Geist und dem Geist der neuen Zeit zu verbinden»*.[92] Iqbal forderte Asad zum Bleiben und zur Mitarbeit bei der Ausarbeitung der Grundideen eines zukünftigen Staates auf.

Der dritte und politisch wichtigste Hauptakteur war Mohammad Ali Jinnah. Er hatte der indischen Muslim-Liga schon seit 1913 angehört und war lange Zeit der engagierteste Verfechter eines gesamtindischen Staates gewesen. In der Auseinandersetzung mit der indischen Kongresspartei musste er aber erkennen, dass die Spannungen zu groß waren und die muslimische Bevölkerung zunehmender Diskriminierung ausgesetzt war. So legte er der Muslim-Liga Vorschläge für einen separaten islamischen Staat vor, die 1940 mit der «Erklärung von Lahore» beschlossen und der britischen Regierung vorgelegt wurden. Diese bestand zunächst auf einem einzigen indischen

Staat,[93] gab aber schließlich angesichts blutiger ethnischer Auseinandersetzungen nach. Es war dabei klar, dass eine saubere territoriale Trennung nach Religionszugehörigkeit selbst nach umfangreichen Umsiedlungsbewegungen nicht durchführbar war, sodass auch im indischen Staat Muslime und im islamischen Pakistan Hindus in großer Zahl verblieben.

Am 18. Juli 1947 verabschiedete das britische Parlament den Indian Independance-Act, durch den zwei neue Staaten auf der Weltkarte erschienen – die Indische Union und Pakistan. Der für den neuen Staat gewählte Name bedeutet *«Land der Reinen»* und spiegelt die Ideale, die in diesem hoffnungsvollen Moment wirkten. Dieselbe Stimmung spricht aus der Antrittsrede, die Jinnah nach seiner Wahl zum Staatsoberhaupt hielt: *«Sie werden erleben, dass im Laufe der Zeit Hindus aufhören werden, Hindus zu sein, und Muslime aufhören, Muslime zu sein – nicht im religiösen Sinn, denn der ist Glaubenssache jedes Einzelnen, sondern im politischen Sinn, als Staatsbürger.»*

Dabei erwies sich wieder einmal das Gewicht der *umma* gegenüber realpolitischen Bedenken, indem man ein Staatsgebilde aus zwei islamischen Landesteilen für möglich hielt, welche durch 1500 km indischen Territoriums und große ethnische Unterschiede getrennt waren. Die ernüchternde Realität zeigte sich wenig später.

Mohammed Iqbal erlebte die ersehnte Unabhängigkeit nicht, er war schon 1938 einer Krankheit erlegen. Ein Jahr nach der Staatsgründung starb auch Jinnah. Asad hatte an der Formulierung des Verfassungstextes mitgewirkt, wurde Leiter des Ministeriums für islamischen Wiederaufbau und 1952 für ein Jahr pakistanischer Sonderbeauftragter bei der UNO in New York, bevor er sich mit der neuen Staatsführung überwarf und sich einer schriftstellerischen Tätigkeit zuwandte. Er verbrachte seine letzten Lebensjahr in Andalusien und wurde 1992 auf dem islamischen Friedhof von Granada beigesetzt.

Alle drei Persönlichkeiten hatten sowohl im westlichen wie im islamischen Sinn eine gründliche Ausbildung durchlaufen. Iqbal und Jinnah hatten an englischen Universitäten gelehrt; sie alle arbeiteten auf einen toleranten, zukunftsorientierten modernen Staat hin, der auch in der neuen Hauptstadt Islamabad seinen Ausdruck finden sollte, mit deren Planung der griechische Stadtplaner Constantinos

A. Doxiadis in Zusammenarbeit mit Architekten wie Louis I. Kahn und J. N. Mehta beauftragt wurden.

Es scheint, als ob alle widrigen Kräfte zusammengewirkt hätten, um dieses Ziel zu vereiteln. Von innen her begann sich bald der Antagonismus zwischen dem kriegerisch-harten Westpakistan und dem künstlerisch-weichen bengalischen Ostteil gewalttätig bemerkbar zu machen, von außen nahmen die benachbarten Mächte das Land in die Zange – die Sowjetunion und China, gegen die Amerika seinen Einfluss zu behaupten suchte, und Indien mit seiner rasant wachsenden Bevölkerung, das seinerseits die Ideale Gandhis verließ und massiv militärisch aufrüstete.

1969 kam es zum Bruch zwischen den Landesteilen und zum blutigen Bruderkrieg, aus dem Bangladesh als neuer Staat hervorging.

Indonesien

Schon vorislamisch bestanden Handelsverbindungen zwischen Arabien und der malaiischen Inselwelt, sodass sich schon im späten 7. Jahrhundert eine Berührung mit dem Islam ergab. Seit dem 11. Jahrhundert sind Handelsniederlassungen muslimischer Kaufleute auf Celebes, Sumatra, Java und Nordborneo bezeugt. Als im 13. Jh. mehrere Herrscher von Küstenfürstentümern zum Islam übertraten, begann eine rasche Ausbreitung ins Innere Sumatras und Javas. Marco Polo fand 1292 auf seiner Rückreise von China den Norden Sumatras bereits islamisiert.

Für die Annahme eines so andersartigen Glaubens waren sicherlich zunächst pragmatische handelspolitische Gründe ausschlaggebend, seit dem 15./16. Jh. aber übte die Tätigkeit von Lehrern der Sufi-Strömung eine tiefgreifende Wirkung aus. Neun «Gott Nahestehende» *(Sunan Wali Songo)* sind historisch belegt und leben vor allem in Legenden der javanischen Volksüberlieferung fort. Ihre Grabstätten an der Nordküste Javas sind bis heute beliebte Wallfahrtsorte. Die von den Sufis vertretene mystische Auffassung stand den vorangegangenen hinduistischen und buddhistischen Vorstellungen wesentlich näher als der orthodoxe sunnitische Islam. Dass diese Mystiker jedoch keine weltfremden Träumer waren, zeigt sich in ihrer politischen Aktivität; zwei unter ihnen begründeten sogar mächtige Sultanate.[94] So ist der indonesische Islam bis heute vom Sufismus wie auch von hinduistischem Gedankengut geprägt, und Sufi-Bruderschaften *(Tarekat)* von verschiedenen Orden sind noch heute religiös und sozial aktiv.

Von indonesischen Gelehrten werden die dortigen Muslime unterschieden nach *Santris* und *Abangan*. Erstere streng praktizierende Muslime, letztere sich wenig um theologische Formalismen kümmernd und wesentliche Teile des alten Kulturerbes bewahrend, in dem auch die im strengen Islam verfemten bildenden Künste, die Musik und das Schattenspiel eine Heimat finden. Von den Santris getragene Bewegungen haben verschiedentlich versucht – ähnlich wie die Wahhâbiten in Arabien – eine fundamentalistische Reform zu forcieren, konnten sich jedoch nie durchsetzen.[95]

3. Islamisches Leben

Religion in allen Lebensbereichen

Wesentlich stärker als im Christentum wird das gesamte Leben und die Lebenseinstellung der Menschen vom Islam geprägt. Wenn es auch heute immer mehr Muslime gibt, die es mit den Regeln ihrer Religion nicht mehr so genau nehmen, so sind diese Regeln doch tief in der Gewohnheit eingewurzelt und für die Gesamtheit nach wie vor prägend.

Einen Gottesdienst mit einem bestimmten rituellen Ablauf kennt der Islam nicht. Es gibt daher auch keine Priesterschaft, wohl aber einen Klerus: verantwortlich für die Moschee und die Koranschule sind Korangelehrte und Experten des koranische Rechts. Sie werden je nach Land und religiöser Ausrichtung als Imâm, Mullah oder Mufti bezeichnet. Ihnen obliegt auch das Predigen beim Freitagsgebet. Diese Korangelehrten haben ein langjähriges Studium aller im Koran enthaltenen Disziplinen durchlaufen, womöglich an der al-Azhar-Universität in Kairo, der Zaituna in Tunis oder anderen renommierten islamischen Hochschulen, in Fez, Mekka, Nadjaf, Qum ... Da es aber keine Amtskirche gibt, gibt es zwar keinen verbindlichen Modus der Entsendung, doch verleiht der Abschluss der Ausbildung z.B. an der al-Azhar eine überall anerkannte Berechtigung. Die meisten Moscheen sind von Stiftungen (*auqâf, Sing. waqf*) oder Vereinigungen getragen und suchen sich den Imâm je nach ihrer Ausrichtung.

Der islamische Tag – die Gebetszeiten

Der *Azzan*, der weit hallende Gebetsruf des Muezzin ist für islamische Länder so charakteristisch wie das Glockenläuten für das christliche Abendland. Der Rufer steht dabei aufrecht auf dem Minarett oder auf dem Dach der Moschee und verschließt beide Ohren mit den Zeigefingern. Stimmschulung gehört zur Ausbildung aller Koranschüler. Jedes Land, selbst jeder Muezzin hat seine eigene Modulation, und selbst nichtmuslimische Menschen konnten sich kaum der Faszination entziehen, die von dem vielstimmigen Chor der Gebetsrufe ausging, durch den der Tageslauf rhythmisch gegliedert wurde. Leider hat die Ablehnung westlicher Lebensart vor der akustischen Technisierung Halt gemacht, sodass heute zumeist an Stelle der lebendigen Stimme ein misstönendes Plärren aus übersteuerten Lautsprechern getreten ist. Für den tunesischen Theologen und Schriftsteller Abdel wahhâb Meddeb klingen sie «*geradezu polemisch aus allenthalben aufgestellten Lautsprechern, die selbst Tote aus dem Schlaf erwecken würden. Der wilde Zugang zur Technik verfälscht eine der schönsten Seiten des Islam, das Erheben der Stimme zum Lobpreis der Welt.*»[96]

Mit dem Gebetsruf beginnt ein sakraler Zeitraum, in dem die profane Tätigkeit unterbrochen wird. Das ist zwar in den Städten und in der Hektik des heutigen Lebens meist nicht mehr zu spüren, wohl aber auf dem Land, wie auch in überschaubaren Lebenszusammenhängen – zum Beispiel in einem Betrieb.

Die Zeiten der fünf vorgeschriebenen Gebete sind nach astronomischen Kriterien festgelegt, was bei der weltweiten Verbreitung des Islam die örtliche Praxis erleichtert, aber infolge der unterschiedlichen Beobachtungsstandpunkte an jedem Ort zusätzlich eine offizielle Regelung erfordert.

Wenn auch der Prophet mehrfach die Bedeutung des nächtlichen Gebets hervorhebt, so wird doch traditionell die Abfolge der Zeiten vom Mittagsgebet *duhr* aus berechnet, das mit dem höchsten Sonnenstand beginnt und das endet, wenn der Schatten eines Gegenstandes – nach Zufügung der Schattenlänge zur Mittagszeit – gleich seiner Länge ist.

Die Zeit des Nachmittagsgebetes *'asr* schließt an diesen Endpunkt an und endet mit Beginn des Sonnenuntergangs.

Korangelehrter im Gespräch

Das Abendgebet *maghrib* kann beginnen, wenn die Sonnenscheibe vollständig hinter dem Horizont verschwunden ist, und sollte mit dem Ende der «roten Abenddämmerung» beendet sein. In einem Hadith erzählt Râfi ibn Khadidj, er habe immer mit den Gefährten und dem Propheten zusammen gebetet, und wenn der Erste von ihnen das Abendgebet beendete, habe man noch sehen können, bis wohin ein Pfeil geflogen sei.[97]

Das «Spätabend»- oder Nachtgebet *'ascha'* beginnt mit dem Verschwinden des Lichts und endet spätestens, wenn im Osten die erste Morgendämmerung beginnt.

Nun kann sich das Morgengebet *subh* (in Nordafrika *fadjr*) anschließen, das mit dem ersten Aufblitzen des Sonnenlichts endet.

Die längeren Zeiträume für Nachmittags- und Nachtgebet können durch verschiedene Gewohnheiten näher definiert werden. So wird von Mohammeds Frau Aischa berichtet, der Prophet habe am Nachmittag gebetet, sobald das Licht direkt in ihr Zimmer geschienen habe, jedoch bevor die Sonnenscheibe selbst durch das Fenster zu sehen gewesen sei.[98]

Regeln für das Gebet

«Das Gebet ist die Seele der Religion. Wo es kein Gebet gibt, kann es keine Reinigung der Seele geben … Im Islam enthält das Gebet im Kleinen alle islamischen Glaubenssätze. Dabei fällt zu allererst auf, dass das Gebet von Bewegungen des Körpers begleitet ist. Das besagt, dass der Islam nicht nur die Seele in geistige Höhen führt, sondern auch den Körper des Menschen mit dem Licht des Gottesbewusstseins erleuchtet».[99]

Der Gläubige betet zu Hause an einem dafür hergerichteten Platz, oder er begibt sich in die Moschee. Nur am Freitag ist das gemeinsame Gebet in der Moschee vorgeschrieben – der Freitag heißt daher *yaum el-djumâ'*, Tag der Versammlung. Wesentliche Voraussetzung für die Wirksamkeit des Betens sind die Reinheit des Ortes, der Kleidung und des Körpers.

Am Morgen vor Sonnenaufgang, «wenn man den schwarzen vom weißen Faden unterscheiden kann», ruft der Muezzin vom Minarett der Moschee herab zum Frühgebet: *«Gott ist am größten! Ich bezeuge, dass es keinen Gott gibt außer Gott. Ich bezeuge, dass Mohammed der Gesandte Gottes ist. Kommt zum Gebet! Kommt zum Heil! Gott ist am größten, es gibt keinen Gott außer Gott. Das Gebet ist besser als der Schlaf!»*	Allahu akbar – Allahu akbar Allahu akbar – Allahu akbar. Aschhadu an la ilaha illa'llah Aschhadu an la illaha illa'llah. Aschhadu anna Mohammedan rasulu'llah – aschhadu anna Mohammedan rasulu'llah. Haiya 'ala as-salât – haiya 'ala as-salât. Haiya 'ala as-salâh – haiya 'ala as-salâh. Allahu akbar – Allahu akbar. La ilaha illa'llah As-salâtu chairun min an-nôm

Der Muslim soll bewusst und rein vor Gott treten. Zunächst wäscht er daher Gesicht, Hände und Füße, gemäß der Vorschrift des Koran: *«O ihr, die ihr glaubt, wenn ihr hintretet zum Gebet, so waschet euer Gesicht und eure Hände bis zu den Ellbogen und eure Füße bis zu den Knöcheln.»*[100]

Ein Hadith berichtet dazu: *Es erzählte 'Atar ibn Yasar: Der Sohn des Abbâs vollzog seine Waschung auf folgende Weise: Für das Gesicht nahm er eine Hand voll Wasser, spülte den Mund aus und zog Wasser durch die Nasenlöcher ein. Dann nahm er eine zweite Hand voll, legte die Hände zusammen und wusch sich so das Gesicht. Dann nahm er wieder eine Hand voll Wasser und wusch sich damit die rechte Hand; dann nahm er wieder eine Hand voll Wasser und wusch sich damit die Linke. Darauf fuhr er sich über den Kopf. Dann nahm er wieder eine Hand voll Wasser und wusch sich damit den rechten Fuß, bis er gut sauber war. Dann nahm er wieder eine Handvoll und wusch sich den Fuß – ich meine den linken. Dann sagte er: so sah ich, dass es der Gesandte Gottes machte – Gott segne ihn und schenke ihm ewiges Heil – wenn er sich wusch.»*[101]

Aufrecht stehend beginnt er dann das Gebet mit der *niya,* einem Moment der inneren Einstimmung. Darauf folgt vor dem eigentlichen Gebet der erste *takbir*[102], d.h. die Bekräftigung *Allahu akbar, Gott ist am größten.* Dabei ist das Gesicht der heiligen Moschee in Mekka zugewendet. Der Ablauf des Betens ist in bestimmte Abschnitte gegliedert, die *raqas.* Jede *raqa* umfasst eine Abfolge von Stehen *(qiyâm),* Verbeugen *(ruku')* und Niederwerfen *(sudjûd)* von etwa gleicher Länge. Dazwischen jeweils ein Ruhepunkt *(qu'ûd),* bei dem der Gläubige mit untergeschlagenen Beinen sitzt und die Hände auf die Knie legt. Jeder Betende entscheidet, wie viele *raqas* er beten will; dies sowie die Dauer einer *raqa* wird auch vom gewählten Text abhängen. Die Gefährten des Propheten wurden ermahnt, längere Koransuren auf mehrere *raqas* zu verteilen und nicht etwa das Tempo des stillen Rezitierens zu erhöhen. Im Gemeinschaftsgebet sind Anzahl und Tempo durch den Imâm vorgegeben.

Sûrat al-fatiha	**Die Eröffnungssure**
Bismillah ar-rahmân ar-rahîm. Al hamdu li'llah, rabbi el 'alameina, ar-rahmân ar-rahîm, maliki yaumi ed-dini. Iyaka na'budu wa iyaka nasta'inu. Ihdina as-sirât al-mustaqîma, sirât allathina an'amta 'alaihim gheir al-maghdûbi 'alaihim wa lâ ed-dâalîn	Im Namen Gottes, des Barmherzigen Erbarmers. Preis sei Gott, dem Herrn beider Welten Dem Barmherzigen Erbarmer, dem König am Tag des Gerichts. Dir dienen wir, zu Dir rufen wir um Hilfe. Geleite uns auf dem rechten Pfad, dem Pfad derer, denen du gnädig bist, denen du nicht zürnst und die nicht irren.

Die Tradition schreibt bestimmte Haltungen vor, z.B. die für den ersten *takbîr* erwähnte Handhaltung und wann beim Stehen die Hände am Körper liegen oder die rechte Hand auf den linken Unterarm zu legen ist.[103] Beim Sitzen soll man die Hände nicht «wie der Hund» zwischen die Beine, sondern auf die Knie legen, beim Niederwerfen sollen die Hände flach auf dem Boden liegen, sodass eine siebenfache Berührung mit der Erde stattfindet.[104] Nach jeweils zwei *raqas* spricht der Gläubige im Sitzen den *taschahûd,* das Glaubenszeugnis, wobei er den Zeigefinger der rechten Hand leicht anhebt. Wesentlich ist die innere Ruhe während des gesamten Vorgangs und die vollkommene Aufrechte beim Stehen und Sitzen, «bis die Wirbelsäule gerade ist».

Besonders verdienstlich sind die Gemeinschaftsgebete; am Freitag sind sie die Regel. Die Anwesenden ordnen sich traditionsgemäß in geraden Reihen, der Vorbeter führt das Gebet an. Ein weiterer Hadith macht uns die Autorität dieses Vorbildes anschaulich:

Es berichtete Anas bin Malik al-Ansari: «Allahs Gesandter fiel beim Reiten vom Pferd und verletzte seinen Körper auf der rechten Seite. An diesem Tag betete er eines der Gebete im Sitzen, und auch wir beteten sitzend, hinter ihm. Als der Prophet das Gebet mit dem Segensgruß abgeschlossen hatte, sprach er: Dem Imâm ist zu folgen, und wenn er stehend betet, so betet im Stehen, verneigt euch, wenn er sich verneigt, erhebt die Köpfe, wenn er den Kopf erhebt; werft euch nieder, wenn er sich niederwirft, und wenn er spricht: ‹Sami'allâhu li man hamida›, so sollt ihr sagen ‹rabbana wa-laka-l-hamd›.»[105]

Der Korantext des Gebets soll stets in arabischer Sprache gesprochen werden. Beim Einzelgebet sind die Inhalte frei aus dem Koran zu wählen, wenn es auch eine Reihe von vorbildlichen Gebeten gibt.[106] Meist wird mit der *fatiha* begonnen, der Einleitungs-Sure des Koran – die Tradition sieht sogar jedes Gebet als ungültig an, das nicht auch die als «Mutter des Koran» bezeichnete *fatiha* enthält. Die *fatiha* ist im dialogischen Verlauf des Koran die einzige Sure, in der der Gläubige sich direkt an Gott wendet. Über solche Grundregeln hinaus gibt es neben den traditionellen Segensformeln keine festen inhaltlichen Vorgaben. Im Freitagsgebet gibt der Imâm die Suren wie auch das Predigtthema an. Grundbedingung ist die

«Stellt euch in einer Reihe nahe zueinander, wie die Engel in der Gegenwart des Herrn». Gruppe von Gläubigen mit Vorbeter. Djibla, Jemen

Die Gebetshaltungen

volle innere Beteiligung des Gläubigen, wozu wiederum ein Hadith aufschlussreich ist:

«Anas berichtete, der Prophet – Gott segne ihn und schenke ihm ewiges Heil – habe gesagt: Falls einer von euch während des Gebets schläfrig wird, so soll er sich ausschlafen, bis er wieder voll wach ist und sein Gebet bewusst sprechen kann.»[107]

Nach einem mehrfach überlieferten Hinweis Mohammeds begleiten Engel das Gebet der Menschen. Besonders heilbringend sei es, wenn Menschen und Engel gleichzeitig das «Amen» sprächen.[108]

In Fortsetzung der in den früheren monotheistischen Religionen herrschenden Tradition ist der Freitag für das gemeinsame Gebet vorgesehen, woraus er seinen Namen *yaum al-djuma'a, Versammlungstag* erhielt.

Abu Huraira gibt folgende Aussage Mohammeds zum Freitag wieder: *«Wir waren die Letzten, aber am Auferstehungstag werden wir die Ersten sein, obgleich die Anderen die Offenbarung vor uns erhalten haben. In der Tat war dies ihr Tag, also der ihnen vorgeschriebene Tag, aber sie haben sich über diesen Punkt entzweit. Gott hat uns geleitet, die Völker folgen uns nach – die Juden am Tag darauf, die Christen noch einen Tag später.»*[109]

Der islamische Freitag ist allerdings kein Feiertag wie der jüdische Sabbat oder der christliche Sonntag, denn die Arbeit ruht nur während des Gebetes.

Die Moschee

Ebenso wie es im Islam keinen Kultus im sakramentalen Sinn gibt, so ist auch die Moschee nicht eigentlich ein Kultraum. Sie soll vielmehr in erster Linie den Gläubigen einen Raum zu gemeinsamem und ungestörtem Gebet geben, an das sich dann an den Freitagen die Predigt anschließen kann. Die arabische Bezeichnung *mesdjid* leitet sich von dem Wortstamm *s-dj-d* ab, der den Begriff des ehrfürchtigen Verneigens umfasst. Die Freitagsmoschee heißt *mesdjid al-djami'a*, der Ort, an dem man sich gemeinsam ehrfüchtig verneigt. Die Bedeutung eines solchen zentralen Gebäudes zeigt sich in der architektonischen Ausgestaltung und hat im Lauf der Jahrhunderte zu einer Fülle von wundervollen Bauwerken verschiedenster Stilrichtungen geführt. Im heutigen Alltagsgebrauch kann auch jede beliebige Moschee kurz als *djami'a* bezeichnet werden.

Gemeinsam haben alle Moscheen einen Eingangsbereich oder -Hof mit den Einrichtungen für die Waschung, und den eigentlichen Gebetsraum, *liwân*, in dem die *qibla* (Richtung nach Mekka) meist in Form einer Nische hervorgehoben ist. Lassen wir wieder die Überlieferung sprechen:

Abdullah bin Omar berichtete:

«Zu Lebzeiten des Propheten war die Moschee aus Lehmziegeln errichtet, das Dach aus den Blättern der Dattelpalmen und die Pfeiler aus Palmstämmen. Abu Bakr änderte daran nichts. Omar erweiterte sie nach demselben Grundmuster, das sie zu Lebzeiten von Allahs Gesandten hatte, indem er Lehmziegel und Palmblätter verwendete, die Pfeiler aber durch Holzbalken ersetzte. Osman veränderte sie durch eine starke Erweiterung, baute die Mauern aus behauenen

Steinen und Kalk, die Pfeiler aus behauenem Stein und das Dach aus Teakholz.»[110]

In der ersten Zeit der Verkündigung richtete sich Mohammed beim Gebet nach Jerusalem, der heiligen Opferstätte Abrahams, von wo aus der Prophet auf einer nächtlichen Reise die himmlischen Sphären durchmessen hatte. Dann wurde im zweiten Jahr nach der *hidjra* die neue Ausrichtung nach Mekka mitgeteilt, die bis heute gültig blieb.[111] Sie bewirkt ein waches geografisches Bewusstsein der Muslime, muss doch nicht nur an den verschiedenen Wohnorten die entsprechende Richtung beachtet werden, sondern auch auf Reisen, was bei Flugreisen nicht immer einfach ist. Der Verfasser erinnert sich an eine Exkursion mit einer Studentengruppe auf dem Nil von Assuan nach Wadi Halfa. Der Strom ändert dort mehrfach seine Richtung[112], und unter den Studenten wurden Wetten abgeschlossen, ob der nubische Kapitän unseres kleinen Motorschiffs immer die exakte Gebetsrichtung einhalten würde. Die Skeptiker wurden enttäuscht, Abd an-Nûr gab sich nicht die geringste Blöße ...

Ähnlich wie in der Entwicklung des christlichen Kirchturms gehörte zur Moschee nicht von Anfang an ein Minarett. Der Muezzin stand in der Anfangszeit – und steht vielfach auch heute noch, vor allem in ländlichen Gegenden – auf dem Dach des Gebäudes. Türme kamen nach christlichem Vorbild in Gebrauch, nachdem Amr ibn al-'As im Jahr 640 Kairo erobert hatte und wenig später die Johanneskirche in Damaskus zur Moschee wurde und von ihrem Glockenturm nun Muslime zum Gebet gerufen wurden. Über Jahrhunderte gab dieser Ruf in islamischen Städten im wahrsten Sinn den Ton an.

Minârat, die gebräuchlichste und in die europäischen Sprachen eingegangene Bezeichnung des Minaretts, ist von der Wortwurzel des Feuers abgeleitet, was an die zu Mohammeds Zeiten der Signalübermittlung dienenden Feuertürme denken lässt, aber auch den Symbolwert des Leuchtturms enthält. Während im westlichen Teil der islamischen Welt die Form des massiven quadratischen Turms überwiegt, herrscht im Osten die schlanke runde Form vor, die vielfach mit Kacheln in prachtvollen Rankenmustern und ornamentalen Koranversen verziert ist.

Minarett der Sultan Hassan-Moschee (Kairo, 13. Jh.)

Stuck-Gebetsnische des Sultans Mohammed Khoda Bandeh in der Hauptmoschee von Isfahan (14. Jh. n. Chr.)

Feste im Jahres- und Lebenslauf

Die *umma,* die «Gemeinschaft der Gläubigen» zeigt sich schon äußerlich darin, dass sie über alle Verschiedenheit der Kulturen und Nationalitäten hinweg in den Festen des Jahres- wie des Lebenslaufes einen gemeinsamen Rahmen bildet. Anders als in den meisten westlichen Kulturen sind die Gebräuche bei Geburt, Beschneidung und Hochzeit vor allem an ihrer Bedeutung für die Gemeinschaft ausgerichtet und weniger am individuellen Leben. Meddeb und andere neuere arabische Autoren können daher von einer Gemeinschaft sprechen, «die in den sozialen und zwischenmenschlichen Beziehungen auf der Zurückhaltung, wenn nicht gar der Auslöschung des Ich aufbaut».[113]

Die Feste des Jahreslaufes ergeben sich entweder direkt aus Glaubenssätzen oder knüpfen an koranische Aussagen an. Sie richten sich natürlich nach dem islamischen Mondkalender und wandern infolgedessen rückwärts durch die Jahreszeiten.

Îd al-kebîr

Das «Große Fest», *'îd al-kebîr* oder *'îd al-adha* (türkisch *Qurban Bairam,* indisch *baqr'îd)* feiert das Opfer Abrahams, der bereit war, für Gott seinen Sohn Ismael[114] hinzugeben. Es findet vom 10.-13. Dhulhidja, also im Pilgermonat statt, denn die Tradition sieht im Tal Mina bei Mekka Abrahams Opferstätte. Dort wird folglich von den Pilgern das Hauptfest gefeiert, zu dem auch die symbolische Steinigung des Satans gehört.[115] Alle anderen Muslime begehen das Fest zu Hause nach Möglichkeit mit dem Opfern eines Tieres. Zur Zeit Mohammeds wurden an den Festtagen Reiter- und Kampfspiele abgehalten und Heldengesänge vorgetragen.

Jabir ibn Abdullah hat berichtet:
Der Prophet – Friede sei mit ihm – opferte zwei gehörnte Widder, weiß mit schwarzen Marken und beschnitten. Während er sie nach der *Qibla* richtete, sprach er: «*Ich habe mein Gesicht Ihm zuge-*

wandt, der die Himmel und die Erde geschaffen hat. Ich folge damit der Religion Abrahams, des Treuen im Glauben, und ich gehöre nicht zu den Götzenanbetern. Mein Gebet, mein Opferdienst, mein Leben und mein Tod gehören ganz Allah, dem Herrn des Weltalls, der nicht Seinesgleichen hat. Ich tue dies, wie es mir befohlen ward, und ich bin einer der Muslime. O Allah! Es kommt von Dir, und es wird Dir gegeben von Mohammed und seinem Volk. Im Namen Allahs – Allah ist am größten.» Darauf vollzog er das Opfer.

Abu Daud, Buch 154, Nr.2793 MSA

Eine anschauliche Schilderung des Festes entnehme ich einem privaten Brief[116]:

«Wie viele andere arabische Länder haben wir auch in Marokko trotz umfassender Neuerungen unsere islamischen Wurzeln bewahrt. So endet der Pilgermonat mit dem großen Opferfest «Îd el Kebir». Jede Familie, die es sich irgend leisten kann, opfert zumindest einen Hammel, wovon dann ein Teil an Bedürftige verteilt wird. Europäern muss dieses Fest merkwürdig vorkommen. Wir kaufen die Hammel etwa eine Woche vor dem Fest und sie werden dann auf den flachen Dächern, in der Stadt wohl auch in der Wohnung gehalten. In dieser Woche werden überall Hammel zum Verkauf angeboten, man sieht sie auf Dächern von Autos und Autobussen, im offenstehenden Kofferraum oder von Leuten vom Sûk bis zur Wohnung auf dem Rücken getragen. Der Festtag selbst beginnt mit dem Morgengebet, danach wird das Tier geschlachtet, (das dürfen nur Männer tun) und wir machen uns gemeinsam an die Arbeit des Ausnehmens – Männer, Frauen und Knaben. Diese Gemeinsamkeit bildet den festlichsten Teil des Tages, doch erfordert besonders das Herrichten von Kopf und Füßen besonderes Geschick und größeren Zeitaufwand und wird deshalb von den Frauen übernommen. Überall herrscht eine familiäre Stimmung. Nach der Arbeit genießt man dann wohl eine kleine Siesta, und danach besucht man Freunde, Verwandte und Nachbarn, verteilt das Fleisch und bereitet das Abendmahl vor.»

Abdullah ibn Amr ibn al-'As hat berichtet: *Der Prophet – Friede sei mit ihm – sagte: „Mit wurde befohlen, das Fest am Tag des Opfers zu feiern, den Allah der Allerhöchste unserer Gemeinschaft bestimmt hat.» Ein Mann sagte: «Ich finde kein Opfertier, außer einer Ziege oder einer Kamelstute, die ich mir wegen der Milch ausgeliehen habe. Soll ich diese opfern?» Mohammed erwiderte: «Nein, aber du solltest dein Haar schneiden wie auch deine Nägel, deinen Bart stutzen und deine Scham rasieren. Das genügt als dein Opfer in den Augen Allahs, des Allerhöchsten.»*

Abu Daud, Buch 154, Nr. 2783 MSA

Das Îd al-fitr am 1.Schawâl

Das zweite, oder «kleine Fest» ist das Fastenbrechen, *îd al-fitr,* nach dem Ende des Monats Ramadan. Die Bezeichnung *fitr* wird allgemein vom Verb *brechen (fatara)* abgeleitet, umfasst aber auch die Bedeutungen von *Natur* und *Almosen* und somit die Dankbarkeit für das Geschenk der Schöpfung. *Îd al-fitr* sollte nicht isoliert betrachtet werden. Es gehört in den Zusammenhang des ganzen Fastenmonats Ramadan, auf den wir später blicken werden.

Wenn nach Ablauf des Ramadan die Mondsichel erstmals wieder sichtbar wird und der Monat Schawâl beginnt, ist die Fastenzeit beendet. Die Menschen warten dann in freudiger Stimmung im Familienkreis oder vor den Häusern sitzend. Wenn der Böllerschuss gehört wird oder der Ruf des Muezzin das Fastenende bekannt gibt – in neuester Zeit übernehmen Radio und Fernsehen diese Aufgabe –, tauscht man Segenswünsche aus und beginnt das gemeinsame Festessen. Am folgenden Morgen nimmt man nach Möglichkeit ein Bad, zieht frisch gewaschene Kleidung an und isst nach dem Vorbild des Propheten einige Datteln oder andere Süßigkeiten. Die Männer kleiden sich in Weiß als Zeichen von Reinheit und Bescheidenheit, wenn sie zum feierlichen Gebet in die Moschee gehen, und begrüßen einander mit dreimaliger Umarmung. Schon einige Tage vorher wird die Fitr-Spende *(zakât fitr* oder auch *sadaqa fitr)* abgegeben, zu der jeder verpflichtet ist, der mehr als das Lebensnotwendige besitzt. Wie bei allen ähnlichen Bestimmungen des Islam, so gibt es auch hier ausführliche Interpretationen – muss die Spende gegeben werden, wenn man erst am Morgen des Festes von einer Erbschaft erfahren hat? Muss für das in der Nacht vor dem Fest geborene Kind einer reichen Familie die *sadaqa fitr* gegeben werden? …

Daneben ist es auch üblich, die obligatorische Abgabe *(zakât)* zur selben Zeit einzuziehen.[117]

Der Sinn der Spende wurzelt im Gedanken der Brüderlichkeit der Umma, die es auch den Armen und Bedürftigen ermöglichen soll, an diesem Sühne- und Dankesfest teilzunehmen. Daher das frühe Einsammeln der Gaben, damit sie vor dem Festtag verteilt werden können.

Da die freiwilligen Spenden für angemessene Kleidung und Nahrung am Festtag bestimmt sind, werden sie nach Naturalien oder deren Gegenwert bemessen; als Maß gilt ein Kilo Weizen oder zwei Kilo Roggen, Datteln oder Rosinen pro Kopf …

Îd al-fitr ist ein Fest, an dem man vergangene Kümmernisse vergisst und in die Zukunft schaut. Dem widerspricht nicht der in Ägypten und einigen anderen Ländern herrschende Brauch, zum Friedhof zu gehen, dort ein Mahl abzuhalten und sich der Vorfahren zu erinnern – wie so manche Sitte ein Fortleben vorislamischer Religion.

'Aaschûra, das Märtyrerfest

Die ersten zehn Tage eines neuen Jahres galten seit alter Zeit als geheiligt, und unter ihnen wurde der zehnte besonders gefeiert. Nach islamischer Überlieferung fand nach der Vertreibung aus dem Paradies an diesem Tag Adam an der Kaaba Eva wieder, an ihm soll auch Noah die Arche verlassen haben. Da auf diesen zehnten *Moharram* auch der Tod Husseins, des Enkels des Propheten, fällt, der in der unseligen Schlacht bei Kerbela hinterhältig ermordet wurde, erhielt der Tag eine doppelte Bedeutung von Freude und Trauer. In der ersten Zeit der Verkündigung hatte Mohammed diese Tage zur Fastenzeit erklärt, bis ihm die Bedeutung des Ramadan offenbart wurde. Das 'Aaschûra-Fest[118] verlor daraufhin in sunnitischen Gegenden an Bedeutung, wird aber bis heute überall dort als hoher Feiertag begangen, wo es schi'itische Gemeinschaften gibt. Die Gläubigen versetzen sich in die Zeit der Kämpfe um das Kalifat und stellen wichtige Episoden dramatisch und rezitatorisch dar. Das Schicksal Alis und Husseins wird zum gegenwärtigen Erleben, und die Verzweiflung darüber, nichts zu ihrer Rettung getan zu haben, führt dazu, dass sich die Männer bis aufs Blut geißeln und in Prozessionen laut klagend durch die Straßen ziehen. Europäische Reisende haben seit dem siebzehnten Jahrhundert von den eindrucksvollen 'Aaschûra-Ritualen berichtet.[119]

Nô Rûz, das iranische Neujahrsfest

Nach der Frühlings-Tag-und-Nachtgleiche am 21. März wird in Persien das «Neue Licht» gefeiert, im Grunde ein zoroastrisches Fest, das aber im Islam beibehalten und eingegliedert wurde, wie überhaupt der im Iran vorherrschende schi'itische Glaube manche Züge der jahrtausendealten Lichtreligion bewahrt hat. *Nô rûz* allerdings ist ein Fest des Lebens und der Freude, im Gegensatz zum schi'itischen Grundton der Trauer und der Todessehnsucht. Es geht auf den Augenblick nach der Weltschöpfung zurück, als der Welt noch Leben und Entwicklung fehlten. Erst nachdem Pflanze, Tier und Mensch jeweils etwas von ihrer Kraft geopfert hatten, begann die Bewegung der Sonne und damit der Weltenlauf.

Zur Vorbereitung auf das Fest werden in vielen Familien rechtzeitig Getreide- oder Grassamen zum Keimen gelegt – ähnlich wie das «Ostergras» im deutschen Volksbrauch, die dann an den Festtagen ihr frisches Grün zeigen. Vertraut kann uns auch ein weiterer Brauch beim *Nô rûz* vorkommen, nämlich der gründliche Hausputz vor dem Fest. Ein zentrales Element des dreizehntägigen Festes ist auch der Nô rûz-Tisch, *haft sin,* mit sieben symbolischen Dingen, die einst die sieben aufeinander folgenden Schöpfungen und ihre Lenker bedeuteten, mit dem Islam aber ihre Natur verändert haben. Heute befindet sich auf dem Tisch oft ein Ei, ein Spiegel mit einer brennenden Kerze davor, Weizenkörner, ein Fisch, Wasser und Knoblauch zur Abwehr des Bösen.

Speise- und Kleidungsvorschriften

Gott hat den Menschen die Gaben der Natur zu Nahrung und Kleidung geschenkt, und sie sollen sie dankbar entgegennehmen.[120] Dazu fordert Gabriel Mohammed auf, die Ausnahmen zu übermitteln: *«Sprich: ich finde nichts Verbotenes bezüglich der Nahrung in meiner Offenbarung, ausgenommen das tote Tier, das vergossene Blut und das Schweinefleisch, denn es ist unrein …» (6, 145)* Diese Einschränkung hat zur Folge, dass zur Nahrung bestimmtes Fleisch frei von Blut sein muss, Schlachttiere also durch Öffnen der Halsschlagader getötet werden müssen. In Hadithen wie den beiden unten wiedergegebenen wird jedoch die Achtung vor dem Leben betont, zu der Mohammed seine Umgebung angehalten hat.

Shaddid ibn Aus hat erzählt: Ich erinnere mich an zwei Dinge, die ich von Gottes Gesandtem hörte. «Wahrlich, Gott hat befohlen, allen Wesen gut zu sein; wenn ihr also tötet, so tötet in guter Weise und wenn ihr schlachtet, so schlachtet in guter Weise. Jeder sollte sein Messer schärfen und das Schlachttier friedlich sterben lassen.»

Ibn 'Abbâs Hashîm ibn Zaid ibn Anas hat berichtet: Ich kam mit meinem Großvater Anas ibn Malik in das Haus al-Hakams ibn Ayyub, und einige Leute hatten ein Huhn als Zielscheibe festgebunden und schossen mit Pfeilen darauf. Das sagte Anas: «Der Gesandte Gottes – möge Friede mit ihm sein – hat das Festbinden von Tieren als Zielscheibe verboten.»

Aus dem Sahih des Muslim, Buch 21, Nr. 4812 und 10

Weitere Äußerungen Mohammeds enthalten ein Verbot, das Fleisch der zum Haus gehörigen Esel zu essen, während Pferdefleisch zulässig ist.

Bezüglich der Getränke war offenbar damals ein aus einer Mischung von reifen und unreifen Datteln vergorener Wein bei Gelagen beliebt, wie sie noch heute im Jemen mit Qat-Blättern zu erleben sind. Dabei muss es des öfteren zu Blutvergießen gekommen sein, bevor der Weingenuss verboten wurde. Während in der vierten Sure lediglich davor gewarnt wird, betrunken zum Gebet zu gehen, differenziert die etwas später entstandene zweite:

Sie fragen dich bezüglich des Weines und des Glücksspiels.
Sprich: Beide schließen für die Menschen sowohl Sünde wie Gutes.
Aber die darin liegende Sünde ist größer als ihr Nutzen.

Schließlich folgt dann das absolute Verbot:

O ihr Gläubigen!
Wein, Glücksspiel, Bildsäulen und Lospfeile
sind ein Greuel und Teufelswerk.
Meidet sie, vielleicht habt ihr Glück.[121]

Die Hadithe vermitteln einen Eindruck von der Umsetzung solcher Verse, wenn sie erzählen, wie den Zechern bei einem Gelage mitgeteilt wird, dass draußen der Herold Bilal das inzwischen offenbarte Verbot verkündet, worauf das verbliebene Getränk auf die Straße geschüttet wird.[122] Nachfragen von Muslimen aus dem Jemen, wo vergorene Honig- und Gerstengetränke üblich waren, führten dann zum kategorischen Verbot aller toxischen Substanzen, die den Menschen vom Gebet ablenken könnten.[123] Eine Bekräftigung finden wir im Zusammenhang mit der Himmelsreise des Propheten: Gabriel habe ihm bei der Ankunft in Jerusalem Wein und Milch in zwei Schalen angeboten Mohammed nahm die Milchschale, worauf Gabriel sprach: *«Preis gebührt Allah, der dich zur wahren Natur geleitet hat; hättest du den Wein gewählt, so wäre deine Umma in die Irre gegangen.»*[124]

Die Essgewohnheiten Mohammeds wurden wie seine Aussprüche zur Richtschnur des Verhaltens seiner Gefährten. Auch hierzu überliefert uns Muslim ein hübsches Beispiel. Es habe einmal ein Schneider Mohammed zu einem Festessen eingeladen, bei dem es auch Kürbis gab, und der Prophet habe sich die Kürbisstücke von der ganzen Platte geangelt. Seitdem, so sagte der Berichterstatter Anas ibn Malik, sei Kürbis auch seine Leibspeise gewesen. Dazu muss man sich die arabischen Esssitten vergegenwärtigen, bei denen die Männer rings um eine große Platte sitzen und sich mit der rechten Hand die Bissen holen. Wenn der Prophet sich Kürbis von der ganzen Platte zusammengeholt hat, muss ihm der schon sehr gut geschmeckt haben, weil er damit gegen die guten Sitten verstieß, wie sie in einem anderen Hadith betont werden: *Omar ibn Abu Salama erzählte: «Als Junge war ich in der Obhut des Gesandten Gottes – möge der Friede mit ihm sein – und wenn ich mit der Hand über den Teller fuhr, sagte er zu mir: ‹Sprich den Namen Gottes aus, iss mit der rechten Hand, denn Satan isst mit der linken Hand und trinkt mit der linken Hand. Und iss, was auf deiner Seite des Tellers ist.›»*[125a]

Die Achtung vor der Nahrung erfordert, dass man nicht im Stehen isst oder trinkt. Man soll die Finger ablecken und einen zu Boden gefallenen Bissen aufheben und nach Entfernen von Schmutz essen, denn – *«man soll ihn nicht dem Teufel überlassen, und man weiß nie, in welchem Teil der Nahrung der Segen liegt.»*

Aus den Äußerungen Mohammeds zu Bekleidungsfragen ergeben sich als wichtigste Anliegen die Wahrung des Anstandes und das Vermeiden von Hochmut und Angeberei. Er sagte von einem Mann, der stolz und selbstzufrieden in einem «zweiteiligen Gewand» einherschritt, mit sorgfältig gekämmtem Haar, dass Gott ihn in den Boden versinken ließe, und er am Jüngsten Tag noch immer weiter sänke. Im selben Sinn wird immer wieder das Tragen von Seidengewändern abgelehnt. Als Mohammed einmal dem Osman, dem späteren Kalifen, ein Seidengewand schenkte und ihm dieser seine früheren Äußerungen dagegen vorhielt, soll die Antwort gelautet haben, er könne es ja verschenken, und damit ein Beispiel der Bescheidenheit geben. Offenbar war Seide besonders in Byzanz und Persien bei den gehobenen Ständen in Gebrauch, worauf in den Hadithen verschiedentlich angespielt wird: *«Die Männer sollen ihre Kleidung nicht mit Seide säumen oder Seide über den Schultern tragen wie die Perser, sie sollen auch nicht auf purpurnen Satteltüchern oder Pantherfellen reiten oder Siegelringe tragen, es sei denn als Amtszeichen.»*[125b] Andererseits soll der Wohlhabende aber auch nicht in ärmlichen Kleidern herumlaufen. Die Intention ist klar, sie ist gegen die weltliche Eitelkeit gerichtet. Das hat wohl auch bei bestimmten Gruppen zu der Gewohnheit geführt, schwarze Kleidung zu tragen, wie wir sie heute bei der schi'itischen Geistlichkeit im Iran und bei den afghanischen Taliban sehen. Mohammed hat nach allen Zeugnissen weiß als Farbe der Reinheit bevorzugt, wie es für Leichentücher zur festen Sitte geworden ist.

Männer wie Frauen sollen ihre Blöße bedecken, was für Männer besonders dann betont wird, wenn sie ein einziges Gewand tragen und auf dem Boden sitzen. Für breite Auseinandersetzungen sorgen zur Zeit wieder die Bestimmungen zweier Koranverse zur Kleidung der Frauen. (33,59 u. 24,31) Dabei wird das Kopftuch als Glaubenszeugnis instrumentalisiert, eine Funktion, die es im Lauf der islamischen Geschichte nie hatte, obgleich sie zur Not indirekt aus dem Koran abzuleiten ist; im zweiten der Verse heißt es: *«Und sage den gläubigen Frauen, sie sollen ihren Blick senken und ihre Keuschheit bedenken und von ihren Reizen nicht mehr zur Schau stellen, als üblicherweise sichtbar sein darf.»* Dabei wird geflissentlich verschwiegen, dass im vorangehenden Vers zunächst den Männern das Senken des Blickes und die Keuschheit anempfohlen wird. Asad, aus dessen Koran-Übersetzung ich hier zitiere,[126a] weist in seiner Erläuterung mit Berufung auf einige frühe Kommentatoren darauf hin, dass mit dem Ausdruck «üblicherweise» jedwede gesellschaftliche Entwicklung berücksichtigt werden kann. Des weiteren erinnert er daran, dass hier das seit jeher mehr zum Schmuck getragene Kopftuch nicht die Haare, sondern den Busen bedecken soll: *«Und sie sollen ihre Kopftücher über den Busen ziehen.»* Die Formulierung und der folgende Hinweis auf Gottes Nachsicht lassen deutlich erkennen, dass es sich hier um eine Empfehlung handelt, aber nicht um ein verpflichtendes und zeitlos gültiges Gebot. Darin sind sich auch alle älteren islamischen Kommentatoren einig. Die Empfehlung wird also von radikalen Männerkreisen als Vorwand für eine Diskriminierung der Frau benutzt und inzwischen offensichtlich von Frauen auch weithin als religiöse Verpflichtung verinnerlicht. In einem Beitrag für die ZEIT[126b] geht der holländische Soziologe Paul Scheffer ausführlich auf diesen Zusammenhang ein und zitiert dabei aus einer holländisch-türkischen Untersuchung: «Die strukturelle Ungleichheit von Mann und Frau – wobei die Ehre vom Mann repräsentiert wird und die Scham von der Frau – ist im Islam bis heute ein wesentliches Element der Glaubenserfahrung ... Die islamische Lehre überlappt, verstärkt und strukturiert eine Familienkultur, die es bereits vor dem Aufkommen dieser Religion gab, mit allen gewalttätigen Konsequenzen, die es in manchen Familien gibt.»

Das Fasten im heiligen Monat Ramadan

In vorislamischer Zeit war der 10. Moharram bei den Juden in Yathrib (Medina) in Erinnerung an die Rettung Moses' und den Untergang des Pharao ein Gedenktag, an dem man fastete. Zunächst wurde dies auch von Mohammed angeordnet, bis im zweiten Jahr nach der *hidjra* nach der Offenbarung der Verse 185 in der zweiten Sure der Monat Ramadan zum Fastenmonat bestimmt wurde.

In diesem Monat ereignete sich nach der Überlieferung das bedeutendste Ereignis des Islam, das «Herabkommen» des Koran in der Nacht des göttlichen Ratschlusses *(lailat al-qadr).*[127] Der ganze Monat ist dadurch geheiligt, die Menschen lösen sich durch das Fasten aus den irdischen Bindungen. Die Fastenzeit beginnt mit dem ersten Erscheinen der neuen Mondsichel nach Ablauf des Monats Scha'aban. Das hört sich einfach an, birgt aber ein erhebliches Problem, da ja die Sichtbarkeit sowohl von topografischen als auch von atmosphärischen Umständen abhängt und zudem in weit auseinander liegenden Teilen der Welt zu verschiedenen Zeiten eintritt. Der Muslim muss sich daher entscheiden, ob er sich nach der Verlautbarung der örtlichen Autorität, nach der Praxis seines Heimatlandes oder nach der eigenen Beobachtung richtet. Für Mekka und Saudi-Arabien gilt eine amtliche Regelung auf der Grundlage astronomischer Berechnung, also unabhängig von der tatsächlichen Sichtbarkeit. Insgesamt können sich Unterschiede von mehreren Tagen ergeben. In islamischen Städten wird der Fastenbeginn vielfach noch durch einen Böllerschuss angezeigt, der sich dann den ganzen Monat über morgens und abends wiederholt. Nach dem Koran beginnt das Fasten am Morgen, wenn man «den schwarzen vom weißen Faden unterscheiden» kann, und endet ebenso am Abend, wenn der Unterschied nicht mehr zu erkennen ist.[128]

«Im Namen Gottes, des Erbarmers, des Barmherzigen!
HaMîm
Beim deutlichen Buch!
Siehe, wir sandten es nieder in einer gesegneten Nacht –
wir waren Warner – in der alle Dinge entschieden werden
nach unserem weisen Befehl.
Ja, die Boten sind von uns gesandt,
als ein Erbarmen von deinem Herrn …»
Koran, Sure 44 «Der Rauch», 1-5

Im Verlauf des Ramadan als des Monats, in dem die Übermittlung des göttlichen Wortes begann, wird allnächtlich ein Neunundzwanzigstel des Korans rezitiert. In den letzten zehn Tagen «ist der Himmel offen und die Hölle verschlossen».[129] Es wird berichtet, dass der Prophet sich in dieser Zeit besonders intensiv ins Gebet versenkte und auch seine Frauen dazu anhielt. Er erhoffte dabei Gewissheit über die genaue Festlegung der heiligen Nacht zu erlangen, bis er sie dann schließlich auf den 27. Ramadan festlegte. In Verbindung mit der Übermittlung des göttlichen Wortes in die Sphäre des irdischen Himmels erhalten die Engel in dieser Nacht Einblick in die Schicksale der Menschen; alljährlich wird ihnen offenbart, wer im kommenden Jahr sterben wird, und sie sind dann den Menschen näher als gewöhnlich: *«Sie umkreisen die zu Ehren Gottes im dhikr sich drehenden Derwische und senken die Flügel achtungsvoll vor dem wahrhaft Strebenden.»*[130] Vieles an der *lailat al-qadr,* der Heiligen Nacht des Ramadan erinnert an das christliche Weihnachtsgeschehen, wie neuerdings Christoph Luxenberg detailliert dargelegt hat.[131]

Wenn nach Ablauf des Ramadan die Mondsichel erstmals wieder sichtbar wird, ist die Fastenzeit beendet. Ihre wesentlichen Bestimmungen sind in der zweiten Sure enthalten:

«O ihr, die ihr gläubig seid!
Das Fasten ist euch vorgeschrieben,
wie es den Generationen vor euch vorgeschrieben war.
Vielleicht fürchtet ihr Gott,
Fastet während der abgezählten Tage.
Wer von euch krank oder auf Reisen ist,

wird später eine gleiche Anzahl von Tagen hindurch fasten.
Alle, die fasten könnten, es aber nicht tun,
müssen zum Ausgleich einen Armen speisen.
Wer freiwillig mehr tut, dem wird es zum Guten gereichen.
Fasten ist für euch etwas Gutes – vielleicht werdet ihr es verstehen...
...Wer von euch den neuen Mond sieht,
soll den ganzen Monat hindurch fasten.»[132]

«Einen Armen speisen» bedeutet hier auch die Verpflichtung, für alte und kranke Mitmenschen zu sorgen, die aufgrund ihres Kräftezustandes nicht nur vom Fasten befreit sind, sondern denen das Fasten ausdrücklich untersagt ist. Offensichtlich gab es schon zu Lebzeiten Mohammeds Unentwegte, die trotz eines Dispenses fasteten. Die Hadithsammlungen enthalten zahlreiche Beispiele für solche Situationen, wie etwa die Anekdote, zu der man sich die glühende Wüstenhitze vorstellen muss: *Eines Tages begegnete der Prophet während einer Reise einer Schar von Menschen, die einem in ihrer Mitte Gehenden Schatten spendeten. Auf seine Frage nach dem Grund ihres Verhaltens sagten die Leute: «Er fastet», worauf der Prophet sagte: «Es ist Unrecht, wenn du auf Reisen fastest.»*[133]

Yahya berichtete mir von Malik, der es von Ibn Schihab über Hunaid ibn Abd ar-Rahmân ibn Aûf von Abu Huraira gehört hatte, dass ein Mann im Ramadan das Fasten gebrochen hatte, worauf ihm der Gesandte Gottes – möge Gott ihn segnen und ihm Frieden gewähren – zur Buße auferlegte, einen Sklaven freizugeben oder zwei aufeinander folgende Monate zu fasten oder sechzig Arme zu speisen. Er sagte: «Das kann ich nicht.» Unterdessen brachte jemand einen Korb voller Datteln dem Gesandten Gottes – möge Gott ihn segnen und ihm Frieden gewähren – und dieser sprach: «Nimm dies und gib es einem Bedürftigen als Sadaqa-Almosen.» Da sagte der Mann: «Gesandter Gottes, es gibt keinen Bedürftigeren als mich.» Der Gesandte Gottes – möge Gott ihn segnen und ihm Frieden gewähren – lachte, dass man die Backenzähne sah, und sagte schließlich: «Dann iss du sie.»

Malik ibn Anas, Kitab al-Muwatta, 18,9,28

Das Fasten soll den Menschen durch Verzicht stärken und aus der Abhängigkeit des Körpers lösen, gemäß der Aussage der 79. Sure: «*Was aber den betrifft, der seines Herrn Hoheit gefürchtet und der Seele das Gelüst verwehrt hat, siehe, das Paradies ist seine Wohnung.*»

Die Selbstkontrolle im Ramadan betrifft nicht nur konsequenten Verzicht auf Essen, Trinken und Geschlechtsverkehr, sondern alle unguten Gedanken und Handlungen. «*Der Prophet hat gesagt: Wer nicht aufhört, falsch zu reden und Böses zu tun, von dem erwartet Gott auch nicht, dass er Essen und Trinken unterlässt*».[134] Wie bei allen religiösen Pflichten des Islam, so hängt auch hier die Gültigkeit von der *niya*, der rechten Absicht, ab. Der Gläubige soll sich an jedem Ramadanmorgen vornehmen, den Tag reinen Herzens und in Gelassenheit fastend zuzubringen.

Das große Gewicht, das dem Fasten beigemessen wird, zeigt sich in der Bestimmung, nach der die Nachkommen zu fasten haben oder eine Ersatzleistung erbringen müssen, wenn ein Mensch verstorben ist, ohne seine Fastenverpflichtungen – also z.B. das Nachholen versäumter Fasttage – erfüllt zu haben. Besteht die Fastenschuld in einer materiellen Ersatzleistung, so wird sie aus dem Erbe beglichen.

Die Pilgerfahrt nach Mekka

Mekka mit der Kaaba muss schon in uralter Zeit ein weithin berühmtes Heiligtum gewesen sein, mit dem sich nicht nur heidnische Religionen, sondern auch die Ursprungslegenden des Monotheismus verbanden. Es wurde bereits die Überlieferung erwähnt, nach der sich hier Adam und Eva wiederfanden, nachdem sie aus dem Paradies vertrieben waren und auf der ihnen noch unbekannten Erde herumirrten. Vom Stammvater Abraham hat das Oasental um die Stadt seinen Namen *Wadi Ibrahîm* erhalten. Abraham und sein Sohn Ismael sind in vielfältiger Weise mit diesem Ort verbunden, wo Gott die Opferbereitschaft Abrahams prüfte; alljährlich gedenken im Monat Dhulhidja mehr als eine Million Muslime aus allen Weltgegenden dieser mythischen Ereignisse. Der schwarze Stein, der heute an der Westecke der Kaaba eingemauert ist, wurde nach islamischer Überlieferung von Gabriel aus dem Himmel gebracht und an Abraham übergeben. Der ursprünglich strahlend weiße Stein sei dann durch die Bosheit der Menschen schwarz geworden.

Zu Beginn des siebten Jahrhunderts, als Mohammed von hier aus seine Verkündigung begann, war Mekka eine reiche Stadt – als Pilgerziel und wichtigster Knotenpunkt für den Handel zwischen Äthiopien, Indien, dem Zweistromland und den Mittelmeerländern. Doch die Menschen hatten ihre Gottesfurcht verloren, und zudem waren sie Polytheisten; in der Kaaba wurden dreihundertsechzig Götterbilder verehrt. Die Warnung vor den Folgen der Gottvergessenheit durchzieht Mohammeds gesamte Botschaft:

«Wir offenbaren dir einen arabischen Koran,
auf dass du die Mutter der Städte warnst
und alle rings um sie Wohnenden».[135]

Seitdem ist Mekka für den Islam die heilige Stadt par excellence, in deren Umkreis kein Tier getötet werden darf[136] und das Gebot des Friedens und der Brüderlichkeit gilt. Praktizierende Muslime der ganzen Welt verneigen sich täglich im Gebet mit dem Blick nach Mekka; und nur Muslime dürfen die Stadt betreten.

Der Koran hebt die Bedeutung Mekkas immer wieder hervor. In der dritten Sure heißt es:

«Das erste für die Menschen gegründete Gotteshaus,
wahrlich, es ist das von Bakka.
Es ist gesegnet und dient aller Welt als Orientierung.
Offenbare Zeichen finden sich an diesem Ort,
wo Abraham sich aufhielt;
in Sicherheit ist, wer auch immer dort eintritt.
Den Menschen gebührt es,
wenn sie die Mittel dazu haben,
sich auf die Pilgerfahrt zum Hause zu begeben.»[137]

Die Zeit für die Wallfahrt ist auf den 7.-14. Du 'lhadja festgelegt. Natürlich hat bei weitem nicht jeder Muslim die Mittel, nach Mekka zu pilgern. Was früher eine echte Pilgerreise zu Fuß oder allenfalls mit

Kamel, Esel oder Pferd war, vielleicht auch mit einer risikoreichen Seereise verbunden, ist heute zumeist eine amtlich oder von Reiseunternehmen organisierte Flug- oder Busreise, lediglich der letzte Abschnitt wird meist noch zu Fuß zurückgelegt.[138] Er umfasst den eigentlichen, rituell bis in Details geregelten Teil der Pilgerschaft und beginnt etwa zehn Kilometer vor Mekka an den beiden Steinsäulen, die die Grenze des heiligen Bezirks bezeichnen.

Bevor der Pilger den Weg fortsetzt, prüft und bekräftigt er die Lauterkeit seiner Intention; das Handeln des Pilgers ist ungültig, wenn es aus Geltungsbedürfnis oder anderen unlauteren Motiven geschieht. Die Männer legen ihre Kleider ab, baden und kleiden sich in zwei ungenähte weiße Stoffbahnen; Frauen dürfen gewöhnliche Kleidung tragen, die aber weiß sein sollte. Alle Unterschiede von Stand und Besitz sind verschwunden.[139] Von jetzt an hat der Pilger alle unguten Gedanken und Handlungen zu vermeiden; darf Haare und Nägel nicht schneiden, sich nicht rasieren und muss geschlechtliche Enthaltsamkeit wahren – er befindet sich im *ihrâm*, einem rituellen Weihezustand. Nun spricht er (oder sie) laut rufend die *talbiya:*

«Labbaika – Hier bin ich vor Dir, Herr, hier bin ich!

O Gott, hier bin ich, hier bin ich. Du hast keinen Gefährten. Hier bin ich.

Wahrlich, Dein allein sind Lobpreis, Gnade und Herrschaft, du hast keinen Gefährten».

Damit beginnt die *umra*, indem er die große Moschee betritt. Dabei setzt er den rechten Fuß über die Schwelle und spricht: *«Im Namen Gottes, möge Friede und Segen dem Gesandten Gottes zuteil werden. O Gott, vergib meine Sünden und öffne mir die Tore Deines Erbarmens. Ich suche Zuflucht bei Gott dem Allmächtigen und in seinem erhabenen Angesicht und seiner ewigen Herrschaft vor dem verfluchten Satan».* Darauf geht er zur Westecke der Kaaba, berührt nach Möglichkeit den dort eingemauerten schwarzen Stein, wobei er seine Treue zu Gott, dem Koran und dem Propheten Mohammed bekräftigt. Dann vollzieht er, die Kaaba zur Linken – also entgegen dem Sonnenlauf, den siebenmaligen Umgang um das würfelförmige Gebäude. Dabei berührt er, eine Bittformel sprechend, die südliche oder jemenitische Ecke und spricht jedes Mal beim Vorbeigehen am

Mekka und die Kaaba. Zierfliese. Islamisches Museum, Kairo

Tausende von Pilgern umwandern die Kaaba
(Foto: picture-alliance / © dpa-Report)

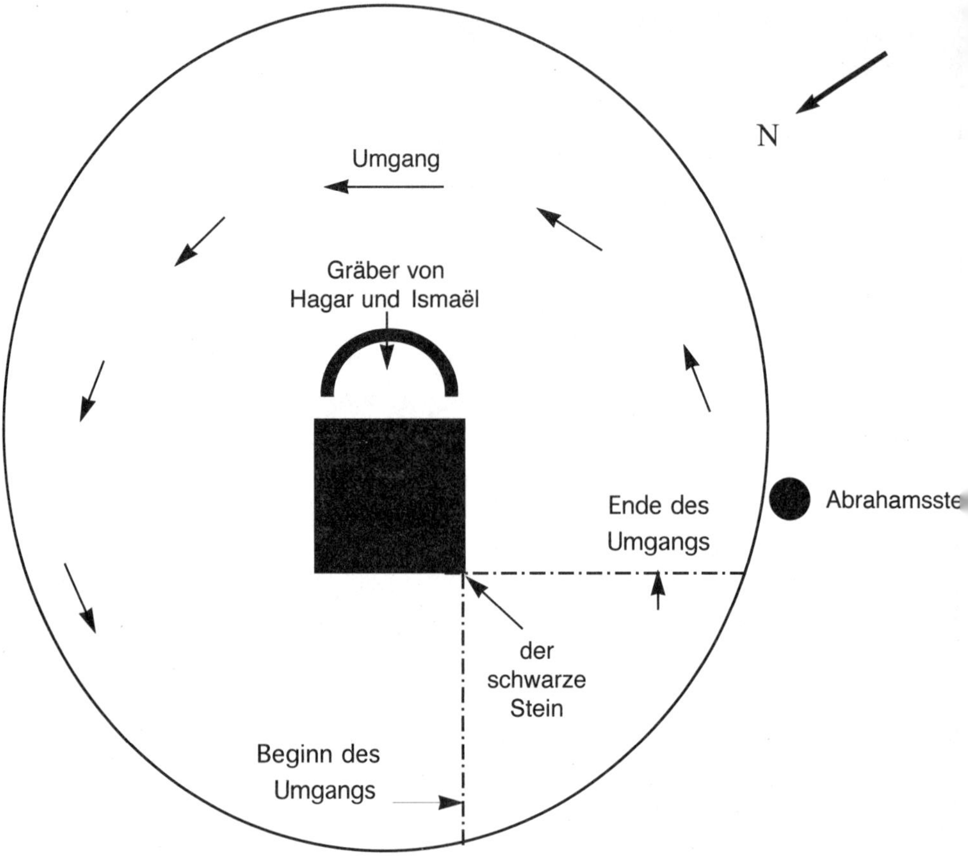

Die Kaaba in der heiligen Moschee von Mekka (Skizze des Umgangs)

Die vier Ecken werden als Pfeiler, *rukn,* bezeichnet (schwarzer, irakischer, syrischer und jemenitischer «Pfeiler»). Der Pilger soll sich beim Umgang so dicht wie möglich an der Kaaba halten, sie dabei aber nicht berühren (mit Ausnahme des Kusses auf den schwarzen Stein und den «glücklichen Stein» an der jemenitischen Ecke). Der Ismael-Bezirk hat innerhalb, der Abrahams-Bezirk außerhalb des Umgangs zu bleiben.

schwarzen Stein das *takbir, «Gott ist am größten»*. Die ersten drei Umkreisungen werden mit schnellen Trippelschritten zurückgelegt, die letzten vier im normalen Gehen.

Nun begibt sich der Pilger zum Abrahamstein, *makâm Ibrahîm*, auf dem die Überlieferung den Fußabdruck des verehrten Erzvaters sieht. Gemäß des Koranverses Sure 2,125 verweilt er dort für die Dauer zweier Gebetsabschnitte, bevor er die große Moschee verlässt, vielleicht an der Zamzam-Quelle trinkt und sich dann zu den Hügeln Safa und Marwa begibt. In der Ebene zwischen ihnen soll einst Hagar mit ihrem Söhnchen Ismael verzweifelt nach Wasser gesucht haben, bevor Gott ihr die Quelle öffnete. Im Gedenken daran vollzieht der Gläubige sieben Mal den rituellen Lauf zwischen beiden Hügeln und hat damit den Hauptteil abgeschlossen. Mit dem Ablegen der Ihrâm-Tücher ist der Weihezustand beendet, die Pilger schneiden Nägel und Haare und rasieren sich.

Der folgende achte Tag des Pilgermonats beginnt mit einer Waschung, dem erneuten Anlegen der Ihrâm-Kleidung und der Erneuerung der Intention mit dem *labbaik*-Ruf. Zum Sonnenaufgang begibt man sich ins Tal von Mina, wo man den Tag und die Nacht mit den vorgeschriebenen Gebeten verbringt und eine Predigt hört, bevor man am Morgen des neunten Du 'l-hadja in die Arafat-Ebene, aufbricht, wo eine riesige Zeltstadt aufgebaut ist. Dort wird der Tag erneut mit den Gebeten, Predigt und frommer Lektüre oder Konversation verbracht. Vor Sonnenuntergang bricht man auf, der Weg führt über die Muzdalifa mit der Mascha'ir-Moschee wieder zurück ins Tal Mina, das zum Sonnenaufgang des folgenden zehnten Tages erreicht sein soll. Hier befinden sich drei Steinmale, in denen die Erinnerung an die Steinigung der Teufel durch Mohammed lebt. Jeder Pilger wirft sieben Steine auf *jamra al-'aqaba*, das größte der drei Satansmale, wobei er jeden Wurf mit dem Ruf *Allahu akbar* begleitet – «Gott ist am größten». Den Abschluss bildet mit dem bereits geschilderten *Îd al-adha* die Opferung eines makellosen Schafes, einer Kuh oder eines Kamels. Damit ist die zweite Phase des Weihezustandes abgeschlossen, und mit der Rückkehr zum heiligen Bezirk in der Stadt und dem «Abschiedsumgang» um die Kaaba endet das dreitägige Ritual. Länger bleibende Pilger kehren in den folgenden drei Tagen nochmals nach Mina zurück, setzen die Steinigung fort – diesmal bei allen drei Satanen, und führen erst dann den Abschiedsumgang in Mekka durch.

Für alle Einzelschritte des gesamten Ablaufes und die dazugehörigen Rezitationen gibt es genaue Bestimmungen, die sich zwar bei einzelnen Glaubensrichtungen etwas unterscheiden, in den Hauptpunkten aber übereinstimmen. Für Übertretung der rituellen Verbote wird eine Buße verhängt, die in der Regel den Wert eines Opferschafes beträgt. Da die sichere Kenntnis aller Regeln einem gewöhnlichen Muslim nahezu unmöglich ist, bieten Helfer ihre Dienste an, Spezialisten aus aller Herren Länder, die oft dauernd in Mekka leben, obwohl die eigentliche Pilgersaison sich auf die zweite Woche des *Du'lhadja* beschränkt. Ihre Dienste sind schon deshalb wichtig, weil die Arabischkenntnisse vieler Pilger sich auf den Koran und die rituellen Formeln beschränken. Die *umra* und der *sa'i,* der Lauf zwischen den Hügel Safa und Marwa können auch außerhalb des Pilgermonats durchgeführt werden, und so gibt es stets Menschen, welche die Kaaba umwandern und im heiligen Bezirk beten.

Angesichts der enormen Zunahme der Pilgerströme konnte es nicht ausbleiben, dass für die reibungslose Organisation neue Wege gefunden werden mussten. Nach dem Ersten Weltkrieg ließ die saudische Regierung große Teile der Altstadt von Mekka abreißen und erweiterte die große Moschee auf eine Fläche von sechzehn Hektar. Die Zufahrtsstraßen wurden ausgebaut, Parkplätze für viertausend Fahrzeuge angelegt. Der Stuttgarter Architekt Rolf Gutbrod wurde mit dem Bau eines modernen Pilgerzentrums beauftragt, für den Lauf zwischen Safa und Marwa entstand ein überdachter und klimatisierter Gang. Die Zeltstadt in der Arafat-Ebene umfasst nicht nur Kranken- und Notfallstationen, sondern auch Kühlhäuser für das Fleisch der Opfertiere, das von hier aus an Bedürftige verteilt oder sogar in andere islamische Länder verschickt wird. Der modern ausgebaute Flughafen von Djidda verzeichnet in der Pilgersaison täglich bis zu sechshundert Starts und Landungen.

Der Djihâd

Nicht zu den «fünf Säulen» des Glaubens zählend und doch jedem gläubigen Muslim zur Aufgabe gemacht, ist *Djihâd* einer der vielschichtigsten und am häufigsten missbrauchten Begriffe des Islam geworden. Hier soll zunächst dasjenige kurz umrissen werden, was bereits in der Eröffnungssure des Koran als Aufgabe des Menschen angelegt ist und durch die Jahrhunderte Grundlage aller verantwortungsvollen Bestrebungen in der islamischen Welt geblieben ist. Die letzten Verse der ersten Sure lauten:

«Geleite uns auf dem rechten Weg,
Dem Weg derer, denen du wohlgesonnen bist,
Nicht derer, die Deinen Zorn erregen,
Und auch nicht derer, die in die Irre gehen.»

Der große Djihâd ist somit der *djihâd 'ala nafs*, der Kampf gegen die eigenen Unzulänglichkeiten, auf den der sechste Vers der 29. Sure hinweist: *«Wer kämpft, kämpft für sich selbst»* – man könnte auch übersetzen *«für seine Seele»*.

Was damit gemeint ist, beschrieb der auch unter strenggläubigen islamischen Theologen hoch verehrte Isa Mohammed at-Tirmidhi im neunten Jahrhundert:

«... Andere nähern sich Gott in Verehrung, erfüllen seine Gebote und vermeiden seine Verbote, und wenn sie sich dann ihrem inneren Selbst zuwenden, so finden sie in ihren Herzen viele Krankheiten, wie Weltliebe, Machtgelüste, Streben nach Ehre und Größe, sie finden Begierde und den Feuerofen der Wünsche, ... Ehrgeiz, Neid und Ruhmsucht – lauter weltliche Bindungen, die das Herz blind machen. Solch ein Herz kann nie den Weg zu Gott finden ... Wer den Lohn Gottes, des Allmächtigen Herrn der Macht und Weisheit erstrebt, möge er in seinem Djihâd fortfahren und in allen Dingen aufrichtig werden, um seinen Gottesdienst zu läutern.»[140]

Das Wort Djihâd ist abgeleitet aus *jahada*, *«er bemühte sich»*. Wörtlich bedeutet Djihâd daher «Bemühen, Streben»; im rechtlich-religiösen Sinn bezeichnet es im Heiligen Koran (4,95) die Selbstverteidigung im Gegensatz zu *qu'ûd*, Sitzen. Djihâd ist somit im Islam nicht

eine unterschiedslos gegen Nichtmuslime gerichtete Gewalttätigkeit; es ist die Bezeichnung für einen umfassenden Kampf, den ein Muslim führen soll gegen das Böse in jeglicher Form und Gestalt. *Qitâl fi sabilillah,* Krieg auf dem Weg Gottes, ist nur ein Aspekt des Djihâd, und nicht einmal dieser *qitâl* ist ein brutaler Wahnsinnsakt.
Seine materielle und moralische Aufgabe besteht im äußersten Einsatz der Kräfte eines Menschen im Dienst Gottes. Daher kam das Wort zur Bezeichnung von Selbsterhaltung und Erhaltung der moralischen Weltordnung in Gebrauch. Alle religösen und ethischen Ordnungen, alte wie neue, sanktionieren einen Krieg aus moralischen Gründen. Wird eine Nation aus dem Ehrgeiz und der Habgier einer anderen angegriffen, so wird eine Doktrin des Nicht-Widerstandes antisozial, denn sie beinhaltet die Nichtachtung nicht nur der eigenen Rechte, sondern auch derer anderer, die Schutz vor den Kräften der Tyrannei und der Unterdrückung benötigen ... In diesem Fall bedeutet *«Kampf für den Islam»* im islamischen Recht dasselbe wie der *«Gerechte Krieg»* für westliche Juristen.

Einführung zu Buch 19 des Sahih
von Muslim ibn al-Hadjâdj

Während fanatische Prediger mit Unterstützung der internationalen Medien ihre eigene undifferenzierte Version des Djihâd verbreiten, besinnen sich andererseits Muslime, die damit verknüpften Vorstellungen aus ihrer historischen Gebundenheit zu lösen. Dazu gehören auch Persönlichkeiten, deren Hörer oder Leser bisher unreflektiert radikale Parolen der Fanatiker übernahmen. Sie gefährden damit ihr Leben, eröffnen aber gleichzeitig einen viel versprechenden Weg.

Zu ihnen gehört Soheib Bensheikh, der Großmufti von Marseille,[141] neben schon genannten Intellektuellen wie Abdelwahab Meddeb, Malek Chebel, Nasr Hamid Abu Zaid oder Reza Aslan. Der obige Kasten gibt ein Beispiel einer differenzierenden Linie aus der islamischen Dozenten- und Studentenschaft der University of South Carolina (USA). Der Text fordert uns dazu heraus, einmal die «westliche» Position aus der Sicht des Muslims zu betrachten. Es versteht sich von selbst, dass manch ein Begriff klärungsbedürftig erscheint, aber gerade darin liegt ja die Berechtigung und der Sinn des Dialogs.

Die «Umma al-muslimîn» als umfassende Gemeinschaft

Wenn wir in der westlichen Welt von «Christenheit» sprechen, so ist damit zwar ebenfalls die Gemeinschaft aller Christen bezeichnet, hat aber im 21. Jahrhundert kaum mehr eine emotionale Bedeutung. Der entsprechende islamische Begriff hat dagegen bis heute einen Solidaritätswert behalten, den im Abendland allenfalls das lateinische Mittelalter noch besaß. Wenn im Oktober 2004 der baden-württembergische Innenminister bedauert, dass von islamischen Mitbürgern zu wenig Hinweise auf verdächtige Personen eingehen, so ist ihm offenbar die Wirksamkeit der verinnerlichten Umma nicht bewusst. Es ist schwer vorstellbar, dass ein einfacher Muslim einen Glaubensbruder gegenüber einer europäischen Behörde verdächtigen könnte, selbst wenn er dessen Taten nicht billigt.

Die Grundlagen für dieses Zusammengehörigkeitsgefühl sind im Koran angelegt. Die Umma wird bereits im Gebet von Abraham und Ismael erfleht und in derselben Sure von Gott bestätigt, der sie dann auch dem Propheten Mohammed anvertraut.[142] Ihre Mitglieder stützen einander im Guten und bewahren sich vor Bösem.[143] Sie ist einzigartig und ausgewogen – daraus leitet sich das Konsensprinzip der *idjma'* ab, und wenn man die Aussage des Korans ernst nähme, so würde sie bedeuten, dass die Mitglieder der Umma niemals Extremisten sein dürften ...

Die in der Gemeinschaft Vereinigten begegnen sich brüderlich, sie grüßen einander mit dem ihnen empfohlenen (und vorbehaltenen) Friedensgruß *as-salâmu 'alêkum* und wünschen sich in der Antwort das Erbarmen Gottes: *wa 'alêkum as-salâm wa rahmatu'llahi wa barakatuhu.*[144]

Das im Volk weithin als Anrede übliche «Bruder» mag inzwischen viele Nuancen umfassen und durch die Gewohnheit abgenutzt sein, und doch schwingt noch immer eine besondere Verbundenheit darin mit. In der Anfangszeit des Islam muss dieses Empfinden so stark gewesen sein, dass Abu Bakr, als Mohammed ihn um die Hand seiner Tochter Aischa bat, ihm entgegnete: *«Aber ich bin doch dein Bruder.»*

Darauf soll der Prophet geantwortet haben: «*Du bist mein Bruder in der Religion und gemäß dem Koran, aber das steht einer Heirat mit Aischa nicht im Wege.*» In der jahrhundertealten Tradition der Bruderschaften tritt die Brüderlichkeit besonders wirksam hervor – von den menschenverbindenden Sufi-Orden bis zur Muslim-Bruderschaft, die alles Nichtdazugehörige zerstören will.

In der Brüderlichkeit der Umma liegt zugleich ihre Gefahr, die durch den islamischen Schicksalsbegriff verstärkt wird. Der Einzelne kann seine Identität in der Gemeinschaft aufgeben, wie es zum Beispiel in grandioser Weise bei den Wallfahrtsriten in Mekka geschieht, wo Hunderttausende von Menschen in genau festgelegter Weise zur selben Zeit das Gleiche tun und dabei ein erhebendes Gemeinschaftsgefühl erleben.

In der Polariät von Gemeinschaft und Ich, von Innen- und Außenlenkung, von Ergebung und Eigenwillen entscheidet sich nicht nur für den Islam die zukünftige Entwicklung. Das letzte Kapitel wird genauer auf dieses Problemgeflecht eingehen.

Eigentum verpflichtet

Die verschiedenen Formen der Sozialabgaben, wie sie im Zusammenhang der «fünf Säulen» erläutert wurden, unterstreichen das Bestreben, die wirtschaftlichen Kontraste der mekkanischen Situation zu überwinden und mit der Gemeinschaft der Gläubigen, der Umma, gleichzeitig eine soziale Solidargemeinschaft zu begründen.

Abu Huraira berichtet: Gottes Gesandter sagte: «*Jeder, den Gott wohlhabend gemacht hat und der von seinem Reichtum nicht die zaqât bezahlt, dem wird am Tag der Auferstehung sein Reichtum zu einer kahlköpfigen männlichen Giftschlange werden, mit zwei schwarzen Punkten über den Augen. Die Schlange wird sich um seinen Hals winden, in seine Wangen beißen und sprechen: ‹Ich bin dein Reichtum, ich bin dein Schatz›.*» Darauf rezitierte der Prophet die heiligen Verse: «*Mögen die Geizigen, denen Gott Begünstigungen zuteil werden ließ, diese nicht als ihren persönlichen Besitz betrachten.*» ... *(Sure 3,180)*

Bukhari, Buch 24, Nr. 486 MSA

In der ersten Zeit handelte es sich dabei in erster Linie um die Sicherung der elementaren Lebensgrundlagen wie Kleidung und Ernährung. Die obligatorische Abgabe *(zakât)* wurde in Naturalien entrichtet, in Getreide, Datteln und Tieren, wobei die Tradition regelrechte Wechselkurse übermittelt, die auch den jeweiligen Gegenwert in Gold oder Silber umfassen. Lag der Besitz unterhalb bestimmter Mindestgrenzen, zum Beispiel fünf Kamelen, so war keine Pflichtabgabe fällig

Wesentlich ist bei freiwilligen wie bei obligatorischen Spenden und Abgaben, dass sie den Verhältnissen des Gebers entsprechen und aus reiner Intention, also nicht aus Prestigegründen gegeben werden. Das schloss nicht aus, dass Mohammed gelegentlich vor der Predigt mit dem Herold Bilal zu den anwesenden Frauen ging und sie öffentlich aufforderte, Schmuckstücke als Abgabe in Bilals ausgebreiteten Umhang zu legen. Aber wenn ein Armer auch nur eine Dattel gibt, so ist das in Gottes Augen so viel wie der Goldschatz eines Reichen. Wer unauffällig so gibt, dass seine linke Hand nicht weiß, was die rechte gegeben hat, der wird am Jüngsten Tag die Kühle in Gottes Schatten genießen dürfen.[145] Eine solche Gabe wird daher auch als *hassana,* «Güte» bezeichnet.

Waqf – das Stiftungswesen

In engem Zusammenhang mit dem Spendengebot hat sich mit der Ausbreitung des Islam ein umfangreiches Stiftungswesen entwickelt, wodurch Einrichtungen finanziert wurden und werden, die vor allem den weniger Begüterten zugute kommen – Schulen, öffentliche Brunnen, Krankenhäuser, Waisenhäuser, Tierasyle, oder neuerdings auch Entwicklungs- und Hilfsprojekte verschiedenster Art, z.B. zur Aufbringung des Brautgeldes für Mädchen aus armen Familien. Eine Stiftung[146] kann auch zur Sicherung eines Erbgutes dienen, wobei zunächst ein Teil der Erträge der Familie bzw. den Nachkommen des Stifters zusteht, während alle darüber hinaus gehenden Erträge einem gemeinnützigen Zweck zufließen. Eine besondere Stiftungskategorie bilden Moscheen und andere religiöse Einrichtungen. In der Regel wird als Stiftungskapital ein Grundstück eingebracht, dessen Erträge zum Unterhalt des entsprechenden Vorhabens dienen. Die Tradition nennt als erste Stiftungen zwei Grundstücke in Medina, auf denen nach der Hidjra im Jahr 622 die Quba'-Moschee und die große Moschee des Propheten erbaut wurden.[147]

Aukaf können praktisch nicht widerrufen werden, sind somit von unbegrenzter Dauer. Ebenso darf der Stiftungszweck nicht verändert werden. Bei faktischer Unmöglichkeit der Fortführung müssen die Erträge einem Zweck zugeführt werden, der so weit wie möglich mit dem ursprünglichen übereinstimmt.

Im sozialen und wirtschaftlichen Leben fast aller islamischen Länder spielen die *aukaf* eine bedeutende Rolle. Aus den seit dem 15. Jahrhundert in vielen Städten geführten Registern ist zu entnehmen, dass schon damals in Syrien, Algerien oder der Türkei bis zu einem Drittel des Grundbesitzes in Stiftungen gebunden war. Auch in Ägypten waren so gut wie alle Moscheen in Stiftungsbesitz, und für neu zu erbauende Moscheen stellte meist ein Stifter das Land zur Verfügung, während die Baukosten von den Anwohnern zusammengebracht wurden und vielfach noch werden. Die laufenden Kosten wie auch die Entlohnung der Imâme musste aus den Erträgen bereits bestehender oder neu zu errichtender *aukaf* bestritten werden. All dies hatte zur Folge, dass die Kontrolle von Moscheen, Schulen und anderen Stiftungseinrichtungen dem Staat entzogen war und die Verwaltungen der *aukaf* nicht selten in Opposition zur Regierung traten. In Ägypten verstaatlichte daher bereits Mohammad Ali 1812 die Verwaltung der Stiftungen, und zahlreiche Staaten, z.T. auch die Kolonialmächte, folgten im neunzehnten und zwanzigsten Jahrhundert diesem Beispiel. In Algerien sind neuerdings Bestrebungen im Gang, die alten Strukturen wieder herzustellen.

Die Familie, eine soziale Verpflichtung

Im Einklang mit dem geschilderten Bild der Gemeinschaft kommt der Familie als ihrer kleinsten Zelle zentrale Bedeutung zu. Ihre Kontinuität dokumentiert sich in der Folge der Abstammungsnamen. Für die Ehe enthält die vierte, die «Frauensure», ausführliche Regeln, in denen die Religion ein wesentliches Kriterium bildet.

Abu Huraira berichtete: Der Prophet hat gesagt: «Eine Frau wird aus vier Gründen geheiratet: Wegen ihres Reichtums, wegen des Ansehens ihrer Familie, wegen ihrer Schönheit und wegen ihrer Religion. Du sollst die religiösen Frauen heiraten, sonst gehörst du zu den Verlierern.»

Al-Bukhari, aus dem 62. Buch

Nach Koran und Sunna darf Sexualität nur in der Ehe gelebt werden. Neben der mit der Vielehe gegebenen Lockerung gab es besonders während der Kriegszüge die Form der *mut'a,* einer Ehe auf Zeit, die mindestens drei Tage zu dauern hatte und bei gegenseitigem Einverständnis gelöst oder fortgeführt werden konnte. Sie wurde aus Vers 24 der vierten Sure begründet, später aber in Frage gestellt. Im schi'itischen Islam ist sie noch immer gestattet.

Die Gründung einer Familie wurde seit der Entstehung der islamischen Gemeinschaft als Pflicht jedes gesunden jungen Mannes angesehen, die im Koran verankert ist (24, 32). In der Wertschätzung der Ehe und ihrer Einbeziehung in die religiös verdienstlichen Aufgaben des Menschen sind sich alle islamischen Rechtsschulen einig. Die reiche und detaillierte Überlieferung von Äußerungen des Propheten zu Fragen der Ehe und der Sexualität lässt dafür insbesondere zwei Gesichtspunkte erkennen, einen moralischen und einen politischen: Die Ehe lenkt das sexuelle Begehren in eine gesellschaftlich und rechtlich gesicherte Bahn, und sie trägt zur Erweiterung und Konsolidierung der jungen Gemeinschaft bei. Die beiden unten wiedergegebenen Hadithe sprechen dies in aller Offenheit aus. Zugleich stellen sie Beispiele für den dialogischen Prozess dar, durch den sich der ethische Kodex formte – ein Prozess, der gerade im Bereich der Ehe- und Sexualfragen in einer Reihe von Fällen zu Entscheidungen führte, die als Offenbarungen in den Koran eingingen.[148] Die Spannweite der koranischen und durch die Sunna ergänzten Bestimmungen reicht von der grundsätzlichen Gleichheit der Ehepartner[149] bis zu der uns aus der Bibel vertrauten Auffassung, dass die Frau den Versuchungen des Teufels leichter anheimfalle als der Mann und dass dem Mann eine Wächter- oder gar Erzieherfunktion zukäme.

Abdulla b. Mas'ud, möge Gott ihm wohlgefällig sein, berichtete, dass der Gesandte Gottes – Friede sei mit ihm – uns ansprach: *«O ihr jungen Männer, diejenigen unter euch, welche eine Frau unterhalten können, sollten heiraten, denn das zügelt eure Augen und bewahrt euch vor Unmoral. Wer aber nicht die Mittel dazu hat, der soll fasten, denn das ist ein Weg, das sexuelle Begehren zu kontrollieren».*

Sahih des Muslim, 8.Buch, 3233

Es berichtete Ma'qil ibn Yasar: *Ein Mann kam zum Propheten – Friede sei mit ihm – und sagte: «Ich habe eine Frau gefunden, schön und aus guter Familie, aber sie kann keine Kinder gebären. Soll ich sie heiraten?». Mohammed sprach: «Nein.» Der Mann kam erneut, aber er verbot es ihm wieder. Er kam ein drittes Mal, und der Prophet sagte: «Heiratet liebende und fruchtbare Frauen, denn durch euch werde ich die Völker an Zahl übertreffen.»*

Sunan Abu Daud, 11, 2045 MSA

Die höhere Wertschätzung von Söhnen gegenüber Töchtern erhält aus dieser Sicht eine besondere Nuance. In einem Hadith wird empfohlen, vor dem Beischlaf Gott zum Schutz vor Einwirkungen des Satans anzurufen, wobei unterstellt wird, dass die Gefahr nicht bestehe, wenn das werdende Kind ein Junge sei.[150] Al-Bukhari überliefert den Grundsatz, dass seit der Begründung des Islam Frauen den Männern gleichgestellt seien, es ihnen aber nicht erlaubt sei, in die Angelegenheiten der Männer einzugreifen. Auch die Erinnerung an die Erschaffung Evas gibt Anlass zu der Aufforderung, die Frauen liebevoll zu behandeln.[151] All diese Aussagen stehen jedoch in einem patriarchalischen Kontext, d.h. die Ermahnungen sind stets an den Mann gerichtet, wie auch die archaische Stelle im Koran (2,223), die in der gegenwärtigen Debatte oft mit Entrüstung zitiert wird, in der die Frau mit dem zu pflügenden Feld verglichen wird. Geht man von der traditionellen Argumentationsmethode aus, nach der das Grundsätzliche höhere Gültigkeit hat als die Einzelheiten, so kann die prinzipielle Gleichstellung zum Ausgangspunkt einer zeitgemäßen Anschauung werden, wie dies zum Beispiel durch die Verantwortlichen der MSA in der Einleitung zum achten Buch des Sahih des Muslim geschehen ist.[152]

Empfängnis und Embyonalentwicklung werden von Gott geleitet – auch hier finden sich in der Traditionsliteratur genaue Ausführungen. Danach liegt Empfängnisverhütung nicht unbedingt in der Macht des Menschen; will Gott eine Seele ins Leben treten lassen, so wird er dies trotz menschlicher Gegenmaßnahmen auch tun. Nach der Empfängnis bestimmt Gott für den Mutterschoß einen Engel, der dann den Segen Gottes für das Werden des Menschen erbittet: «*O Herr! Ein Samentropfen; O Herr! ein Klümpchen; O Herr! ein Fleisch.*» Will Gott die Kindesschöpfung vollenden, so wird der Engel sprechen: «*O Herr! Männlich oder weiblich? O Herr! Ärmlich oder gesegnet? Wie wird seine Lebensführung sein? Wie alt wird es werden?*» All dies schreibt der Engel, während das Kind im Schoß der Mutter ist. Dann wird dem Körper die Seele eingehaucht.[153]

Stationen des Lebenslaufes

Ebenso wie die Familie im Zusammenhang der Gemeinschaft erlebt wird, gilt dies auch für das individuelle Leben. So wird bei der Geburt eines Kindes vielerorts ein Tier als Dankopfer *('aqîqa)* dargebracht, dessen Fleisch an Bedürftige verteilt wird. Hat das Kind schon Haare, so werden sie vielerorts abgeschnitten, wenn das Kind nach der ersten Lebenswoche seinen Namen erhält; auch hier erhalten Bedürftige eine Gabe, deren Wert dem Gewicht der Kinderhaare in Silber entspricht. Damit stellt die Familie das Neugeborene in den größeren Zusammenhang der sozialen Umgebung.

Zu Lebzeiten des Propheten pflegten seine Gefährten ihre Kinder nach der Geburt zu ihm zu bringen, er kaute dann eine Dattel weich und gab dem Kind etwas davon in den Mund. Nach seinem Tod wurde diese Sitte von Verwandten übernommen – sie hat sich bis heute an einigen Orten erhalten.

Mit der Namensgebung kann am achten Tag auch, wie schon in vorislamischer Zeit und im 1. Buch Mose (17,12f) vorgeschrieben, die Beschneidung der Knaben einhergehen, doch gibt es für den Zeitpunkt keine einheitlichen Vorschriften. Ebensowenig ist die Beschneidung der Mädchen von Koran oder Tradition vorgeschrieben, doch wird sie in vielen Ländern trotz gesetzlicher Verbote vor allem außerhalb des städtischen Milieus noch vielfach vorgenommen – wobei es vor allem die Mütter und Großmütter sind, die auf der Beibehaltung dieser unmenschlichen Tradition bestehen.

Mehrfach begegnet man in den überlieferten Aussprüchen des Propheten der Ansicht, kein Kind sei bei seiner Geburt Jude oder Christ, sondern zunächst natürlicherweise Muslim, werde aber dann durch jüdische oder christliche Eltern und Umwelt von diesem Weg abgebracht.[154] Den Gedanken gibt es auch im christlichen Bereich, und man kann ihm insofern zustimmen, als wohl jedes Kind mit einer natürlichen Geistigkeit in die Welt tritt, die erst später durch konfessionell-dogmatische Fixierungen in trennende Prägungen führt.

Heirat und Scheidung

Es ist schon aus dem Vorangegangenen deutlich geworden, dass die Ehe im Islam in erster Linie eine rechtlich-sozialpolitische Bedeutung hat. Ein sakraler Charakter im christlichen Sinn ist ihr fremd. Somit bewegen sich auch alle mit der Eheschließung zusammenhängenden Bräuche im sozialen Rahmen, wobei es in den verschiedenen islamischen Ländern im Einzelnen starke Unterschiede gibt. In der traditionellen arabischen Gesellschaft hält der Vater des Bräutigams beim Brautvater um die Hand eines Mädchens oder einer Frau an und trifft die üblichen Vereinbarungen über Brautpreis und Heiratstermin. Der Koran erlaubt grundsätzlich die Vielehe, verbindet sie aber mit der Bedingung der Gleichbehandlung aller Frauen in einer Ehe.[155]

Tradition und koranisches Recht umfassen komplizierte Bestimmungen über die Zulässigkeit bestimmter Verbindungen – zum Beispiel können Adoption oder Stiefkindschaft ebenso Ehehindernisse bilden wie die Tatsache, dass der Bräutigam als Säugling von einer Verwandten der Braut gestillt wurde. Das wirkt sich auch auf das Verhältnis zu den Frauen aus, zu deren Räumen nur Männer der Verwandtschaft Zutritt haben. Von Mohammed, aber auch von findigen Frauen konnten die rechtlichen Spitzfindigkeiten aber zur Umgehung bestimmter Beschränkungen ausgenutzt werden, wie die im Kasten wiedergegebene amüsante Anekdote von Mohammeds Frau Aischa zeigt. Auf Aischa geht auch die Aussage zurück, dass eine Heirat nach dem Ende des Ramadan-Fastens im Monat Schawwâl besonders glückbringend sei.

Abu Hudhayfa, einer der ersten Gefährten Mohammeds, hatte Salim adoptiert. Er sah ihn als seinen Sohn an und verheiratete ihn mit der Schwester seines Bruders, der zu den ersten mit Mohammed nach Medina umgesiedelten Getreuen gehörte. Dann war die Sure «Die Parteien» offenbart worden. «*Nennet eure Adoptivkinder nach den Namen ihrer wirklichen Väter …*», *und man führte Leute seines Ranges auf ihre wirklichen Väter zurück.*

Sahla bint Suhayl aus dem Stamm der Amr ibn Luayy, die Frau von Abu Hudhayfa, kam zum Gesandten Gottes – möge Gott ihn segnen und ihm Frieden gewähren – und sagte. «*Gesandter Gottes! Wir sehen Salim als unseren Sohn an, und und er kommt und sieht mich, wenn ich unbedeckt bin. Wir haben nur einen Raum, also wie siehst du diese Situation?*» Gottes Gesandter – möge Gott ihn segnen und ihm Frieden gewähren – erwiderte: «*Gib ihm fünf Schluck von Deiner Milch, so wird er damit mahram werden.*» So sah sie ihn seitdem als ihren Stiefsohn an.

Aischa, die Mutter der Gläubigen, nahm das als Präzendenzfall für alle Männer, die sie gerne bei sich zu Besuch gesehen hätte. Sie wies ihre Schwester Umm Kulzûm und die Töchter ihrer Brüder an, den betreffenden Männern von ihrer Milch zu geben. Die anderen Frauen des Propheten – möge Gott ihn segnen und ihm Frieden gewähren – weigerten sich, irgendjemanden auf Grund eines solchen «Ammenverhältnisses» ihre Räume betreten zu lassen. Sie sagten: *«Bei Gott, nein! Wir denken, dass der Gesandte Gottes – möge Gott ihn segnen und ihm Frieden gewähren – der Sahla diesen Rat nur ausnahmsweise und allein für Salim gegeben hat. Nein! Bei Gott! Keiner wird auf dieser Basis zu uns kommen!»*

Malik, Muwatta, 30.2.12 MSA

In mancherlei Weise haben die Frauen das Recht, beim Zustandekommen der Ehe und bei ihren Modalitäten mitzuwirken. So wird von jungen Frauen berichtet, die bei Mohammed erfolgreich Einspruch erhoben, weil ihr Vater sie gegen ihren Willen verheiraten wollte.[156] Auch das Verfügungsrecht über Brautgabe und Privatvermögen oder der Ausschluss der Polygamie kann u.U. von der Braut bestimmt werden. In einigen islamischen Ländern haben sich aber derartige Wahlrechte im Lauf der Jahrhunderte drastisch verschlechtert.

Während es in alter Zeit nicht ungewöhnlich war, Mädchen schon im Kindesalter zu verheiraten, den Vollzug der Ehe aber bis zur sexuellen Reife aufzuschieben, ist heute fast in allen islamischen Staaten das Mindestalter für die Heirat für Mädchen auf vierzehn bis sechzehn Jahre, für Knaben auf sechzehn bis achtzehn Jahre festgelegt.

Die Eheschließung umfasst zwei Teile, die man als einen rechtlichen und einen sozialen bezeichnen kann. Rechtlich muss vor dem Notar oder Qadi in Anwesenheit von zwei Zeugen der Ehevertrag geschlossen werden, in dem auch die Brautgabe festgesetzt ist. Ein Teil derselben ist vom Bräutigam bei Eheschließung an den Vater der Braut zu zahlen, der Rest wird im Falle einer Scheidung als materielle Absicherung für die Braut fällig.

Eine umstrittene Bestimmung ist die, wonach zwar ein Muslim eine nicht-muslimische Frau heiraten darf, wenn sie sich zu einer der Buchreligionen bekennt, nicht aber umgekehrt. Die übliche Begründung dafür geht von einer patriarchalischen Sicht aus; sie lautet, dass der Islam als zuletzt erschienene Religion die anderen einschließe, sodass ein islamischer Ehemann *eo ipso* den Glauben seiner nichtislamischen Frau respektiere, während umgekehrt die Religion der islamischen Ehefrau von ihrem Ehemann nicht von vornherein respektiert werde.

Was den sozialen Teil der Hochzeitsfeier betrifft, so steht stets ein Festessen im Mittelpunkt, zu dem Reich und Arm einzuladen sind. *«Das schlechteste Essen»*, sagt ein Hadith, *«ist das einer Hochzeitsfeier, zu der die Reichen eingeladen sind und die Armen nicht.»* Eine solche Einladung darf traditionsgemäß nicht ausgeschlagen werden. Alle übrigen Hochzeitssitten unterscheiden sich stark je nach kulturellem Umfeld und sozialer Ebene. Ganz besonders elaborat sind sie in Indien und Pakistan, wovon Hilda Wernher in ihrem Lebensbericht *My Indian Family* (S. 249 ff, 277 ff) eine eindrucksvolle Darstellung gibt.

In derselben Rechtssphäre wie die Hochzeit ist auch die Scheidung verankert. Sie ist zwar ebenso zulässig wie die Auflösung jedes anderen Vertrages, aber *«unter den zulässigen Dingen das von Gott am meisten verabscheute».*[157] Auch für die Scheidung sind zwei Zeugen erforderlich. Eine Scheidung kann zweimal widerrufen werden; nach einer dritten Scheidung ist eine erneute Ehe mit demselben Partner nicht mehr möglich, es sei denn, die Frau sei inzwischen wieder verheiratet gewesen und habe diese neue Ehe auch vollzogen.

Beim Aussprechen der Scheidungsformel kommt es wie in vielen anderen Fragen auf die Intention an. Die Tradition berichtet von Fällen, in denen eine Scheidung den Worten nach endgültig, der Intention nach aber «nicht so gemeint» war. Mohammed entschied dann nach der Intention.[158] Eine Scheidung konnte ursprünglich nur vom Mann ausgesprochen werden, doch hat sich das in vielen Ländern geändert, zuletzt in Marokko durch eine Änderung des Familienrechts im Jahr 2003, bei dem auch eine Gleichberechtigung bei der Erbschaft eingeführt wurde, während nach früherem koranischem Recht männliche Nachkommen oder Verwandte eine größeren Anteil erhalten als weibliche.

Vor einer Wiederverheiratung muss die Frau eine dreimonatige

Wartefrist *('idda)* einhalten, während der sie unterhaltsberechtigt ist. Erweist sich in dieser Zeit eine Schwangerschaft, so kann der Vater Anspruch auf das Kind erheben, doch herrscht im Kindschaftsrecht insgesamt die Tendenz vor, ein Kind der Mutter zuzusprechen. Eine häufig vorkommende Formel spricht das Kind demjenigen zu, «auf dessen Bett es geboren ist».

Tod und Begräbnis

Nach dem Tod eines Menschen wird der Leichnam gewaschen und in eine ungerade Zahl von Totentüchern gehüllt, oftmals besondere Tücher, die schon zu Lebzeiten für diesen Zweck aufbewahrt wurden. Darauf folgt das Totengebet, zu Hause oder in der Moschee. Das Begräbnis soll nach Möglichkeit am selben Tag erfolgen.

Die männlichen Verwandten und Freunde des Verstorbenen legen ihn auf das Totenbrett und tragen ihn zum Friedhof, wobei sie sich abwechseln, denn das Tragen eines Toten ist eine segensreiche Tat. Während er getragen wird, spricht der Tote, sofern er gläubig war *«Bringt mich rasch hin»;* war er ungläubig, sagt er: *«Wehe, wo bringt ihr mich hin?»* Diese Worte werden von allen Wesen gehört, nur nicht von Menschen – würden sie sie hören, so würden sie ohnmächtig niederfallen.[159] Obwohl es nach der Sunna nicht statthaft ist, ergehen sich die Frauen oftmals in lauten Klagerufen.[160] Gläubige Muslimas sollen nicht länger als drei Tage trauern, Ehefrauen nicht länger als vier Monate und zehn Tage, doch ist eine Gedenkzeit von vierzig Tagen einzuhalten.

Yahya berichtete mir von ... Ibn Schihab, dass Abd ar-Rahman ibn Kab ibn Malik al-Ansari ihm gesagt habe, dass sein Vater, Kab ibn Malik zu erzählen pflegte, dass der Gesandte Gottes – möge Gott ihn segnen und ihm Frieden gewähren – gesagt habe: *«Der Geist (rûh) des Gläubigen ist ein Vogel, der in den Bäumen des (Paradies-) Gartens sitzt, bis Gott ihn in seinen Körper zurückführt am Tage, da er ihn erhebt.»*

Malik, Muwatta 16,16,50

Klagende Frauen umgeben den Leichnam eines Verstorbenen,
die Männer wandern im Kreis, seiner gedenkend.
Schêch 'Abd el-Qurna (Oberägypten)

In der Regel wird der Leichnam auf der rechten Seite liegend und mit dem Gesicht nach Mekka bestattet, nach Möglichkeit in einer Nische in der Seitenwand des Grabes, Männer und Frauen in getrennten Gräbern. In der dritten Nacht nach der Bestattung wird der Verstorbene von den Todesengeln Munkar und Nakir aufgesucht und nach seiner Religion befragt, wobei ihm ein «Beobachter» zur Seite steht.[161] Da er sich dabei aufsetzen soll, werden in manchen Ländern die Gräber so angelegt, dass über dem Leichnam ein entsprechender Raum bleibt. Nach einem Hadith können die Toten ebenso gut hören wie die Lebenden, doch können sie nicht antworten.[162]

Im traditionellen Islam ist es unzulässig, über den Gräbern aufwändige Strukturen zu errichten, doch wird diese Vorschrift vielfach durchbrochen, und wir finden von nordafrikanischen Qubbas, stattlichen türkischen Marmorgräbern und Türmen bis zu Prachtbauten wie dem Taj Mahal in fast allen islamischen Gebieten Zeugnisse. In Saudi-Arabien dagegen haben die Wahhâbiten dafür gesorgt, dass selbst historische Grabbauten abgerissen wurden, wovon nur das Grab Mohammeds in Medina ausgenommen wurde.

Im Blick auf das nachtodliche Leben der Seele hat der Islam vielfältige Vorstellungen entwickelt. Sie reichen von grobmateriellen Ansichten von schattigen Paradiesesgärten mit plätschernden Quellen und liebevollen Jungfrauen über die philosophischen Gedanken des Mittelalters bis zu den esoterischen Visionen der islamischen Mystik. Qualvoll ist der nachtodliche Zustand für Selbstmörder, denn *«Das Leben ist geliehen, man muss es zurückgeben».*[163] Eine moderne Interpretation koranischer Aussagen gibt Muhammad Iqbal. Er sieht in Sure 50, 3 einen Beleg dafür *«Dass das Wesen des Universums solcherart ist, dass es ihm offen steht, die für die weitere Ausgestaltung menschlichen Tuns erforderliche Individualität auf andere Weise aufrecht zu erhalten, selbst nachdem das zerfallen ist, was in der gegenwärtigen Umgebung die menschliche Individualität darzustellen scheint.»* Genaueres sei zum jetzigen Zeitpunkt nicht auszusagen, aber Iqbal hält es *«für höchst unwahrscheinlich, dass die Laufbahn des Menschen mit dem körperlichen Tod beendet ist.»* Er weist ferner auf die in Sure 50,22 enthaltene Tatsache hin, dass am Tag des Gerichts *«der Schleier entfernt und der Blick klar»* ist. In Himmel und Hölle sieht Iqbal *«Zustände, nicht Örtlichkeiten».*[164]

Zweifellos liegt einer leicht beeinflussbaren Bevölkerung die Vorstellung von handfesten paradiesischen Genüssen näher, als eine sinnbildliche Auffassung des koranischen Paradieses. Auch hier wird eine Fortentwicklung nicht durch polemische Hinweise auf die naivsinnliche Vorstellung der Jenseitsfreuden ermöglicht, sondern durch die bereits von Iqbal vordringlich geforderte, aber nur sehr zögerlich und vereinzelt in Angriff genommene Verbesserung der Bildung. In diesem Sinn steht auch der unter den Türken in Deutschland aktive Yasar Nuri Öztürk in der Nachfolge Iqbals.

Bildungswesen

Die erste Aufforderung des Erzengels Gabriel an den jungen Mohammed umfasst zwei Nuancen. Sie bedeutet sowohl *«Lies!»* als auch *«Rezitiere!»* In aller islamischen Grundbildung sind beide Aspekte stets nebeneinander gegenwärtig. Wir sollten uns zunächst klar machen, dass ein Lesen im üblichen Sinn aus verschiedenen Gründen damals nicht gemeint sein konnte. Rein historisch gesehen, war die arabische Schrift erst gegen Ende des sechsten Jahrhunderts in Erscheinung getreten und daher noch kaum verbreitet. Im Zusammenhang mit einem Offenbarungserlebnis ist es auch gar nicht denkbar, dass irgendein schriftliches Dokument vorgelegt worden wäre. Auch zu Beginn der Offenbarung des Johannes *hört* dieser das Wort und *sieht* die Bilder, die er dann erst aufschreiben soll. Für Mohammed war bis zu seinem Lebensende das Wort zuverlässiger als die Schrift, sodass das Aufschreiben des vollständigen Korantextes unter dem dritten Kalifen von vielen zunächst als unzulässig empfunden wurde. Tatsächlich barg die arabische Schrift, wie bereits im ersten Kapitel festgestellt wurde, zu diesem Zeitpunkt noch in erheblichem Umfang die Gefahr vom Missverständnissen, um deren Klärung die Koranforschung neuerdings wieder bemüht ist.[165]

Vor diesem historischen Hintergrund ist es selbstverständlich, dass die Koran*lektüre* bis heute gegenüber der Rezitation einen minderen Rang einnimmt. Rezitierte Texte aber muss man über das Ohr lernen, und die erste Quelle dieses Lernens ist der Muezzin, mit dessen weit hallender Einladung zum Gebet jedes muslimische Kind aufwächst. Fast immer haben die Rufer sorgfältig ausgebildete Stimmen. Auch ein westlicher Reisender, der in einem arabischen Land zum Beispiel im Fastenmonat Ramadan außerhalb einer Stadt Gelegenheit hat, die nächtlichen Gebetsrufe und Koranrezitationen zu hören, wird sich dem Zauber dieses disharmonisch-harmonischen Klanggewebes vielfältiger Stimmen nicht verschließen können – selbst wenn es heutzutage durch den Einsatz der Verstärkeranlagen seine frühere Unmittelbarkeit eingebüßt hat.

Nach dieser «Vorschule» gehen viele Kinder – vor allem Buben, aber oft auch Mädchen – oft schon im Alter von fünf Jahren auf dem

Land regelmäßig zu einem Lehrer, der einer Gruppe von ihnen den Koran beibringt. In der Stadt findet diese Unterrichtung zumeist in einer der zahllosen Koranschulen statt. Diese Phase kann fortgesetzt werden, bis der gesamte Text der einhundertvierzehn Suren auswendig beherrscht wird – in einer normalformatigen gedruckten Ausgabe etwa fünfhundert Seiten. Vor fünfzig Jahren war dies noch die Regel, und ich habe mir in meinem studentischen Übermut oft den Spass gemacht, vor arabischen Jugendlichen einen der Verse zu sprechen, die ich aus verschiedenen Stellen des Korans gelernt hatte. Fast immer fiel mein Gegenüber ohne zu zögern ein und sprach den Vers zu Ende. Heute ist diese Gedächtnisleistung infolge der Alphabetisierung stark zurückgegangen, aber immer noch beachtlich. Ein bewegendes Beispiel findet sich im Bericht von Ahmed Marzouki, der mit 58 Offizierskameraden achtzehn Jahre unschuldig in der südmarokkanischen Wüste inhaftiert war. Er hat dieses unmenschliche Martyrium überstanden, weil in der Gruppe alle religiösen Kräfte aktiviert wurden. Zum Tagesbeginn schreibt er: *«[nach dem ‹Frühstück›, die Wärter waren gegangen] ein Händeklatschen ruft zur Stille. Das Koranstudium beginnt. Wir lernen gemeinsam während reichlich eineinhalb Stunden Koranverse. Jeder ruft sein Gedächtnis auf, erinnert sich an die Dutzende von Stunden, die er in der Koranschule zugebracht hat. Einige der besonders religiösen Kameraden kannten zahlreiche Suren und haben uns sehr geholfen. Wir sind niemals im Text stecken geblieben».*[166] Für die dreißig in dieser Leidenszeit gestorbenen Kameraden konnte auf diese Weise auch jeweils ein Totenritual durchgeführt werden.

Da diese Kultur des Auswendiglernens und Rezitierens der heiligen Texte streng genommen nur in der arabischen Originalsprache legitim ist, hat sie wirkungsvoll zur Verbreitung des Arabischen beigetragen, das dadurch unter den Korangelehrten von Marokko bis China zu einer *Lingua franca* geworden ist.

Schon in der ersten Zeit des Islam gab es pädagogisch ambitionierte Gelehrte, die in das entstehende Lehrsystem Besonderheiten einführten. So verteilte zum Beispiel der um die Zeit der *hidjra* geborene, schon im jugendlichen Alter wegen seiner Begabung weithin berühmte Abd Allah ibn al-'Abbâs die Studienfächer auf die Wochentage und bezog die vorislamische Dichtung in seinen Unterricht ein, aus der er auch Zeilen zur Erklärung koranischer Ausdrücke zitierte.

Nach der Koranschule kann in einer der meist einer Moschee angeschlossenen «höheren» Medresen das Studium fortgesetzt werden. Schließlich gibt es noch das Studium an einer der islamischen Hochschulen, wie zum Beispiel der Al-Azhar in Kairo. Es umfasst dann auch verschiedene Zweige der Sprachwissenschaft, koranisches Recht *(fiqh)*, Gesellschaftslehre *(adab)*, Traditionswissenschaft *(hadith)*, Koranauslegung *(tafsîr)*, *Arithmetik und Algebra (hisâb* und *djabr)*; fakultativ können sich Geschichte, Geografie und höhere Mathematik anschließen. Nach elf Jahren kann das «einfache» Zeugnis erworben werden (die *schehâdat al-ahliya)*, das zum Unterrichten an gewöhnlichen Koranschulen und zu niederen Moscheenämtern berechtigt, nach siebzehn Jahren das «Gelehrtenzeugnis» *(schehâdat al-'alimiya)*, mit dem die Verantwortlichkeit für eine Moschee übernommen oder an einer der Hochschulen unterrichtet werden kann.

Neuerdings sind an der Al-Azhar und anderen renommierten islamischen Hochschulen auch naturwissenschaftliche und medizinische Fakultäten entstanden. Es muss wohl nicht besonders erwähnt werden, dass heute in den meisten islamischen Ländern neben diesen traditionellen religiösen Bildungseinrichtungen Schulsysteme und große Universitäten westlichen Stils bestehen.

Parallel zu dieser mündlichen Gedächtnisbildung entwickelt sich in den Medresen eine Schrift- und Buchkultur. Da der Koran das erste in arabischer Schrift geschriebene Buch ist, wird der Pflege dieser Schrift besondere Verehrung entgegengebracht. Die drei wichtigsten Zentren arabischer Expansion – Mekka, Damaskus und Kufa/Baghdad – entwickeln jeweils eigene Schriftstile. Kalligrafie wird zu einem eigenständigen Bildungsstrom, in dem ein Meister sein Können in einem sich über mehrere Jahre erstreckenden Ausbildungsgang an eine ausgewählte Schar von Schülern weitergibt. Die Schriftkunst nimmt im arabischen Raum die Stelle ein, die im Abendland der Malerei zukommt, sie ist zugleich Ornament, Aussage und Meditation, und bringt auf Gebrauchsgegenständen, amtlichen Urkunden und in den Relief- und polychromen Fliesenverkleidungen öffentlicher Gebäude faszinierende Kunstwerke hervor.

Wissenschaft und Forschung[167]

Die Schöpfung Allahs ist ganz auf den Menschen hin gerichtet. Sie ist eine Gabe Gottes an den Menschen, «ein Zeichen zum Nachdenken», aber auch eine Verantwortung.

Die Sonne ist als Lichtgeberin für den Menschen geschaffen, der Mond als Zeitmesser, die Nacht als Hülle für die Erde und zu unserer Regeneration, die Sterne als Wächter gegen Widersachermächte. Wasser als Lebensquell, Felsen zur Sicherheit, Pflanzen und Tiere als Nahrung und Kleidung des Menschen.[168] Der Mensch soll die Erde nutzen, sich aber nicht anmaßen, sie zu beherrschen. Am Tage des Jüngsten Gerichts wird er darüber Rechenschaft ablegen müssen, ob er seiner Verantwortung gerecht geworden ist.[169]

In dieser Schöpfung finden sich überall «Zeichen», Hinweise nicht nur allgemein auf Gottes Größe und Allmacht, sondern auch auf Rätsel des Menschenlebens und des Kosmos:

«Das Menschenleben ist nur einem Wasser vergleichbar:
Wir lassen es vom Himmel herab kommen
auf dass es sich mit dem irdischen Wachstum verbinde,

von dem sich Mensch und Tier ernährt.
Legt dann die Erde ihren Schmuck an und wird schön,
so meinen ihre Bewohner, Macht über sie zu haben.
Da kommt dann Unser Ruf, bei Tag oder Nacht;
Wir lassen die Erde zu einem gemähten Feld werden,
als hätte sie Tags zuvor nicht geblüht.[170]

Derartige Hinweise auf eine symbolische Bedeutung oder eine Lösung der Rätsel sind jedoch selten. Vergleichen wir damit ein ähnliches Bild an anderer Stelle:

Im Herabströmen des Wassers vom Himmel,
im Keimen und Wachsen, in Tag und Nacht,
in Sonne, Mond und Sternen,
in aller Schöpfung mit ihrer Vielfarbigkeit
liegen Zeichen für ein nachdenkendes Volk.[171]

Unzählige Male heißt es nur: «Vielleicht denkt ihr darüber nach», «vielleicht versteht ihr», oder «Zeichen für ein Volk, das versteht». «Aber nur die Verständigen denken nach.»[172]

Abu Darda' erzählte:

Kathir ibn Qays sagte: «Ich saß mit Abu Darda' in der Moschee von Damaskus. Ein Mann kam zu ihm und sagte: Abu Darda', ich kam aus der Stadt des Gesandten Gottes zu dir – Friede sei mit ihm! – wegen eines Hadith, von dem ich gehört habe, dass du ihn vom Gesandten Gottes – Friede sei mit ihm! – berichtet hast. Aus keinem anderen Grund bin ich gekommen.»

Er erwiderte: «Ich hörte den Gesandten Gottes – Friede sei mit ihm! – sagen: «Wenn irgendjemand auf der Suche nach Wissen eine Straße geht, so wird Allah ihn auf einer der Paradiesesstraßen reisen lassen. Die Engel werden die Flügel senken in ihrer großen Freude über einen, der Wissen sucht; die Bewohner des Himmels und der Erde und die Fische in der Meerestiefe werden für den Gelehrten um Vergebung (seiner Sünden) bitten. Die Überlegenheit eines Gelehrten über einen Gläubigen ist wie die des Mondes in einer Vollmondnacht über den Rest der Sterne. Die Gelehrten sind die Erben der Propheten, und die Propheten hinterlassen weder Dinare noch

Dirhems – sie hinterlassen nur Wissen und wer es ergreift, nimmt reichen Anteil.»

Sahih des Abu Dawud, Buch 25, Nr. 3634 MSA

Wir können hier einen Keim der arabischen Wissenschaft sehen – allerdings weniger einer aktiv forschenden oder gar experimentierenden Naturwissenschaft als vielmehr einer mehr betrachtenden oder auch meditativen.[173] Der von Abu Dawud überlieferte Hadith zeigt dazu die Wertschätzung des Sammelns von Wissen und Erkenntnissen. Selbst die Astronomie, allen Wüstenbewohnern als Erfahrung und Orientierung vertraut, wird zunächst nicht nach ihren abstrakten Gesetzen befragt. Ähnliches ist an der Philologie zu beobachten. Sie entwickelt sich früh zu einer akribischen Festlegung von Regeln, die man lernen kann, über die man aber nicht weiter nachdenkt. Einem kritischen Nachfragen steht die vielfache Mahnung in Koran und Tradition entgegen: *Gott weiß es am besten, seine Geheimnisse sind unerforschlich, versucht nicht, ihm gleich zu sein.*

Das bereits in einem früheren Kapitel[174] erwähnte Streitgespräch aus dem zehnten Jahrhundert beschreibt die erste Alternative. Der Vertreter der Tradition äußert folgende Überzeugung: *«Das Religionsgesetz ist wahrhaftig von Gott – mächtig und erhaben ist er – empfangen durch Vermittlung des Gesandten zwischen ihm und den Menschen auf dem Wege der Offenbarung und der geheimen Zwiesprache, über das hinaus, was der Verstand einmal notwendig macht, das andere Mal erlaubt … Im Religionsgesetz ist etwas, das man nicht erforschen und in das man sich nicht versenken kann … da entfällt dann das Warum, wird nichtig das Wie, hört auf das Warum-nicht, entschwindet das Wenn und das Wäre-doch im Winde, denn mit solchen Fragestellungen hat das Religionsgesetz nichts zu schaffen. Im Religionsgesetz findet sich kein Gerede eines Naturphilosophen, der sich mit den Zeichen der Natur und den Formen der Elemente befasst, mit ihrer Beständigkeit und Zerteilung, ihrer Umwandlung in den verschiedenen Gebieten, Metallen und Mineralen … mit dem, was mit Hitze, Kälte, Feuchtigkeit und Trockenheit zusammenhängt….*[175]

Im Gegensatz zu einer solchen Zurückhaltung steht die aus der verstandesbetonten Strömung der Mutaziliten zu Beginn des zehnten

Jahrhunderts entstandene Wissenschaft des *kalâm* (der Rede oder Argumentation), die alle nicht von vornherein eindeutigen Aussagen des Koran mit dialektischen Beweismethoden zu klären sucht und damit eine islamische Dogmatik entwickelt. Zu ihren klassischen Themen gehören die Fragen nach der Ewigkeit oder Geschaffenheit des Koran, nach dem Verständnis von Ausdrücken wie *«Hand Gottes»* oder nach dem Ausmaß der menschlichen Willensfreiheit. Als Theologen gehen ihre Vertreter, die *mutakallimûn* jedoch nicht über den religiösen Bereich hinaus.

Als weiterer Wissenschaftszweig bot sich angesichts der Fülle der entsprechenden koranischen Angaben die Rechts- und Sozialwissenschaft an. Auch hier stand zunächst das Erlernen der Vorschriften an erster Stelle. In ihrer Genauigkeit waren sie naturgemäß ganz auf die spezifischen Verhältnisse von Mekka und Medina zugeschnitten. Die Wissenschaftszweige des *adâb* und des *fiqh,* des richtigen Verhaltens im sozialen Zusammenhang und des Rechts, begannen daher mit dem Sammeln und Ordnen entsprechender Regeln. Die Ausdehnung der islamischen Herrschaft über den arabischen Raum hinaus machte es aber notwendig, diese Regeln den neuen Bedingungen anzupassen – ein Großreich bedarf anderer Gesetze als eine überschaubare Stammesgemeinschaft. So wurde die Rechtswissenschaft zur ersten systematischen Denk- und Forschungsdisziplin, und sie ist bis heute eine Basis islamischer Gesellschaftssysteme, Politik und Rechtspflege geblieben.[176]

Mit dem Vordringen in den byzantinischen wie in den iranischen Kulturraum ändert sich dieser Befund grundlegend. Der Beginn einer islamischen Naturforschung zu Anfang des neunten Jahrhunderts bedeutet zugleich das Ende des rein arabischen Charakters der Gelehrsamkeit. Mit dem Aufstieg der Abbasidendynastie und der Verlegung der Hauptstadt von Damaskus nach Kufa und wenig später nach Baghdad beginnt dort das Wissen früherer Zeiten aus Ost und West zusammenzuströmen. Zu Beginn des neunten Jahrhunderts wird für die Kalifen, insbesondere für Harun ar-Raschid und Al-Ma'mûn die Förderung von Kunst und Wissenschaft zu einem erstrangigen Anliegen; dabei ist Al-Ma'mûn mehr der Kultur seiner persischen Mutter verbunden als der seines arabischen Vaters Harun. Indem er sich gegen den gemäß Haruns Willen zunächst zum Nachfolger bestimmten Halbbruder al-'Amîn durchsetzt, wird die persische Richtung bestimmend.

«Wir dürfen keine Bedenken haben, die Wahrheit zu schätzen und aufzunehmen, aus welcher Quelle sie auch immer kommt – sogar von ganz andersartigen Menschen in entfernten Ländern. Für die Wahrheitssuche gibt es keinen größeren Grund als die Wahrheit selbst. Man sollte weder die Wahrheit schlecht machen, noch denjenigen, der sie ausspricht oder übermittelt.»

Abu Yusuf al-Kindi[177]

Für die Naturwissenschaft bedeutet dies den entscheidenden Impuls. Der Bau zweier Observatorien, in Baghdad und Damaskus, und die Begründung des *Bayt el-Hikma,* des Hauses der Weisheit, schaffen die äußeren Voraussetzungen. Baghdad wird zum Kulturzentrum der damaligen Welt, das Gelehrte aus aller Herren Länder anzieht.

Nun entwickeln sich vor allem Mathematik und Physik, Astronomie und Medizin zu erstaunlicher Blüte, mit der eine hohe Buchkultur einhergeht. Alle Wissenschaften werden dabei auf ein Fundament islamischer Disziplinen gestellt, d.h. jedes Studium beginnt mit dem Koran und dem *fiqh,* der koranischen Rechtswissenschaft. Insgesamt werden «Eigenes» und «Übernommenes» bewusst unterschieden.[178] Man kann sich eine gewisse Vorstellung von diesem erstaunlichen Wissenschaftsbetrieb machen, wenn man liest, dass es dort Bücherkataloge gab, die mehr als tausend Titel aufführten[179], oder wenn von dem bereits mehrfach erwähnten Al-Bukhari berichtet wird, dass er auf ausgedehnten Reisen von 60.000 angeblichen Aussprüchen des Propheten Mohammed die Zuverlässigkeit der Überlieferung prüfte und daraufhin seine Auswahl veröffentlichte. Als ein nicht unbedeutender Nebeneffekt dieser regen Gelehrsamkeit ist die Einführung und nachdrückliche Förderung der Papierproduktion zu konstatieren.

In derselben Zeit intensivieren sich die Kontakte mit der Akademie von Gondischapur im Südostiran. Diese wurde zwar von nestorianisch-christlichen Ärzten geleitet und hatte eine rationale Forschungsmethode entwickelt, die systematisch auf eine Schulung der Intelligenz und auf die Nutzung materieller Kräfte und Medikamente hinarbeitete. Dieser Impuls verwandelt sich jedoch im islamischen Umfeld, geht dann schließlich in ihm auf und wirkt im neuen Gewand in die lateinische Scholastik hinein.[180]

Die Kontakte zu Gondischapur bestanden im Bereich der Medizin schon, seit im Jahr 765 Girgis ibn Bokhtischû von Al-Mansur konsultiert worden war. Als zwei Jahrzehnte später Harun ar-Raschid in Baghdad ein Krankenhaus gründet, holt er Girgis' Sohn aus Gondischapur an den Abbasidenhof und bestellt ihn zum Leiter des neuen Hospitals. In der Folge wirken bedeutende Lehrer aus Gondischapur weiterhin in Baghdad. Yuhanna ibn Masawaih[181] wird zum ersten Leiter des *Bayt al-Hikma* ernannt, Hunain ibn Ishak entfaltet als eigenständiger Universalgelehrter wie als Arzt und Übersetzer eine unermüdliche Tätigkeit.[182] Die Akademie von Gondischapur diente wohl auch als Vorbild für das *Bayt al-Hikma* selbst.

Hunain gehörte zu den Ibâd. Das sind Leute aus unterschiedlichen Stämmen, die sich zusammengetan und von den übrigen Menschen abgesondert haben in Burgen, die sie sich am Rande von al-Hira gebaut haben. Sie bekannten sich zum Christentum und sagten: *«Wir wollen uns 'abîd Allah (Diener Gottes) nennen.»* Da sagte man: *«'abîd ist ein Nomen, welches bei der Benennung das Geschöpf mit dem Schöpfer teilt ..., aber ibâd ist ein Nomen, das sich allein auf Gott bezieht.»* Da nannten sie sich *ibâd* ...

Als Hunain herangewachsen war, liebte er die Wissenschaft. Er zog nach Baghdad. Dort nahm er am Kolleg des Juhanna ibn Musawaih teil ... Hunain war aber ein Mensch, der viele Fragen stellte, und das war Juhanna unangenehm. Als er eines Tages nach etwas fragte, um es noch genauer zu wissen, wurde Juhanna ärgerlich und sprach: *«Was haben die Leute von al-Hira schon mit der Medizin zu schaffen! Betreibe lieber Geldverleih auf der Straße!»* Er befahl, ihn aus dem Hause zu werfen, und Hunain ging weinend davon. Juhanna hatte das getan, weil die Leute aus Gondischapur glaubten, dass nur sie

Vertreter der Wissenschaft seien und dass sie diese auch bei sich ... und in ihrem Geschlecht behalten müssten.

Hunain zog in das Land Byzanz, um die Bücher der Weisheit zu erwerben. Er erlangte höchste Fähigkeit bei ihrem Studium, lernte das Griechische bei seiner Reise in diese Gegenden gut beherrschen und eignete sich die Kostbarkeiten dieser Wissenschaft an. Nach seiner Rückkehr blieb er dauernd bei den Söhnen des Mûsa ibn Schâkir. Diese erweckten in ihm das Verlangen nach der Übertragung aus dem Griechischen ins Arabische und bezahlten dafür große Summen.

Hunain war fortan ein in seiner Zeit hochgeehrter Mann.

Al-Qifti (1172-1248), Chronik der Weisen

Neben islamischen Kollegen wie den Söhnen Mûsa ben Schakirs und dem Sabier Thabith ibn Qurra sammeln diese Christen wissenschaftliche Schriften und übersetzen sie aus dem Sanskrit, dem persischen Pahlevi, aus dem Syrisch-Aramäischen und Griechischen ins Arabische, das in diesem Prozess erst zur Wissenschaftssprache entwickelt wird. Dabei wurde zunächst von berufsmäßigen Übersetzern eine Rohversion angefertigt, die dann von den Gelehrten überprüft und gegebenenfalls berichtigt wurde. Die Christen sind am Kalifenhof zwar durch ihre Kleidung gekennzeichnet, im Übrigen aber hoch geachtet. Das mag zum Teil daran liegen, dass die nestorianischen Christen für sich einen eindeutigeren Monotheismus beanspruchten als ihre westlichen Glaubensgenossen, wie es zum Beispiel im Disput des Elias von Nisibis mit dem Wesir Abu'l-Qasim al-Maghrebi überliefert ist. Auch im Hinblick auf Parsen, und Buddhisten muss in Baghdad eine große Offenheit bestanden haben, obwohl diese Religionen ja aus islamischer Sicht nicht zu den «Buchreligionen» gehören und damit als verdammenswert galten.

So kann man festhalten, dass einerseits die arabische Sprache und ihre Abstraktionsfähigkeit zum Vehikel für die in Gondischapur entstandenen Bestrebungen wurden, andererseits aber diese Bestrebungen dadurch an Wirkung verloren, dass die inhaltliche Auseinandersetzung mit dem Gedankengut Griechenlands, Persiens und Indiens in den Vordergrund trat. Da dies unbeschadet der starken Beteiligung von Christen im islamischen Kontext geschah, ergab sich die Notwendigkeit, griechisches Denken mit islamischem Glauben zu vereinen. Das wurde vor allem dadurch erreicht, dass man die beiden Bereiche weitgehend auseinanderhielt. Wir werden darauf zurückkommen, wenn sich der Blick auf die Beziehungen zum lateinischen Abendland richtet. Dessen ungeachtet gibt es ein Bemühen, Philosophie und Religion miteinander zu vereinbaren; es zieht sich wie ein roter Faden durch die philosophischen Werke der Folgezeit – von Al-Farabi im zehnten zum meditativen Ansatz von Al-Ghazali im elften und der Disputation des Almohadenkalifen Abu Yakub Yusuf mit Averroes im zwölften Jahrhundert. Die Gedanken kreisen immer wieder um die großen philosophischen Fragen aller Religionen, um die Ewigkeit der Welt und um die menschliche Seele und ihr Schicksal nach dem Tode. Letztere stellt sich im Islam zunächst eingeschränkt als das Rätsel von Beschaffenheit und Ort der Seele bis zum Jüngsten Gericht: wird sie völlig neu geschaffen, wie es viele Koranverse nahelegen? Wie ist sie dann überhaupt mit dem Tun und Lassen des früheren Menschen in Zusammenhang zu bringen? Durch die Gedanken Aristoteles' und Platos erhält dagegen der Aspekt der Unsterblichkeit starkes Gewicht, sodass mit Avicenna, Al-Ghazali und Averroes auch eine körperlose Existenz der Menschenseele und eine Wiederverkörperung in den Bereich der diskutierten Möglichkeiten eintritt und entsprechende Gedankengänge an die lateinische Scholastik weitergegeben werden.[183]

Der Impuls zu all diesem geistesgeschichtlich weit reichenden Geschehen wird von einem kleinen Kreis namentlich bekannter Persönlichkeiten gegeben. Neben den Kalifen Harun und Ma'mûn selbst sind es die Barmakiden – Yahya al-Barmaki, der Erzieher Harun ar-Raschids und seine beiden Söhne al-Fadl und Djaafar, die als Ratgeber und Wesire des Herrschers zeitweilig das eigentliche Machtzentrum bildeten. Im medizinischen Bereich gehört dazu die erwähnte christliche Ärztedynastie der Bochtischû aus Gondischapur, die bis ins 11. Jahrhundert in Baghdad wirkte, und der bedeutende Hunain ibn Ishak, von dem ebenfalls schon die Rede war[184], ferner Al-Kindi, der Chemiker, Alchimist und Philosoph, und – gewissermaßen als theologisches Gegengewicht – Ibn Qutaiba.

Man kann darüber nachsinnen, warum in manchen bahnbrechenden Momenten der Menschheitsgeschichte solche Gruppen einander ergänzender Genies zusammenkommen – im perikleischen Athen etwa, in Chartres oder im Rom und Florenz der Renaissance. Immer sind es vergleichsweise kurze Perioden höchster Aktivität, in denen Erstaunliches entsteht. Auch in Baghdad findet die Tätigkeit dieser Menschengruppe schon nach wenigen Jahrzehnten mit der dogmatischen Reaktion des Kalifen al-Mutawwakil und den Machtkämpfen und Morden des Abbasidenhofes ein Ende. Der Wissenschaftsimpuls als solcher setzt sich noch in den Dynastien fort, die in das entstehende Machtvakuum eintreten: den verschiedenen persischen Dynastien, den schi'itischen Fatimiden in Nordafrika und den Omayyaden in Andalusien. Dabei kommt es wiederholt zu dogmatischen Konfrontationen mit der orthodoxen Theologie.[185] Ein für die islamische Wissenschaft charakteristischer Vorgang ist die *fatwa*, das Rechtsgutachten, das Ibn Ruschd-Averroes zu dieser Problematik erstellte.[186] Er geht dabei davon aus, dass ein Widerspruch zwischen Offenbarung und Wissenschaftsergebnissen prinzipiell nicht möglich ist, und trifft gleich zu Beginn auf der Grundlage der *scharî'a* die Feststellung, dass verstandesmäßige Naturforschung nicht nur zulässig, sondern sogar Pflicht jedes dazu fähigen Muslim sei (§§ 2-8).

Eine besondere Rolle spielen in dieser Hinsicht auch die *ikhwân as-safa'*, die «Lauteren Brüder» von Basra, von denen im zweiten Kapitel berichtet wurde.

Es ist eine Frage, warum nicht schon die theologischen Traditionalisten in Baghdad sich entschieden gegen einen Wissenschaftsbetrieb gestellt haben, der sich zwar ständig auf Aristoteles, Ptolemaios, Galen oder auch Plato beruft, kaum jemals aber auf den Koran. Dafür sind verschiedene Erklärungen denkbar: Einmal sieht ja der Koran die Schöpfung vorrangig zum Nutzen des Menschen geschaffen, sodass es zunächst kaum offenkundige Widersprüche zwischen wissenschaftlicher Forschung und koranischer Verkündigung gab, zumal diese über die Natur im Wesentlichen nur allgemeine Aussagen macht. Zum anderen aber waren die sunnitischen Ulema vollauf damit beschäftigt, schi'itische Ansprüche abzuwehren und die theologische Autorität der Kalifen in Grenzen zu halten, folgte diese Autorität doch der scharf umstrittenen mu'tazilitischen Richtung. Diese unterzog den Koran einer rationalen Analyse mit der Schlussfolgerung, Gott stünde so hoch über allen menschlichen Ausdrucksformen, dass der hörbare und lesbare Koran nicht von Ewigkeit bestanden haben könne. Es könne auch nicht sein, dass dem Menschen gegenüber Gottes Vorbestimmung keine Entscheidungsmöglichkeit gegeben sei. Machten solche Ansichten die Abbasiden und ihre Wissenschaftler schon unpopulär, so wurde ihnen ein weiterer Faktor vollends zum Verhängnis, der mit Wissenschaft und Theologie in keinem Zusammenhang stand, nämlich die wachsende Macht der türkischen Palastgarde. In dem Glauben, von den fremden Elitetruppen besser gegen die ständigen Intrigen geschützt zu sein, hatten die Nachfolger Al-Ma'mûns zunehmend Seldschuken an den Hof geholt und damit einen gefährlichen Staat im Staat entstehen lassen, der dann eben das bewirkte, was man hatte verhindern wollen.

Von den Ergebnissen dieser Glanzzeit zehrt jedoch nicht nur die arabische Kultur der folgenden zwei Jahrhunderte, sondern sie geben der abendländischen Wissenschaft des lateinischen Mittelalters die entscheidenden Anstöße. Die Verschiebung der Machtzentren nach Westen schuf dafür beste Voraussetzungen. Im süditalienischen Salerno, auf Sizilien, in Toledo und Ripoll wurden nun arabische Werke der Medizin, der Chemie und Mathematik, Astronomie und Philosophie, insbesondere aber die philosophischen und naturwissenschaftlichen Schriften des Aristoteles aus dem Arabischen ins Hebräische und Lateinische übersetzt. Dabei spielten jüdische Gelehrte wie die Familie Tibbon eine hervorragende Rolle. Neben solcher konkret fassbaren Übermittlung sind unterschwellige Strömungen zu vermuten, wie sie z.B. in den «Gewährsleuten» Flegetanis bei Wolfram von Eschenbach oder Menastor bei Trithem von Sponheim zutage treten. Die Folgen dieses gesamten Stroms erscheinen weitaus tief greifender als die der gleichzeitigen militärischen Auseinandersetzungen bei den Kreuzzügen und den Mongoleneinfällen.

Während im Lauf des 11. und 12. Jahrhunderts dieser Strom nach Europa zu fließen beginnt, versiegt gleichzeitig die eigenständige Kraft der Wissenschaft im islamischen Raum mehr und mehr. Dessen ungeachtet entstehen auch in den folgenden Jahrhunderten noch eine Reihe bedeutender Werke auf verschiedenen Gebieten der arabi-

Die goldenen Kuppeln schiitischer Heiligtümer ermöglichen noch einen Eindruck vom alten Baghdad

schen Gelehrsamkeit und Philosophie, darunter die historischen und geografischen Bücher des Mas'udi, die philosophischen Werke von Al-Ghazali, die Biografien berühmter Gelehrter der Blütezeit von Al-Qifti, die Wissenschaftstheorien und mystischen Schriften des Ibn Hazm, die Reisebeschreibungen des Ibn Battuta oder die *Muqadima*, das kulturphilosophische Werk des Ibn Khaldûn, das wie ein Abschluss und Rückblick auf die große wissenschaftliche Vergangenheit erscheint. Vom 14. Jahrhundert an wird der Strom aber weithin zum stehenden Gewässer einer nicht hinterfragten Tradition, wo sich die verschiedensten Krankheitskeime bilden können. Erstes Beispiel dafür sind die Werke von Ibn Taymiya (13./14. Jh.), sodann die folgenschweren Elaborate von Mohammed ibn Abd al-Wahâb (18.Jh.)[187] oder in neuerer Zeit der weit verbreitete und im Internet in englischer Sprache zugängliche türkische Traktat *Tam Ilmihal* (Immerwährendes Glück).[188]

Die Dynastien der islamischen Kalifate

Omayyaden	Abbasiden	Fatimiden	Osmanen	Moghule
Damaskus 661-750	Kufa 749-754	Kairo 910-1171		
Cordoba 765-1031	Baghdad 754-840			
(Kalifat seit 928)	Samarra 840-1258		Bursa 1281-1365	
	Kairo 1261-1517 In Verbindung mit türk. Mameluken		Edirne 1365-1453 Istanbul 1453-1924	Delhi 1526-1858

4. Islam und der Westen – Befruchtung und Konfrontation

Anfänge

Der Blick auf die Beziehungen zwischen Islam und Christentum beziehungsweise zwischen Islam und Europa kann einige unerwartete Perspektiven eröffnen. Schon angesichts der im ersten Kapitel geschilderten Entstehungsumstände des Korans zeigte sich, dass Khadidja mit dem zutiefst verunsicherten Mohammed zunächst bei einem weisen christlichen Verwandten Rat suchte. Im weiteren Verlauf erscheint das Zusammenleben von Muslimen, Christen und Juden offenbar weniger von religiösen als vielmehr von politisch-wirtschaftlichen Faktoren bestimmt. Ein frühes Beispiel dafür ist der 622 mit den jüdischen Stämmen in Medina geschlossene Vertrag. Christen und Juden waren «Buchleute», sie blickten auf dieselben Propheten zurück wie der Islam, und Mohammed hoffte darauf, dass sie seine Botschaft als neuerliches Zeichen der Offenbarung ihres Gottes annehmen würden. In den mekkanischen und frühen medinensischen Suren sind Juden und Christen noch unter den Rechtgeleiteten genannt[189], erst in den letzten zeigt sich eine Verdammung auf Grund religiöser Argumente (wie in 9,30), und die viel zitierte Bedrohung für den Fall, dass sie Krieg gegen Gott und den Propheten führen würden (5,33).[190] Der berüchtigte Aufruf zum Töten am Anfang der neunten Sure bezieht sich zunächst nur auf die «Polytheisten», also die Götzenanbeter, und enthält die Einschränkung, dass der Kampf einzustellen sei, wenn die Bereitschaft zur Tributzahlung erklärt werde. Dieser Gesichtspunkt gewinnt mit dem Beginn der arabischen Expansion an Bedeutung und wird noch verstärkt durch wiederholte Bestimmungen zur Verteilung der Kriegsbeute. Schon die erste Phase der Begegnung der drei Buchreligionen zeigt somit zwei gegensätzliche Aspekte, einen religiös-dogmatischen und den materiell-pragmatischen. Noch aber befinden wir uns in einem eng umschränkten geografischen Bereich – von Ost und West kann noch nicht gesprochen werden.

Religion oder Wissenschaft?

Mit der Expansion beginnt erst die eigentliche Begegnung mit dem Abendland, zunächst im byzantinischen Syrien und im hellenistisch-römischen Ägypten. Die Legende von der Zerstörung der alexandrinischen Bibliothek durch den arabischen Feldherrn Amr ibn al-'As entspricht wohl kaum den Tatsachen, doch gibt der im Zusammenhang damit kolportierte Ausspruch des Kalifen Omar eine Einstellung wieder, die wahrscheinlich für die vordringenden Krieger zutrifft: «*Steht der Inhalt der Bücher im Widerspruch zum Koran, so ist er schädlich, stimmt er mit dem Koran überein, so ist er überflüssig.*»

Während der Omayyadenherrschaft gibt es kaum Zeugnisse einer Auseinandersetzung mit fremdem Wissensgut. Eine Beschäftigung mit naturwissenschaftlichen Fragen wird jedoch bald nach dem Machtantritt der Abbasidendynastie von Osten her angeregt durch astronomische und astrologische Schriften aus Indien[191], während gleichzeitig byzantinische Astronomen wie Theophilos von Edessa und Stephanos am Hof des Kalifen al-Mahdi erscheinen. Über Gondischapur gelangen die ersten griechischen Werke nach Baghdad und werden übersetzt – zunächst Euklid und Ptolemäus, dann Aristoteles und Plato. Die nun beginnende wissenschaftliche Entfaltung wurde im vorhergehenden Kapitel geschildert.

Das Bemerkenswerte an diesem Prozess ist, dass die wissenschaftliche Arbeit nicht durch den Islam gefördert wurde, sondern trotz des Islam gedieh – oder richtiger gesagt, trotz der orthodoxen Ulemas. Das mag übertrieben erscheinen, vor allem im Hinblick auf die Grundausbildung fast aller Gelehrten in koranischer Rechts- und

Traditionswissenschaft, wird aber plausibler, wenn man die Widerstände sieht, die die Geistlichkeit dem neuen Gedankengut und seinen Exponenten entgegensetzte. Die Abbasidenkalifen trugen zwar den Titel eines *«Beherrschers der Gläubigen»*, setzten sich aber über manche koranische Regel wie z.B. das Weinverbot hinweg. Ihre sinnenfreudige Kultur ist uns aus *Tausend und einer Nacht* vertraut. Christen und Sabier gehörten zu ihrem Gelehrtenkreis, und nicht selten begegnen sie uns als Lehrer islamischer Persönlichkeiten. Von dogmatischer Enge war man also in dieser Zeit weit entfernt.

Betrachten wir das gesamte Panorama, so erkennen wir zwei parallele Ströme: den gleichbleibenden islamischen Grundstrom mit dem Koran als Quelle, der vor allem das Sozial- und Rechtsleben prägt, und den philosophisch-naturwissenschaftlichen Strom, der sich, aus verschiedenen Quellen gespeist, besonders in den Mu'taziliten manifestiert und aus dem eine neue Weltsicht hervorgeht, in der das Verstandesdenken die Richtung bestimmt. Während in den islamischen Erörterungen weder philosophische noch naturwissenschaftliche Elemente eine besondere Rolle spielen, verrät der zweite Strom nur in der Einleitungsformel und einigen gebräuchlichen Redewendungen seinen islamischen Hintergrund. Diese zweifache Ausprägung schließt aber nicht aus, dass dieselben Gelehrten oft sowohl rein islamische Abhandlungen z.B. zu Rechtsthemen verfassen als auch rein «weltliche» philosophische oder naturwissenschaftliche Werke.

Was hier verarbeitet und neu erarbeitet wird, fließt in den folgenden drei Jahrhunderten in die sich bildende abendländische Kultur ein und verbindet sich mit ihr. Die Umstände dieses neuerlichen Rezeptionsprozesses sind denen des islamischen Kontextes erstaunlich ähnlich. Auch im christlichen Raum schafft ein geistliches Fundament die Voraussetzungen, auch hier begegnen die nicht aus den Heiligen Schriften hervorgehenden Gedanken und naturwissenschaftlichen Forschungen häufig dem Widerstand der Kirche[192], auch hier sind es oft – wenn nicht sogar überwiegend – Menschen, die gleichzeitig christlich theologische Werke veröffentlichen.

Unter solchem Blickwinkel gesehen, erscheint die Entwicklung von Philosophie und Naturwissenschaft seit dem neunten Jahrhundert weniger als eine Sache verschiedener Religionen oder Kulturen als vielmehr eine eigene Bewegung mit gemeinsamer Sprache – nicht linguistisch verstanden, sondern im Sinne der Redensart *«Eine gemeinsame Sprache sprechen»*. Diese gesamte religionsüberspannende Bewegung ist wiederum unter zwei Aspekten zu sehen: einmal mit aufklärerischem Charakter als Erforschung der Weltmechanismen, zum anderen als esoterischer Strom im Sinne der faustischen Devise *«um zu erkennen, was die Welt im Innersten zusammenhält»*. In den drei unten genannten Repräsentanten sind beide Aspekte vertreten.

Von Baghdad nach Europa

Eine detaillierte Darstellung dieses gewaltigen kulturellen Staffetenlaufs würde ein eigenes Buch füllen, sodass ich mich neben den bereits im letzten Kapitel genannten Vorgängen und Personen auf einige markante Beispiele beschränken muss. Werfen wir zunächst einen Blick auf zwei Persönlichkeiten der Abbasidenzeit, Abu Dja'far Mohammed ibn Mûsâ al-Khwârezmi, den Mathematiker, und Djâbir ibn Hayyân, den Chemiker, Alchimisten und Universalgelehrten.

Abu Dja'far war aus Khwarezm[193] nach Baghdad gekommen und wurde dort unter seinem Herkunftsnamen als *al-Khwarezmi* berühmt, der als *Algorismus* in die mathematische Fachsprache eingegangen ist. Dem arabischen Titel seines Hauptwerks, dem «Buch der Regeln und der Entsprechungen», *Kitâb al-djabr wa al-muqâbala* verdanken wir den Ausdruck *Algebra.* Khwarezmi verarbeitete griechische wie auch indische mathematische Kenntnisse und entwickelte sie systematisch weiter bis zu analytischen Lösungen linearer und quadratischer Gleichungen[194]. Er führte das indisch-arabische Dezimalsystem in die Mathematik ein, beschäftigte sich bahnbrechend mit trigonometrischen und kartografischen Problemen. Siebzig «Fachleute» erstellten unter seiner Anleitung eine Weltkarte, wobei er Vorarbeiten über Zeitmessung und das Astrolabium veröffentlichte. Seine Werke blieben über Jahrhunderte maßgeblich, zumal sie über Gerbert d'Aurillac und den genialen italienischen Mathematiker Leonardo Fibonacci[195] einen starken Einfluss auf die europäische Mathematik ausübten, nicht zuletzt durch die Einführung der Null und durch die Verbreitung der arabischen Ziffern.

Djâbir ibn Hayyân[196] wurde um die Mitte des 8. Jahrhunderts im mesopotamischen Kufa geboren, wo er Schüler von Dja'far as-Sadîq, dem sechsten schi'itischen Imâm wurde und damit in die Tradition esoterischer Lehren eintrat. Seinen legendären Ruf verdankte er der Chemie und Alchemie. Sie waren als die beiden Aspekte der Stoffumwandlung bei ihm wie überhaupt bis in die Neuzeit hinein eng miteinander verbunden und gipfelten im Ziel einer geistigen Vervollkommnung des Menschen. Darüber hinaus verfasste er zahlreiche Werke zu mathematischen, physikalischen, medizinischen und pharmakologischen Fragen, die zum Teil nur noch in ihren lateinischen Übersetzungen erhalten sind. Mit seinem latinisierten Namen Geber wurde Djâbir ibn Hayyân für das mittelalterliche Europa zur astrologischen Autorität schlechthin – was allerdings den Nachteil hatte, dass viele Schriften unter seinem Namen kolportiert wurden und die Forschung es heute schwer hat, das Echte vom Falschen zu sondern.

Als drittes Beispiel möge Al-Husain ibn 'Abdallah ibn Sina dienen, der im Abendland als Avicenna berühmt wurde.[197] In eine vornehme Familie geboren, genoss er eine exquisite Bildung. Schon als Zehnjähriger konnte er den Koran auswendig, mit 16 Jahren war er bereits als Arzt tätig. Als der Sultan von Bukhara erkrankte und Ibn Sina als Einziger die richtige Therapie anwandte, erhielt er zur Belohnung freien Zutritt zur Bibliothek des Herrschers. Mit zwanzig Jahren begann er seine reiche wissenschaftliche Publikationsarbeit. Die Zeit des Verfalls der Abbasiden und der vielen konkurrierenden Nachfolgedynastien bescherte ihm ein unstetes Wanderleben mit höchsten Ehren als Wesir in Hamadan wie auch Jahre der Kerkerhaft. In allen Lebensphasen war er aber unermüdlich tätig – beobachtend, experimentierend, heilend und schreibend. Von seinen annähernd 500 Schriften ist etwa die Hälfte erhalten, darunter auch eine Gedichtsammlung. Von Avicenna sagt ein moderner Biograf, er habe «den Geist von Goethe mit dem Genie von Leonardo da Vinci vereint», und in der Tat sind seine exakte Beobachtung von Phänomenen, sein spiritueller Tiefgang und seine Darstellungskunst faszinierend.

Den größten Einfluss hatten seine beiden Hauptwerke, das *Kitâb asch-schifa'* und der *Qanûn fi at-tibb*. Das erste, *Das Buch der Gesundheit*, eine gewaltige Enzyklopädie aller Lebensgebiete, mit der Ibn Sinas umfassender Gesundheitsbegriff dokumentiert wird, das zweite ein *Kanon der Medizin*, in dem von Anatomie und Physiologie über die Pathologie bis zur Medikamentenkunde das Gesamtwissen der Zeit verarbeitet und weiterentwickelt ist.

Zwei Stichproben daraus machen verständlich, warum das Werk bis in die Neuzeit an vielen europäischen Universitäten als Standardlehrbuch verwendet wurde und Ibn Sina der «Fürst der Ärzte» genannt wurde: Der Autor vermutet als erster das Vorhandensein winziger, für das Auge nicht sichtbarer Lebewesen als mögliche Krankheitsursache und damit auch die Möglichkeit einer Infektion: *«... manchmal wird die Luft verseucht und jeder erkrankt, wenn er diese verseuchte Luft einatmet.»* Beim Schmerz werden fünfzehn verschiedene Arten unterschieden, vom bohrenden bis zum klopfenden.[198] Dass Avicenna einmal als Sufi verkleidet einer Verhaftung entgehen konnte, lässt vermuten, dass ihm diese Richtung nicht ganz fremd war; das unten wiedergegebene Gedicht zeigt seine Sicht der menschlichen Seele, deren leibfreie Existenz mit der Möglichkeit einer Wiederverkörperung er in seinem Kommentar zu Aristoteles' Werk über die Seele untersucht.[199]

Zu dir fiel
vom höchsten Ort
eine aschenfarbene Taube
unaufdringlich und keusch
unsichtbar selbst für das Auge des Weisen
und dennoch unverschleiert...
Voll Widerwillen erreichte sie dich –
vielleicht aber wird sie es auch schwer haben
dich zu verlassen
und darüber verzweifelt sein.

Rein war sie, niemandem zugeneigt.
Als sie sich aber mit dir verband,
gewöhnte sie sich an Wüsten und Ruinen.
Das Versprechen ihres heimatlichen Herdes
hat sie wohl vergessen und die Stätten,
die sie verlassen musste.
...Nun weint sie, gedenkt sie ihrer.
Tränen rinnen nie versiegend,
mit Seufzen verbringt sie die Zeit
auf den geschwärzten Spuren,
die von vier Winden verwischt,
denn der enge See hält sie gefangen...[200]

Bevor wir uns nun der Einmündung des islamischen Stromes in das mittelalterliche Europa zuwenden, ist auf einen wichtigen Umstand hinzuweisen: Bei allen drei genannten Exponenten handelt es sich um Menschen, die aus Mesopotamien oder aus dem persischen Kulturraum stammen, d.h. es sind keine Araber. Dasselbe konnten wir auch bei vielen der schon erwähnten Gelehrten des Baghdader Kreises feststellen, und es gilt ebenso für weitere Geistesgrößen des betrachteten Zeitraumes, für al-Farabi, al-Qifti, ar-Razi oder al-Ghazali und andere. Sie alle haben sich über den Islam tief mit der arabischen Geistesart verbunden, und doch sollte man die Bedeutung ihrer kosmopolitischen Tingierung nicht vergessen.

Islambild und Wissenschaftseinfluss im lateinischen Mittelalter

Nach der Auflösung dee Abbasidenherrschaft und komplementär zu der wissenschaftlichen Nachblüte in den östlichen und westlichen Provinzen des Reiches begann die Aufnahme des im islamischen

Raum Erreichten in die lateinische Welt. Wenn oben von zwei nebeneinander laufenden Strömen gesprochen wurde, so muss hier gleich zu Beginn darauf hingewiesen werden, dass der Islam als Religion bei den Lateinern nur äußerst spärliches Interesse weckte und seine Inhalte bis ins späte Mittelalter weitgehend unbekannt waren. Während um die Mitte des 10. Jahrhunderts die ersten naturwissenschaftlichen Werke aus dem Arabischen übersetzt wurden, kam erst ein Jahrhundert später eine Koranübersetzung zustande[201], die aber offenbar wenig Verbreitung fand und bis weit in die Neuzeit hinein die einzige blieb; Übersetzungen islamischer Rechts- oder Traditionstexte sind kaum zu finden. Der Islam wird für gewöhnlich als *secta mahumetarum* bezeichnet, Mohammed meist als (christlicher) Häretiker dargestellt. Dante zeichnet im 28. Gesang des Inferno ein grausiges Bild von ihm und Ali als Schismatiker. Bezeichnend für das Niveau des allgemeinen Islambildes ist das unten wiedergegebene Geschichtchen aus der Legenda aurea des Jacobus de Voragine etwa aus dem Jahr 1267.[202] Zu dieser Zeit hatte sich der Kenntnisstand jedoch um einiges erweitert; Jacobus lässt daher seinem Hinweis auf den Volksglauben zwei weitere Versionen folgen, die zwar ebenfalls einen Betrugsvorwurf enthalten, in ihren wesentlichen Details aber eingermaßen zutreffend sind. Der Katalane Raimundus Lullus hat etwa um dieselbe Zeit sein *Liber de gentili et tribus sapientibus*[203] verfasst, scheinbar um eine Harmonisierung der drei monotheistischen Buchreligionen bemüht. In Wirklichkeit war seine Lebensarbeit ebenfalls ganz auf die Bekehrung der Muslime gerichtet. Er hatte Arabisch gelernt, sich fundierte Kenntnisse erworben und mehrere «Islam-Missionsseminare» gegründet. Der allgemeine Kenntnisstand änderte sich aber nicht nennenswert.

Zu den Zeiten dieses Bonifacii, da Phocas gestorben war und Heraklius regierte, um das Jahr des Herrn 610, da geschah es auch, dass Machumetus der falsche Prophet und Zauberer, die Agarener oder Ismaeliten, das ist: die Saracenen, in dieser Weise betrog, als wir in einer Geschichte von ihm und in einer Chronik lesen. Es war ein hochberühmter Kleriker, der mochte bei der römischen Kurie die Würde, die er begehrte, nicht erreichen; darum floh er voll Unmuts über Meer und lockte durch seine Heuchelei unzählbar viele Menschen an sich. Da er Machumetum fand, gelobte er, er wolle ihn über alles sein Volk setzen. Also zog er eine Taube, und that Körner und anderes Futter dem Machumetus in seine Ohren. Daran gewöhnte sie sich also sehr; wann sie Machumethum sah, alsbald flog sie auf seine Schultern und hielt ihren Schnabel an sein Ohr. Darnach rief der vorgenannte Mensch das Volk zusammen und sprach: er wollte den über die setzen, welchen der heilige Geist in Taubengestalt ihnen würde bezeichnen. Also ließ er die Taube heimlich los; die flog auf Machumeti Schultern, der da unter den andern stund, und legte ihren Schnabel an sein Ohr. Als das das Volk sah, vermeinten sie, es wäre der heilige Geist, der auf ihn herabsteige und ihm das Wort Gottes sage in sein Ohr. Also betrog Machumetus die Saracenen, dass sie ihm anhingen, und eroberte das Königreich Persien und alles Reich zu Orient bis gen Alexandrien. Also erzählt man im Volk gemeiniglich.

Anders sieht das Bild im Bereich der diplomatischen Kontakte und auf dem säkularwissenschaftlichen Gebiet aus, nachdem das islamische Andalusien und das christliche Spanien unmittelbare Nachbarn geworden waren. Karl der Kahle entsendet 864 zwei Botschafter zum Omayyadenkalifen Mohammed I. nach Cordoba, von wo sie mit reichen Geschenken zurückkehren. Ein Jahrhundert später geht von Cordoba ein Exemplar von Dioskurides' *Materia medica* als Geschenk des Kalifen Abd er-Rahmân an Kaiser Konstantin XII. nach Byzanz. Wenige Jahre darauf reist im Auftrag Ottos des Großen erneut ein Botschafter nach Cordoba, und die Nachrichten von wechselseitigen Übersetzungen mehren sich. Gerbert von Aurillac, der geheimnisumwitterte Alchimist, Bischof von Reims und Ravenna, und spätere Papst Silvester studiert 967-70 in Vich in der spanischen Mark. Die dortigen Klöster von Vich, Ripoll und am Mont Canigou, hatten offensichtlich Verbindungen in die arabische Welt.[204] Gerbert findet dort Übersetzungen arabischer mathematischer und astronomischer Schriften und übermittelt die arabischen Zahlen. Dass er von Aurillac ausgerechnet nach Vich entsandt wird und dass die ottonischen Kaiser, denen Gerbert später eng verbunden ist, Verbindung nach Cordoba suchten, kann Spekulationen über bisher verborgene

Wege der Beschleunigung des wissenschaftlichen Rezeptionsprozesses entstehen lassen. Jedenfalls häufen sich nun die Übersetzungen ins Lateinische, und weitere Übermittlungswege tun sich auf, ein erster über Sizilien und Süditalien: Kurz nach der Mitte des elften Jahrhunderts kommt Constantinus Afer «*africanus*» aus Karthago über Salerno ins Benediktinerkloster Monte Cassino, übersetzt dort u.a. Galen, Hippokrates, sowie das *liber regalis* des Ali ibn al-Abbâs aus dem Arabischen, das unter der Bezeichnung *Pantegne* zum Standardwerk der medizinischen Schule von Salerno wird. Bereits 1130 wird es im weit entfernten Chartres von Wilhelm von Conches benutzt. Das ist leicht verständlich, denn Fulbert, der Begründer der Kathedralschule von Chartres, war ein Schüler Gerberts.

Bei alledem darf nicht vergessen werden, dass aus Konstantinopel seit dem 12. Jahrhundert neben den arabisierten griechischen Texten auch griechische Originaltexte z.B. von Aristoteles und Plato nach Sizilien gelangten und dort ins Lateinische übertragen wurden, ein Prozess, der sich im 13. Jahrhundert mit gelehrten Übersetzern wie Wilhelm von Moerbeke fortsetzte.

Ein dritter Weg öffnet sich zwischen Pisa und dem syrischen Antiochia, wo 1108 ein pisanisches Handelskontor eröffnet wird. In Pisa übersetzen daraufhin Johannes Aflatius Saracenus und ein gewisser Rusticus medicus die Chirurgie von Ali ibn al-Abbas.

Zum wichtigsten Umschlagplatz wird jedoch Toledo. Seit der Rückeroberung der Stadt im Jahr 1085 konzentriert sich dort die Übersetzungstätigkeit. Wiederum tritt eine Konstellation ein, in der sich ein Kreis hervorragender Geister mit einer bestimmten Zielrichtung zusammenfindet. Beteiligt sind Christen, Muslime und Juden. Indem die arabischen Autorennamen latinisiert werden und die Träger damit ein neues Gewand bekommen, verblasst das Bewusstsein von ihrem religiösen Hintergrund. Sie werden zum selbstverständlichen Bestandteil der scholastischen Wissenschaft.[205] Die Aristoteles-Kommentare des Averroes etwa bilden die Grundlage jeder Auseinandersetzung mit dem Stagiriten, sodass Averroes meist kurz als «*Der Kommentator*» zitiert wird, ebenso wie man von Avicenna als dem «*princeps medicorum*» spricht, dem *Fürsten der Mediziner.* Und doch muss auch hier unterschieden werden zwischen dieser wissenschaftlich «neutralen» Ebene und der anderen, religiös-politischen, die Averroes z.B. im berühmten Mosaik des Doms von Siena als den Erzfeind der Christenheit darstellt und die auf beiden Seiten mit Hetze und Pogromen einhergeht. Die Vertreter beider Religionen waren ja überzeugt, dass ihr Glaube der einzig wahre sei, und durch die enge Verwandtschaft der drei Buchreligionen hatten sie es schwerer, einander zu tolerieren, als mit ganz andersartigen Religionen, z.B. Indiens, auszukommen. Es blieben daher nur zwei Möglichkeiten: entweder man versuchte die jeweiligen Anderen zu überzeugen oder sie mit Gewalt zu bekehren. Den ersten Weg beschritt Petrus Venerabilis, der Abt von Cluny, um 1143 in erklärtem Gegensatz zum zweiten, der mit in den Kreuzzügen beschritten wurde, indem er die Muslime zu überzeugen versucht *«nicht mit Waffen, wie die Unsrigen oft tun, sondern mit Worten, nicht mit Gewalt, sondern mit Vernunft, nicht mit Hass, sondern mit Liebe.»*[206] Das hindert Petrus allerdings nicht, den Islam als «teuflische Irrlehre» und Mohammed als «elenden und gottlosen Menschen» zu bezeichnen. Die von Petrus veranlasste Koranübersetzung diente dem Zweck, die Lehren des Islam kennen zu lernen, um den Christen die entsprechenden Gegenargumente zu ermöglichen.

Zwei kuriose Zeitzeugnisse von christlicher und von islamischer Seite mögen diesem Bild weitere Nancen hinzufügen; das erste ist die Forderung des fanatischer Christenfeindes Ibn Abdun, es dürften keine wissenschaftlichen Bücher an Christen oder Juden verkauft werden, denn diese würden sie übersetzen und dann als Werke ihrer Glaubensgenossen oder Bischöfe ausgeben.[207] Das zweite ist die Mahnung des Papstes Gregor VII. an die Rekonquistadoren: *«So ihr in diese [eroberten] Gebiete geht und nicht den Peterspfennig zahlt, verbieten wir euch das Eindringen.»* Gregor will also, wie einst schon der Prophet Mohammed[208], seinen Anteil an der Beute.

Zurück nach Toledo: Der eigentliche Übersetzungsvorgang verläuft ähnlich wie schon drei Jahrhunderte vorher in Baghdad. Johannes Hispanus, einer der aktivsten Übersetzer, gibt uns direkten Einblick am Beispiel von Avicennas Werk über die Seele: *«Das Buch wurde aus dem Arabischen übersetzt, indem ich selbst Wort für Wort in der Volkssprache vortrug und der Erzdiakon Dominicus dies ins*

Lateinische umwandelte.»[209] Das heißt, dass Dominicus Gundisalvi spanisch hörte und einem Schreiber lateinisch diktierte. In gleicher Weise übersetzte zur selben Zeit Gerhard von Cremona 71 Werke in Zusammenarbeit mit dem Mozaraber Galippus und anderen, die ihm einen ehrenden Nachruf schrieben.[210] Weitere Persönlichkeiten des toletanischen Übersetzerkreises sind Plato von Tivoli, der vorher in Barcelona gearbeitet hatte, Hermann von Kärnten (*Hermannus Dalmata),* Robert von Ketton und Michael Scotus. Hermann, einem in Paris oder Chartres ausgebildeten Kleriker, verdanken wir neben der Übersetzung zahlreicher naturwissenschaftlicher Werke die Schrift *De essentiis,* eine Zusammenschau arabischer und abendländischer Wissenschaft.

«[Gerhard] hatte seit seiner Kindheit an den Stätten der philosophischen Studien gelernt und war so zur Kenntnis von allem gelangt, was den Lateinern bekannt war. Aber aus Liebe zum Almagest [des Ptolemäus], den er bei den Lateinern nirgends finden konnte, ging er nach Toledo. Als er dort der Fülle arabischer Bücher aus allen Wissensgebieten gewahr wurde und ihn die Armut der Lateiner in diesen Dingen schmerzte, da lernte er Arabisch, um sie übersetzen zu können. Auf solche Weise verband er Sprache und Wissen – denn, wie Hamet in seinem Brief ‹De proportione et proportionalitate› schrieb, sollte ein Übersetzer das betreffende Wissensgebiet gründlich kennen wie auch die Sprachen hervorragend beherrschen, aus denen oder in die er übersetzt. So durchstreifte er die arabische Literatur nach Art eines Mannes, der durch eine grünende Wiese geht und einen Blumenkranz zusammenstellt, für den er nicht irgendwelche beliebigen, sondern die schönsten Blumen nimmt. Bis an sein Lebensende übermittelte er fürderhin der lateinischen Welt als seiner geliebten Erbin die nach seinem Ermessen besten Bücher vieler Wissensgebiete so genau und vollständig er konnte. Im Jahr unseres Herrn Jesus Christus 1187 ging er in seinem dreiundsiebzigsten Lebensjahr den Weg allen Fleisches.»

Aus dem Nachruf[210]

Allgemein darf man sich unter der Bezeichnung «Übersetzer» nicht etwa nur «handwerklich» Tätige vorstellen – zumal die Rohübertragung wohl oft von anonymen Einheimischen vorgenommen wurde. Vielmehr handelte es sich um Gelehrte, denen wir in den verschiedensten Disziplinen eigenständige Werke verdanken. Michael Scotus werden wir in Sizilien erneut begegnen.

Zwar bildet Toledo das Zentrum, doch sind auch an anderen Orten Übersetzer tätig. Pisa und Salerno wurden schon erwähnt, vom Verhältnis Friedrichs II. zu den Muslimen in Sizilien wird noch zu sprechen sein. Bischof Michael von Tarragona beschafft sich arabische astrologische Handschriften und beauftragt Hugo von Santillana mit ihrer Übersetzung. In Chartres sind seit 1135 Handschriften mit arabischen Wörtern bezeugt, die sprachkundige Kleriker vermuten lassen. Der Engländer Adelard von Bath übersetzt und verarbeitet astronomische und mathematische Werke arabischer Autoren, und sein Landsmann Alfred von Sareshel, Schüler des Gerhard von Cremona, verfasst etwa um das Jahr 1200 neben verschiedenen Übersetzungen ein Werk über die Bewegung des Herzens, in dem arabische Quellen verarbeitet sind.

Bevor wir den weiteren Fortgang der schriftlichen Übermittlung im westlichen Europa betrachten, müssen wir die angekündigte Exkursion an den Hof Friedrichs II. nach Sizilien unternehmen. Dabei begleitet uns der Schotte Michael, den wir schon als Übersetzer in Toledo antrafen und der inzwischen Hofastrologe des Kaisers geworden ist. Michael war ein gründlicher Kenner der aristotelischen und arabischen Schriften zu verschiedenen Bereichen der Naturwissenschaft und muss der Denkweise des Kaisers sehr nahe gestanden haben. Friedrich hatte kurz nach seiner Kaiserkrönung die islamischen Siedlungen Siziliens unterworfen und die überlebende Bevölkerung nach Kalabrien zwangsumgesiedelt. Das war eine politische Machtfrage gewesen, bei der die Religion keine Rolle spielte, denn dem Kaiser schwebte ein von religiöser Bindung unabhängiger Staat vor. Infolgedessen hatten die Muslime in der neuen Stadt Lucera völlige Glaubensfreiheit und wurden trotz extremer Besteuerung zu treuen Anhängern Friedrichs.[211] Das Interesse des Kaisers an wissenschaftlichen Fragen legt die Vermutung nahe, dass er, der ja des Arabischen mächtig war, schon zu diesem Zeitpunkt von arabischem Schrifttum Kenntnis hatte, zumal er mehrmals Lucera besuchte und sich dort einige Zeit aufhielt. Er traf dann 1228 während des fünften Kreuzzuges mit dem ägyptischen Sultan Malik al-Kâmil zusammen, mit dem er vertraglich die Überlassung Jerusalems und eines Küstenstreifens auf zehn Jahre vereinbarte.

Die Wirkung des kaiserlichen Wissensdurstes erweist sich am klarsten anhand der Fragenkataloge, die Friedrich zunächst dem Hofastrologen Michael Scotus und sodann auch dem arabischen Gelehrten Ibn Sab'in[212] zur Beantwortung vorlegte; gleichzeitig wird in diesem bemerkenswerten Dokument ein Licht auf die Durchdringung von arabischer und europäischer Kultur in Sizilien geworfen. Zwei zentrale Fragen hatten nichts Geringeres zum Inhalt als das Problem der Ewigkeit bzw. Gottgeschaffenheit der Welt und einen Beweis für die Unsterblichkeit der Seele. Ibn Sab'in wirft in seiner Antwort dem Kaiser Ungenauigkeit vor, da er pauschal nach «der Seele» gefragt habe und nicht differenziert nach den fünf verschiedenen Seelenarten.[213] Spezielle physikalische Fragen richtete Friedrich an Kamal ad-Dîn b. Yunus, der sie an den Ägypter al-Karâfi weitergab.[214] Natürlich darf man die Bewusstseinslage einer außergewöhnlichen Persönlichkeit nicht mit der Gesamtheit der abendländischen Gelehrtenwelt gleichsetzen; aber Friedrich ist eben nicht allein mit solchen Problemstellungen, und die hohen Erwartungen, die man auf die Weisheit des arabischen Gelehrten setzte, lassen sich weithin in gleicher Weise beobachten.

Als 1252 Alfons der Weise König von Kastilien wurde, erlebte die Übersetzungstätigkeit in Toledo eine zweite Blüte. Alfons nahm persönlich aktiven Anteil an der Forschungs- und Übersetzungsarbeit.[215] Eine für die europäische Bewusstseinsentwicklung bedeutsame Neuerung bestand darin, dass nun auch vom Arabischen ins Spanische übersetzt wurde, wodurch die Volkssprache «studierfähig» wurde und die neuen Wissensgebiete einem breiteren Leserkreis zugänglich gemacht wurden – ein Vorgang, den einige Jahrzehnte später Dante mit seiner «Divina Commedia» für Italien bewirkte. Schon in der ersten Phase der toletanischen Übersetzungen waren Juden aktiv beteiligt, und diese Beteiligung kommt in der zweiten Phase verstärkt zum Tragen, wobei auch Übersetzungen ins Hebräische angefertigt werden.

Die «Alfonsinischen Tafeln»

Alfons versammelte in Toledo *«seine Lehrer Aben Raghel und Alquibicius, Aben Musio und Mohamat von Sevilla, Joseph Aben Alí and Jacobo Abenvena, aus Cordoba und mehr als fünfzig andere, die er aus Gasconien und Paris holte und mit reicher Entlohnung versah; und der König befahl ihnen, das Quadripartitum des Ptolemæus zu übersetzen und Bücher von Montesan und Algazel zu beschaffen, ... sich dann in der Burg Galiana zu versammeln und über die Bewegung des Firmaments und der Sterne zu disputieren, wobei in Abwesenheit des Königs Abenragel und Alquibicius den Vorsitz haben sollten. ... Und nachdem sie dieses große Werk in den Jahren 1258-1262 vollbracht hatten, sandte er sie befriedigt in ihre Länder zurück, gewährte ihnen freie Reise und ihnen wie ihren Nachkommen völlige Freiheit von Steuern und Abgaben, wie man aus den Briefen ersieht, die aus Toledo vom zwölften Mai 1262 datiert sind.»* (aus dem Prolog)

Insgesamt zeigt sich, dass durch die Übermittlung von arabischsprachigen Originalwerken wie auch von klassischen Schriften im arabischen Gewand Philosophie und Naturwissenschaft einen gewaltigen Impuls erhalten, bei dem zwar die Auseinandersetzung mit den Grundschriften des Aristoteles im Mittelpunkt steht, seine *parva naturalia* und die arabischen medizinischen und naturwissenschaftlichen Schriften aber für die europäische Kultur eine nach außen viel deutlicher sichtbare Wirkung entfalten. Das zeigt schon die große Zahl der Manuskripte und Drucke – allein der von Gerhard von Cremona übersetzte «Kanon der Medizin» erlebte von 1470 bis 1600 sechsunddreißig Druckauflagen. Die medizinischen «*Simplicia*» von al-Baitars werden noch im Jahr 1758 für die Universität Cremona neu gedruckt. Ein weiteres Indiz ist die Häufigkeit der Zitate aus naturwissenschaftlichen arabischen Werken in der in der Mitte des dreizehnten Jahrhunderts entstandenen Enzyklopädie des

Vinzenz von Beauvais. Am deutlichsten spiegelt sich die Wirkung jedoch im Übergang von der autoritätsgebundenen philosophischen Naturwissenschaft zu einer beobachtenden und experimentierenden Betrachtungsweise, die den Blick mehr und mehr auf die tatsächliche materielle Welt richtet. Anfänge zeigen sich bereits zu Beginn des 12. Jahrhunderts, vor allem bei Adelard von Bath, der sich gezielt mit der arabischen Geometrie und Astronomie auseinandersetzt.[216] Den definitiven Umschwung aber konstatieren wir nahezu gleichzeitig in der zweiten Hälfte des 13. Jahrhunderts etwas versteckt bei dem bedeutenden franziskanischen Theologen Duns Scotus, indem er erstmals einen «Erfahrungsbeweis» anerkennt, offen und nachdrücklich bei seinem Ordensbruder Roger Bacon.

Roger ist eine der erstaunlichsten Gelehrtengestalten des gesamten Mittelalters. Schon das Zustandekommen seiner Hauptwerke wirft ein bezeichnendes Licht auf das Verhältnis der Kirche (oder genauer gesagt, fundamentalistischer kirchlicher Kreise) zu der neuen «arabistischen» Denkweise. Roger hatte schon vor seinem Eintritt in den Franziskanerorden intensive naturwissenschaftliche Studien betrieben. Was er bei seiner Lehrtätigkeit in Oxford und Paris äußerte, muss aber bei den Ordensoberen Anstoß erregt haben; jedenfalls wurde ihm die Veröffentlichung verboten. Im Gegensatz dazu war Papst Clemens IV. an Bacons Forschungen höchst interessiert. Er erteilte ihm den Auftrag einer schriftlichen Gesamtdarstellung mit der ausdrücklichen Weisung, ihn geheim zu halten und dem Papst persönlich zukommen zu lassen.[217] Nur auf den ersten Blick kann es überraschen, dass die neue Sicht sich besonders deutlich am Thema der Optik zeigt. Optik befasst sich mit den Wirkungen des Lichts und ihren Gesetzen; damit bewegt sie sich an der Grenze zwischen Naturwissenschaft und Transzendenz, stellt also zentrale Erkenntnisfragen. Ibn Haitham hat um 1139 in seinem *kitâb al-manazir* erstmals von der substanziellen Seite des Lichtes gesprochen und damit die neue Blickrichtung impulsiert. Das von Gerhard von Cremona übersetzte Werk gehörte zu den von Roger Bacon benutzten arabischen Quellen.

Blicken wir auf das Gesamtpanorama der geschilderten Vorgänge, so fällt sogleich ins Auge, dass sich im selben zeitlichen Rahmen die

Kreuzzüge ereignet haben. Im Zusammenhang mit unserem Thema muss wenigsten in aller gebotenen Kürze auf die Rolle dieser tief greifenden Unternehmungen bei der Begegnung mit dem Islam eingegangen werden. Im Lichte der jüngsten Ereignisse und der unseligen Aktualisierung des Kreuzzugsbegriffs durch den US-Präsidenten sind sie heute kritischer zu betrachten als z.B. noch 1960 im «Auszug aus der Geschichte» von Karl Ploetz.[218] Allerdings schließt auch Ploetz seine Einleitung mit der Feststellung: *«Die italienischen Seestädte (Venedig, Genua, Pisa)… nehmen durch das Aufblühen ihres Orienthandels mächtigen Aufschwung»*, d.h. mit den Kreuzzügen waren massive wirtschaftliche und, wie wir sehen werden, politische Interessen verbunden.

Die Reihe der sieben «bewaffneten Wallfahrten» von 1099 bis 1270 brachte die europäischen Christenheere mit einer Kultur in Konfrontation, von der sie anfänglich kaum eine Ahnung hatten. Der erste Kreuzzug war «ein Triumph für das Papsttum»[219], ein kirchenpolitischer Erfolg, aber eine bis heute nachwirkende Katastrophe für die betroffenen Länder des Vorderen Orients. Dem widerspricht nicht, dass die Kreuzfahrer zumeist überzeugt waren, im göttlichen Auftrag zu handeln. Ihr Schlachtruf *«Gott will es!»* klingt wie ein Echo des *«Gott ist groß!»* der arabischen Eroberer des 7. Jahrhunderts. Der unten wiedergegebene Bericht des Kaplans Fulcher von Chartres gibt ein erschreckendes Bild von der «christlichen» Stimmung bei der Eroberung von Jerusalem.[220]

Nun war es aber durchaus nicht immer so, dass die Frontlinie klar zwischen Christen und Muslimen verlief. Mehrfach schlossen christliche Grafen mit islamischen Emiren Bündnisse gegen christliche Konkurrenten, am spektakulärsten wohl im Fall des Grafen Raimund von Tripolis, dessen Ambitionen auf die Jerusalemer Königskrone enttäuscht worden waren und der daraufhin zu Saladin überlief. Die arabischen Chronisten sahen darin den entscheidenden Faktor für die Rückeroberung Jerusalems im Jahr 1187.[221] Für die Begegnung mit dem Islam ist jedoch weder das allgemeine Kriegsgeschehen von Belang noch die Grausamkeiten und Verrätereien, die auf beiden Seiten verübt wurden.

Zitadelle Saladins in Kairo

(Der Rauch eines in Brand gesteckten Turmes hatte die Wachen vertrieben ...) Als die Ritter dies sahen, rannten sie in höchstem Jubel in die Stadt, so schnell sie konnten und vereinten sich mit ihren Gefährten in der Verfolgung und im unaufhörlichen Erschlagen ihrer verruchten Feinde. Einige von ihnen, Araber wie Äthiopier, flohen in den Davidsturm, und andere schlossen sich in den Tempeln des Herrn und Salomos ein. In der Höfen dieser Bauten waren sie harten Angriffen ausgesetzt, nirgends konnten sie unseren Kämpfern entkommen. Viele der Saracenen, die auf das Dach des salomonischen Tempels gestiegen waren, wurden durch Pfeile getötet und fielen kopfüber vom Dach. An die zehntausend wurden in diesem Tempel geköpft. Wäret ihr dort gewesen, so wären eure Füße bis zu den Knöcheln vom Blut der Erschlagenen gefärbt worden. Was soll ich weiter sagen? Keiner blieb am Leben, weder Frauen noch Kinder wurden verschont.[220]

Die kulturelle Begegnung fand vielmehr neben den Kämpfen und während der friedlichen Zwischenzeiten statt. Zwar ist die Sprache beider Seiten geprägt von den üblichen religiösen Formeln, in den Beziehungen scheint aber die Religion nicht durchgängig entscheidend gewesen zu sein. Nach dem ersten Kreuzzug pflegte Saladin Beziehungen zu den «fränkischen» Adligen, die sich nicht wesentlich von dem unterschieden, was zu jener Zeit in Europa zwischen christlichen Herrschern üblich war.[222]

Die Stellung der Ritterschaft zwischen Kirche und islamischen Nachbarn kommt in ähnlicher Weise in der Rolle zum Ausdruck, die zwei sehr verschiedenartige und doch in gewisser Hinsicht gleich gesinnte Persönlichkeiten vor und während des fünften Kreuzzugs spielten. 1219 hat Franz von Assisi auf einer Pilgerfahrt die christlichen Gotteskrieger erlebt und ihnen zugerufen: *«Brüder, besinnt euch, nicht die Muslime versperren euren Weg, sondern euer eigener Teufel, euer Haß und eure Habsucht …»*[223] Franziskus trennt sich von den Kreuzrittern; er sucht den Sultan al-Kâmil in Damiette auf, um ihm die christliche Botschaft zu bringen, und dieser veranstaltet eine Disputation muslimischer Ulemas mit Franziskus über Glaubensinhalte der beiden Religionen[224] – ein zu dieser Zeit nicht ganz ungewöhnlicher Vorgang.[225] Nach seiner Rückreise trifft Franziskus 1221 in Bari mit Kaiser Friedrich II. zusammen, der in ihm den wahren Christen sieht und ebenfalls das widersinnige Blutvergießen im Heiligen Land ablehnt.[226] Friedrich setzt sich, obwohl im Kirchenbann stehend, 1228 an die Spitze des Heeres, trifft aber vor jeglicher Kampfhandlung mit al-Kâmil zusammen und erreicht wie gesagt in einem Abkommen die Überlassung Jerusalems und eines Küstenstreifens auf zehn Jahre.

«Als im Schawâl 588 Friede geschlossen war und Saladin von Jerusalem nach Damaskus zurückkehrte, erschien unerwartet am Eingang seines Zeltes der Fürst, Herr von Antiochia, um ihn zu besuchen. Er kam überraschend während der Reise zu ihm, um eine Bitte vorzutragen. Der Sultan schenkte ihm al-'Umq, ein Gebiet, das er ihm 584 im Jahre der Eroberung der Küste abgenommen hatte. Etwas Ähnliches habe ich in Nazareth erlebt, als der Herr von Sidon zu ihm kam;

er empfing ihn ehrerbietig und achtungsvoll und teilte sein Mahl mit ihm. Er schlug ihm vor, er solle den Islâm annehmen, beschrieb ihm seine Vorzüge und ermahnte ihn überzutreten. Gleicherweise ehrte er die religiösen Häupter, die Gelehrten und die tugendsamen und achtbaren Männer und empfahl uns, keinen der bekannten religiösen Führer am Lager vorbeiziehen zu lassen, ohne dass er ihm vorgestellt wurde, damit er ihm seine Gunst erweisen konnte ...»

Später waren es insbesondere die Templer, die den Kontakt zur islamischen Gesellschaft pflegten. Usama ibn Munqidh erzählt in seiner Autobiografie folgende Episode: «*Hier ist ein Beispiel für die Rohheit der Franken – Gott strafe sie –: als ich mich in Jerusalem aufhielt, ging ich gewöhnlich in die Moschee al-Aqsa. An ihrer Seite liegt ein kleiner Betraum, den die Franken in eine Kirche umgewandelt haben. Wenn ich in die Moschee al-Aqsa kam, wo sich die Templer, meine Freunde, eingerichtet hatten, stellten sie mir immer den kleinen Betraum zur Verfügung, damit ich dort meine Gebete verrichten konnte. Eines Tages trat ich dort ein, sagte ‹Allahu akbar› und stand, um mit dem Gebet zu beginnen. Da stürzte ein Franke herbei, ergriff mich, drehte mich mit dem Gesicht nach Osten und sagte: ‹So betet man!› Sofort schritten einige Templer ein, griffen und entfernten ihn, während ich mein Gebet wieder aufnahm.*»[227] Die Templer waren es auch, die 1282 erneut einen zehnjährigen Friedensvertrag mit dem Sultan Qalaûn schlossen.[228]

Militärisch gingen die Kreuzzüge mit dem 13. Jahrhundert zu Ende. Ihre Nachwirkungen sind kaum zu dokumentieren, aber Indizien auf den verschiedensten Gebieten lassen ihren Umfang erahnen – von den zahllosen arabischen Wörtern in europäischen Sprachen[229] bis zu den syrischen Wasserrädern in Franken.

Im 14. und 15. Jahrhundert verbindet sich die aus dem islamischen Kulturkreis eingeflossene Wissenschaft weiter mit der europäischen Kultur. Mit der sich fortsetzenden Diskussion um die averroistische These von der «doppelten Wahrheit» gewinnt die schon mehrfach erwähnte Parallelität von religiöser und materialistischer Wissenschaft eine akute Dimension. Obwohl das Problem nicht eigentlich aus dem Islam entsteht[230], erscheint es nun in einer christlich-islamischen Polarisierung und fügt dem neuen Denken eine weitere Nuance hinzu.

Eine wissenschaftliche Diskussion ganz anderer Art wurde im 20. Jahrhundert durch die Entdeckung hervorgerufen, dass die Anlage der «Göttlichen Komödie» von Dante auffällige Parallelen zu einer islamischen Überlieferung der Himmelsreise des Propheten Mohammed aufweist. Das Werk war 1264 von dem königlichen Notar Bonaventura von Siena aus dem Arabischen übersetzt worden und kursierte sowohl lateinisch als auch spanisch und altfranzösisch im südlichen Europa, sodass nicht ausgeschlossen ist, dass Dante es kannte und durch dieses unmittelbar an den Koran anknüpfende Werk gewisse Anregungen erhielt.[231]

Die Nahtstelle im Westen verliert mit der Einnahme von Granada 1492 ihre Bedeutung, die christlich-islamische Begegnung geht seit 1453 mit der Eroberung Konstantinopels in eine Konfrontation über, durch die aber der Islam wieder stärker ins Bewusstsein rückt – wenn auch als Bedrohung. Auf islamischer Seite hatte inzwischen das Werk des Dante-Zeitgenossen Ibn Taymiya seine Wirkung entfaltet, in dem man den Vater des heutigen Fundamentalismus sehen kann. Ein Gegenstück entsteht zur gleichen Zeit aus der Feder des weit gereisten und Arabisch sprechenden Florentiner Dominikanermönchs Riccoldo de Montecroce.[232] Die beiderseitige Polemik verschärft sich.

Im Rahmen der allgemeinen kirchlichen Verunsicherung des 16. Jahrhunderts kam der Koran erneut ins Blickfeld, als der Basler Verleger Heinrich Petri eine Neuauflage der lateinischen Koranübersetzung aus Toledo plante und der Stadtrat die Genehmigung verweigerte. Ein Schreiben Luthers an den Rat führte zu einem Umdenken, die Veröffentlichung kam 1543 zustande, enthielt aber eine «Warnung an den Leser» aus Melanchthons Feder.[233] Das Unternehmen zielte darauf ab, auf der Grundlage des einem größeren Kreis zugänglichen Textes den Koran zu widerlegen. An diesem Prozess beteiligte sich auch Nikolaus von Kues, der neben seinen kirchlichen und politischen Ämtern intensive wissenschaftliche Studien betrieb und dafür auch Handschriften der einschlägigen arabischen Autoritäten sammelte.

Der Deutsche: «*Alle zeitlichen Dinge vergehen, nur geistige Dinge vergehen nie. Wenn auch essen, trinken, sich vergnügen und dergleichen manchmal erfreulich sind, so sind sie doch auch manchmal unerfreulich, und sie sind nicht dauerhaft. Aber Wissen und Verstehen und mit dem geistigen Auge die Wahrheit zu erfassen ist stets erfreulich – umso erfreulicher, je älter der Mensch wird; und je mehr er davon erwirbt, umso mehr nimmt sein Sehnen danach zu.*»
Peter: «*Wenn also das Sehnen andauern und die Sättigung ewig währen soll, so wird sie weder materiell noch sinnlich sein, sondern vielmehr das geistige Leben nähren. Obwohl sich im Koran die Verheißung des Paradieses findet, in dem es Ströme von Wein und Honig und eine große Zahl von Jungfrauen gibt, so verabscheuen doch viele derlei Dinge in dieser Welt. Wie können sie glücklich sein, wenn sie dort Dinge bekommen, die sie hier nicht haben wollen? Der Koran sagt, dass dort wunderschöne dunkelhäutige Jungfrauen sind mit großen strahlend weißen Augäpfeln. In dieser gegenwärtigen Welt aber würde sich kein Deutscher solche Mädchen wünschen, nicht einmal einer, der sich den fleischlichen Lastern hingibt. Daher müssen solche Aussagen bildhaft verstanden werden, denn an anderen Stellen werden die Vereinigung und alle anderen fleischlichen Freuden in Kirchen, Synagogen und Moscheen verboten und wir dürfen nicht glauben, dass Moscheen heiliger sind als das Paradies. Wie kann es also sein, dass Dinge hier in den Moscheen verboten sind, für das Paradies aber versprochen werden?*»[234]

Nikolaus von Kues, aus: De pace fidei

Eine direkte Auseinandersetzung mit dem Islam ist in seiner Schrift *Cribratio Alcorani («Durchsieben» des Koran)* dokumentiert, jedoch auch hier mit der erklärten Absicht, die Überlegenheit der Evangelien zu beweisen. Mohammed erscheint darin als ein ursprünglich zum nestorianischen Christentum Bekehrter, der Koran letzten Endes als eine Fälschung.

In einem weiteren Werk, *De pace fidei (Über den Glaubensfrieden)* entwickelt der Kusaner die Vision einer Weltreligion, in der sich Christentum, Judentum und Islam zu der gemeinsamen Anschauung eines einigen Gottes zusammenfinden. Er bedient sich dabei der

Form eines Gesprächs zwischen Vertretern verschiedener Völker und Glaubensrichtungen. Auch hier erscheint am Ende das Christentum als die Religion, in der sich die anderen finden können. Ein besonders interessanter Teil der Argumentation betrifft die berühmten koranischen Passagen, in denen die Paradiesesfreuden geschildert werden. Der oben wiedergegebene Ausschnitt zeigt einen für das Werk charakteristischen Gedankengang.

Nicolaus Cusanus' islamische Quellen haben eine deutlich schi'itische Färbung. Seine Ausführungen enthalten zudem Hinweise auf verschiedene Stadien der Koranbearbeitung, die ihm bei Gesprächen mit Gewährsleuten in Pera-Istanbul übermittelt wurden. Wenn auch solche Angaben kaum wissenschaftliche Zuverlässigkeit beanspruchen können, so zeigen sie doch, dass damals in der islamischen Welt Ansichten kursierten, die später einer Tabuisierung anheimfielen.

Die polemische Gesamthaltung gegenüber dem Islam bleibt auch im folgenden Jahrhundert bestehen. Schon der Titel einer englischen Übersetzung aus dem Jahr 1649 verrät die Tendenz: *The Alcoran of Mahomet, translated from the Arabique into French; by the Sieur Du Ryer, lord of Malezair, and resident for the King of France, at Alexandria. And newly Englished, for the satisfaction of all that desire to look into the Turkish vanities.* London, Printed Anno Dom. 1649. Mit ähnlicher Nuancierung tritt Orientalisches als Versatzstück im Theater auf, andeutungsweise schon in *Othello* und anderen Shakespeare-Dramen, humoristisch-grotesk in Molières *Bourgeois Gentilhomme.* Da zu dieser Zeit fast alle arabisch-islamischen Länder unter türkischer Herrschaft standen, ist es leicht verständlich, dass die Begriffe Islam und Türkei nahezu synonym gebraucht werden.

Im Zuge der Aufklärung werden zu Beginn des 18. Jahrhunderts Anzeichen einer veränderten Einstellung sichtbar. In der Auseinandersetzung mit dem Islam wird die Schrift *De religione mohammedica* des niederländischen Professors Hadrian Reland in mehrere europäische Sprachen übersetzt und ruft eine hitzige Diskussion hervor.[235] Gleichzeitig interessiert man sich genauer für die allgemeine Kultur des islamischen Orients. Um diese Zeit wurden durch den gelehrten französischen Reisenden Antoine Galland die «Erzählungen aus Tausendundeiner Nacht» erstmals vollständig übersetzt und 1704 gedruckt. Sie fanden begeisterte Aufnahme, wurden nach der Galландschen Ausgabe in andere europäische Sprachen übertragen und brachten die Blütezeit der islamischen Kultur von Baghdad einem breiten Publikum zu Bewusstsein. Nun tauchen überall morgenländische Motive in der Literatur auf. Die 1721 erschienenen *Lettres persanes*, die *Persischen Briefe* Montesquieus, sind zwar in erster Linie der Deckmantel für eine umfassende Satire über die französische Gesellschaft, enthalten aber phantasievolle Szenen aus dem Leben im Harem. Sie setzen somit an Themen an, für die man in der eleganten Pariser Gesellschaft auf Interesse hoffen konnte. Wenig später benutzt auch Voltaire die islamische Szenerie als satirische Verkleidung. Seine Tragödie *Mahomet*, in zweiter Auflage erweitert zu *Le fanatisme ou Mahomet – der Fanatismus oder Mohammed* – hat zwar Mekka zum Hintergrund, ist aber nicht etwa gegen den Islam gerichtet. Vielmehr geht es Voltaire beim Fanatismus um ein umfassenderes Phänomen, das er dann in seinem hochaktuellen Aufsatz *Über die Toleranz* eingehend behandelt.[236]

Toleranz steht endlich auch in Lessings «Nathan» im Mittelpunkt, mit der berühmten Ringparabel, an deren Ende die drei Buchreligionen zu positiver Konkurrenz aufgefordert werden:

«Es strebe von euch jeder um die Wette,
Die Kraft des Steins in seinem Ring an Tag
zu legen! komme dieser Kraft mit Sanftmut,
Mit herzlicher Verträglichkeit, mit Wohltun
Mit innigster Ergebenheit in Gott
Zu Hülf!»

Gegen Ende des Jahrhunderts wird das Interesse für den Orient durch weitere Übersetzungen belebt. Von den orientalistischen Lehrstühlen der europäischen Universitäten aus begann eine systematische Erschließung immer neuer Quellen. In Deutschland übten besonders Johann Gottfried Herder, Freiherr Josef von Hammer-Burgstall und Friedrich Rückert großen Einfluss aus durch ihre Vorlesungen und durch Übertragungen persischer und arabischer Dichtung. Der junge Goethe fasst 1773 ein Mahomet-Drama ins Auge und verbindet sich in seinem West-östlichen Divan zutiefst mit den ihm wesensverwandt erscheinenden persischen Dichtern Hafis und Saadi. 1820 schreibt er in einem Brief[237]: *«Indessen sammeln sich neue Gedichte zum ‹Divan›. Diese mohammedanische Religion, Mythologie, Sitte geben Raum einer Poesie, wie sie meinen Jahren ziemt. Unbedingtes Ergeben in den unergründlichen Willen Gottes, heiterer Überblick des beweglichen, immer kreis- und spiralartig zurückkehrenden Erdetreibens, Liebe, Neigung, zwischen zwei Welten schwebend, alles Reale geläutert, sich symbolisch auflösend – was will der Großpapa weiter?»*[238] Mit seinem «Talisman» knüpft er zudem wörtlich an den Koran[239] an:

Gottes ist der Orient!
Gottes ist der Okzident!
Nord- und südliches Gelände
Ruht im Frieden seiner Hände.

Hier findet, frei von jahrhundertelanger Polemik, echte Begegnung mit dem Islam statt. Goethe versteht sich dabei durchaus auch als Vermittler zwischen den Kulturen, wenn er in der Einleitung zum West-östlichen Divan schreibt: *«Am liebsten aber wünschte der Verfasser vorstehender Gedichte als ein Reisender angesehen zu werden, dem es zum Lobe gereicht, wenn er sich der fremden Landesart mit Neigung bequemt, deren Sprachgebrauch sich anzueignen trachtet, Gesinnungen zu teilen, Sitten aufzunehmen versteht. Man entschuldigt ihn, wenn es ihm auch nur bis auf einen gewissen Grad gelingt, wenn er immer noch an einem eignen Akzent, an einer unbezwinglichen Unbiegsamkeit seiner Landsmannschaft als Fremdling kenntlich bleibt. In diesem Sinne möge nun Verzeihung dem Büchlein gewährt sein!»*[240] Auf diese *«captatio benevolentiae»* folgt eine kulturgeschichtliche Einführung, gegliedert in die Abschnitte Hebräer-Araber-Perser-Mahomet-Kalifen usw., und schließlich kurze Charakterisierungen der sieben «Dichterkönige». Dass Goethe bei aller Begeisterung seinen klaren Blick bewahrt, erweist sich aus dem Vergleich des Dichters mit dem Propheten: *«... Beide sind von einem Gott ergriffen und befeuert ... der Poet ... sucht mannigfaltig zu sein, sich in Gesinnung und Darstellung grenzenlos zu zeigen, der Prophet hingegen sieht nur auf einen einzigen bestimmten Zweck; solchen zu erlangen, bedient er sich der einfachsten Mittel. Irgendeine Lehre will er verkünden und, wie um eine Standarte, durch sie und um sie die Völker versammeln. Hierzu bedarf es nur, dass die Welt glaube; er muss also eintönig werden und bleiben, denn das Mannigfaltige glaubt man nicht, man erkennt es.»*[241]

Was hier schließlich noch zu den Auswirkungen gesagt ist, fasst in einem Satz das zentrale Problem des Islam zusammen: «*Die mahometanische [Religion] lässt ihren Bekenner nicht aus einer dumpfen Beschränktheit heraus, indem sie, keine schweren Pflichten fordernd, ihm innerhalb derselben alles Wünschenswerte verleiht und zugleich durch Aussicht auf die Zukunft Tapferkeit und Religionspatriotismus einflößt und erhält.»*[242]

Sieben Jahre später findet sich in einem Gespräch Goethes mit Eckermann nochmals eine bemerkenswerte Äußerung über den Islam: «*... Dagegen ist es höchst merkwürdig, mit welchen Lehren die Mohammedaner ihre Erziehung beginnen. Als Grundlage in der Religion befestigen sie ihre Jugend zunächst in der Überzeugung, dass dem Menschen nichts begegnen könne, als was ihm von einer alles leitenden Gottheit längst bestimmt worden; und somit sind sie denn für ihr ganzes Leben ausgerüstet und beruhigt und bedürfen kaum eines Weiteren.»* Wenn wir Heutigen den Fatalismus des volkstümlichen Islam eher als Hemmschuh ansehen, so sieht Goethe eher seine positive Seite, wenn auch im letzten Satz ein verhaltener Vorwurf anzuklingen scheint. Derselbe Grundton charakterisiert auch die auf diese Stelle folgenden Ausführungen über die islamische Philosophie, wonach Goethe zusammenfassend zu Eckermann sagt: «*Sie sehen, dass dieser Lehre nichts fehlt und dass wir mit allen unseren Systemen nicht weiter sind und dass überhaupt niemand weiter gelangen kann.»*[243]

Während sich in Europa im literarischen wie im Universitätsbereich die Begegnung und Auseinandersetzung mit dem Islam im 19. Jahrhundert verstärkt fortsetzt, wirkt umgekehrt Europa auch auf die islamischen Länder. Besonders von Frankreich gehen kulturelle und sprachliche Wirkungen auf die Eliten des osmanischen Reiches aus, die auch in Politik und Sozialleben Ansätze zu Veränderungen her-

Minarett der Abu'l-Haggag-Moschee im altägyptischen Tempel von Luxor (Oberägypten)

vorrufen. Ein Sonderfall ist dabei der Albaner Mohammed Ali, der nach Abzug des napoleonischen Expeditionskorps die Parteien skrupellos gegeneinander ausspielt und sich zum Beherrscher Ägyptens macht und das Land mit Industrialisierung, Baumwollanbau und umfassenden Reformen auf einen modernen Kurs zu führen versucht. In zweifacher Weise hätte Mohammed Ali den Verlauf der Geschichte einschneidend ändern können, hätten nicht die europäischen Mächte sich auf die Seite des osmanischen Sultanats gestellt: Er kämpfte gegen die in Arabien immer mächtiger werdenden Wahhâbitischen Fundamentalisten und brachte ihnen eine vernichtende Niederlage bei. Er vereitelte ferner den Versuch der Hohen Pforte, Ägypten wieder unter ihre Kontrolle zu bringen, und griff im Gegenzug das türkische Stammland an; das Ende des Sultanats war in Sichtweite. Frankreich stellte sich auf die Seite Mohammed Alis, Großbritannien und Russland befürchteten aber eine neue islamische Großmacht und stützten das marode Osmanenreich. Fast wäre es daraufhin schon 1840 zu einem Weltkrieg gekommen, aber nachdem sich auch Österreich und Preußen gegen Frankreich und Ägypten wandten, kam es zur «1. Londoner Konvention», mit der das Sultanat gerettet wurde.

Im weiteren Verlauf des 19. Jahrhunderts erweitert sich der kulturelle Austausch Europas mit den islamischen Ländern in vielfältiger Weise, zunächst allerdings mehr in der Nord-Süd-Richtung als umgekehrt. Die faktischen Annektierungen arabischer Gebiete durch Großbritannien, Frankreich und Italien sind von einer Europäisierung des Schulwesens und von Versuchen der christlichen Missionierung begleitet[244], die zwar weitgehend erfolglos blieben, aber zu einer Identitätskrise beigetragen haben, die bis heute als Ursache vieler Schwierigkeiten erscheint.

Ein weiteres Begegnungsfeld sind die archäologischen Explorationen europäischer Forscher in Ägypten, Palästina, Mesopotamien und Arabien. Sie richteten sich zwar in erster Linie auf Stätten vorislamischer Kulturen, erfassten aber auch islamische Altertümer wie das syrische Wüstenschloss Mschatta oder die Ruinen von Samarra am Euphrat. Bei einer solchen Ausgrabungstätigkeit kam auch George Alfred Lawrence nach Arabien, der dann während des Ersten Weltkriegs als Offizier im Auftrag der britischen Regierung den Aufstand des Scherifen von Mekka gegen das Osmanische Sultanat unterstützte und als «Lawrence von Arabien» einen legendären Ruf erlangte. Sein in viele Sprachen übersetztes Buch «Die sieben Säulen der Weisheit» wird an Popularität wohl nur von den Abenteuerromanen Karl Mays übertroffen und hat wie diese das europäische Islambild maßgeblich mit geprägt.

Ein letztes Beispiel der vielschichtigen Beziehungen zwischen Machtpolitik und Kultur ist die Biografie des Engländers K.A.C. Creswell. Er hatte islamische Architektur studiert, nahm als Luftwaffenoffizier von Ägypten aus am Ersten Weltkrieg teil und wurde nach Kriegsende von seiner Regierung mit der Inventarisierung der Altertümer der besetzten Gebiete beauftragt. Daraus entstand die Lebensaufgabe einer umfassenden Bestandsaufnahme und Erforschung aller islamischen Bauten von Kairo. Wenn wir dort heute durch die Stadt wandern und an vielen Bauten kleine grüne Emailschilder mit einer Nummer in arabischen und europäischen Ziffern finden, so ist das Creswell zu verdanken, der so manches Bauwerk vor dem Verfall rettete.

Damit ist diese kursorische Übersicht in der Mitte des 20. Jahrhunderts angekommen. Die weitere Entwicklung steht im Zeichen der Loslösung der Kolonialgebiete von den europäischen «Mutterländern» und geht einerseits mit einer rapiden Zunahme islamischer Menschen in den Ländern nördlich des Mittelmeers einher, andererseits aber mit erneuter Polarisierung.

Mit der Gründung des Staates Israel im Jahr 1948 entsteht ein Brennpunkt, in dem diese Polarisierung sich konzentriert. Wir werden in späteren Abschnitten versuchen, einen Überblick über die wesentlichsten Elemente dieses Prozesses zu gewinnen.

Ein esoterischer Parallelstrom

Mit der offen transportierten antiken Wissenschaft gelangte im Verborgenen auch Wissen aus der hermetischen und pythagoräischen Tradition nach Europa.[245] Der Natur dieser esoterischen Überlieferung entsprechend, ist das in diesem Bereich Übermittelte schwerer oder überhaupt nicht genau nachzuweisen und in seinen Wegen nachzuverfolgen, sodass man hier auf Indizien angewiesen ist. Dazu gehören gewisse Vorstellungen, Formeln, Namen oder Hinweise, zumeist in astrologischen, aber auch in philosophischen oder literarischen Werken. Die folgenden Andeutungen sollen in aller Kürze dazu dienen, die Existenz und untergründige Wirksamkeit dieser Komponente ins Bewusstsein zu bringen.

Dem Anspruch nach der älteste Themenkreis dieser Art ist die hermetische Tradition, die sich auf den altägyptischen Gott Thot, den Hermes Trismegistos der Griechen zurückführt.[246]

Erhaltene schriftliche Fragmente enthalten sowohl Elemente der altägyptischen Architektursymbolik als auch solche der gnostischen Kosmologie mit der Vorstellung eines zyklischen Geschichtsverlaufs. Gemäß der Überlieferung, nach der Pythagoras bei den ägyptischen Priestergelehrten studiert hat, fließen hermetische und pythagoräische Traditionen zusammen und berühren sich mit der von dem delphischen *«Erkenne dich selbst!»* ausgehenden Linie.

Als Justinian im Jahr 529 die letzten sieben Akademiker des Landes verwies, kam Simplikios, einer der Sieben, u.a. nach Harran im nördlichen Zweistromland. Die dortige Gemeinschaft der Sabier war hellenistisch-neuplatonisch geprägt und pflegte altes astronomisches Wissen. Wahrscheinlich wurde über Harran die Verbindung zum Islam hergestellt, jedenfalls finden wir später in Thabit ben Qurra einen Vertreter der esoterisch-astronomischen Tradition. Thabit stammte aus Harran und stieß in Baghdad zum Gelehrtenkreis des *«Hauses der Weisheit»*. Neben mathematischen und astronomischen Schriften werden ihm hermetische Werke zugeschrieben.[247] Thabits Werke wurden in Toledo ins Lateinische übersetzt und fanden somit früh Eingang in die abendländische Welt. Sie entsprechen einem Prinzip, dem wir im Bereich der esoterischen Wissenschaftler häufig begegnen, indem diese sich einerseits der exakten naturwissenschaftlichen Forschung widmen, während sie auf der anderen Seite gleichzeitig an der Erforschung verborgener Kräfte arbeiten und womöglich entsprechenden Bruderschaften angehören. Im islamischen Bereich gehört in diese Kategorie Schihâb ud-Din Suhrawardi, der persische

Sufi des 12. Jahrhunderts, wie überhaupt der Sufismus der esoterischen Strömung angehört. Ferner müssen wir uns hier der «Lauteren Brüder» erinnern wie auch des Hunayn ibn Ishak, dessen Weisheitssprüche früh ins Spanische übertragen wurden und in denen sich auch das delphische *«Erkenne dich selbst!»* wiederfindet.[248] Hermetische Spuren zeigen sich in den Schriften der Schule von Chartres, wenn *Asklepius* zitiert wird und *Alanus de Insulis* eine eigene Predigt über das *«Erkenne dich selbst!»* hält.[249]

Generationen von Romanisten und Germanisten haben sich auf die Suche der arabischen Gewährsmänner der Gralsdichtungen von Chrétien de Troyes und Wolfram von Eschenbach begeben, offen ist auch die Verbindung zwischen den Schilderungen der Jenseitsreise des Propheten Mohammed und Dante, wobei jedoch stets der westliche Weg über Spanien der wahrscheinlichste ist, wie ja auch Wolfram Toledo als Übermittlungsort nennt.[250]

Ein zweiter Weg aber führt über den Osten in die lateinische Welt. Schon 1158 bringt Henricus Aristippus aus Konstantinopel Werke von Plato und Aristoteles nach Sizilien, wo sie übersetzt werden, ebenso wie ein Jahrhundert später der mit Thomas von Aquin zusammenarbeitende Wilhelm von Moerbeke. Der hermetische Aspekt aber gelangt von Osten her zunächst nach Konstantinopel und tritt dort bei Michael Psellos im 11. Jahrhundert in Erscheinung.[251] 1138 kommt Georgios Gemistos nach Italien zum «Unions-Konzil». Georgios hat als Plato-Verehrer den Namen Plethon angenommen, ist aber bestrebt, Platon und Aristoteles in Harmonie zu bringen. Als das Konzil nach Florenz verlegt wird, trifft er dort Cosimo de' Medici, den er zur Gründung seiner platonischen Akademie anregt. Damit haben sich westlicher und östlicher Übermittlungsweg verbunden, denn nun erscheinen die hermetischen Asklepios-Zitate auch bei Marsilio Ficino und Giovanni Pico della Mirandola. Plethon ist es auch, der mit seiner *Summe der Lehren Platons und Zarathustras* persisches Gedankengut mit dem Florentiner Humanismus verbindet. Die Druckerei der Medici plante eine Ausgabe des Hermetischen Corpus und ähnlicher Schriften, doch ist es nicht dazu gekommen, und die damals offenbar vorhandenen Handschriften sind verschollen.

Auf den genannten Wegen sind Hermetica fast immer mit alchemistischen Schriften verbunden. Wie sich Chemie mit Stoffverbindungen und -umwandlungen befasst, so wurde in der Alchemie von al-Kindi über Ibn Arabi und al-Ghazali die Umwandlung und Läuterung der menschlichen Seele angestrebt. Islamische und abendländische Mystik gehen in diesem Sinn bruchlos ineinander über. Es kann nicht überraschen, dass im Lauf der Jahrhunderte Geheimhaltung immer wieder zum Verdacht der Häresie und Zauberei führte und im islamischen wie im christlichen Bereich nicht wenige der Beteiligten verfolgt oder umgebracht wurden. Daher wurden Kenntnisse oft nur verschlüsselt übermittelt und haben dann zu vielfältigen Spekulationen geführt.[252] Verwunderlich ist eher, dass Exponenten dieser Richtung oft hohe kirchliche Ämter innehatten.

Die Entwicklung könnte hier weiter verfolgt werden, würde aber damit den gesetzten Rahmen sprengen.

Ein letzter Blick soll aber noch auf die eingangs erwähnte zyklische Geschichtsbetrachtung oder vielmehr -lenkung gerichtet werden. Im zweiten Kapitel war bereits die Rede von der Auffassung der Isma'ili-Schi'a, nach der sich sieben Geistwesen in der Führung der Geschichtsperioden ablösen. Diese Auffassung tritt bei dem gelehrten Abt Trithemius von Sponheim im 15. Jahrhundert erneut ans Licht, in seiner Schrift *De septem secundeis*, in der er sieben Erzengel als Impulsierer der Zyklen nennt. Trithemius macht genaue Angaben zu diesen 354-jährigen Zyklen und nennt als Gewährsmann Menastor, einen «Philosophen aus alter Zeit». Auch hier wurde erfolglos gesucht, unter anderem auch in Richtung arabischer Quellen. Es liegt in der Natur der Sache, dass für die Übermittlung unorthodoxen Wissens gewisse Vorsichtsmaßnahmen üblich waren und manches nur mündlich weitergegeben wurde. *«Der Überbringer dieses Briefes»* – schreibt ein Freund an den der Zauberei verdächtigen Agrippa von Nettesheim – *«ist ein zu Nürnberg geborener Deutscher, der aber in Lyon wohnt. Er ist ein begierig nach verborgenen Mysterien Suchender, ein freier Mann ohne Bindungen, der, von ich weiß nicht welchem Hörensagen über Euch getrieben, Eure Tiefen auszuloten wünscht.»*[253]

5. Scheidewege: Innere Belebung oder intolerante Gewalt?

Vorgeschichte

Im Prozess der Entstehung der sunnitischen Rechtsschulen kristallisierten sich Begriffe heraus, die bis heute in der innerislamischen Diskussion wie auch in der Auseinandersetzung mit dem Westen eine wichtige Rolle spielen. Schon angesichts des Koran stellt sich die Frage, ob der gesamte Text wörtlich zu nehmen ist oder ob zumindest in Teilen ein verborgener Sinn zu ergründen wäre. Hier ergab sich eine Antwort bereits aus Hinweisen im Koran selbst. Darüber hinaus hatten bereits die Mu'taziliten des achten und neunten Jahrhunderts mit intellektuellen Überlegungen heikle Fragen gestellt, insbesondere in Bezug auf die Ewigkeit des Korans. Mit dem in Hadithen überlieferten Hinweis auf die sieben zulässigen Lesarten[254] wurde das Problem noch komplizierter.

Die schwierigste Frage wurde zunächst nicht offen gestellt: Handelt es sich im Koran ausschließlich um göttliche – also unabänderliche – Offenbarung, oder sind in Teilen menschliche, persönliche Gedanken und Entscheidungen Mohammeds eingeflossen, die in einer späteren Zeit vielleicht anders ausgefallen wären?

Die hanbalitische Rechtsschule nimmt hier eine kompromisslose Haltung ein und fordert wörtliches Verständnis und unbedingte Einhaltung aller Vorschriften, wofür der Begriff *taqlîd* geprägt wurde. Jede später hinzugefügte Neuerung *(bid'a)* wird verworfen. Der Konsens der Gläubigen *(idjma')* gilt nach hanbalitischer Auffassung lediglich für später aufgetretene Lebens- und Rechtsfragen. *Idjtihâd*, das eigene Nachdenken und Entscheiden, darf nur von umfassend gebildeten Theologen angewandt werden.

Es ist leicht ersichtlich, dass in dieser Einstellung alle fundamentalistischen Gruppen ihren Ursprung haben. Sie haben früh ihre bis heute wirkende Autorität gefunden in Ahmed ibn Abdalhalîm ibn Taimiya, einem Zeitgenossen Thomas von Aquins und Dantes.

Dem gegenüber steht die auf der malekitischen Schule fußende Strömung derer, die eine soziale und rechtliche Anpassung an veränderte Bedingungen für zulässig oder sogar für notwendig ansehen. Kein Geringerer als Ibn Ruschd-Averroes hat dies in der bereits erwähnten Fatwa dargelegt[255], die im letzten Kapitel nochmals zu betrachten sein wird. Es ist nicht verwunderlich, dass sich unter den Vertretern dieser Entwicklungsrichtung bedeutende Sufis finden.

Mit den beiden Alternativen sind die entscheidenden Probleme des Islam verbunden: Ist er, im Widerspruch zu aller Menschheitsentwicklung, schon in seiner Entstehung erstarrt und damit heute ein Anachronismus, oder ermöglicht er dem Gläubigen in der Tat, einen *Weg* zu gehen, wie es der Koran immer wieder fordert? Individuelle wie auch gesellschaftliche Entwicklung ist nur durch persönliches Urteil, durch *idjtihâd* möglich; ohne dieses ist auch die *schura* nicht lebensfähig, die islamische Form der Gemeinschaftsentscheidung, wie sie u.a. von den ersten Muslimbrüdern anstelle der Mehrheitsdemokratie gefordert wurde.[256]

Von einem entscheidenden historischen Wendepunkt für den Islam war schon mehrfach die Rede: es ist die Zeit nach dem Ersten Weltkrieg. Das Ottomanische Reich, jahrhundertelang Inbegriff islamischer Macht und Größe, war zerschlagen und seine Trümmer unter die europäischen Großmächte aufgeteilt. Ein katastrophaler Schlag für das Selbstwertgefühl aller Muslime, der unausweichlich die Frage nach den Ursachen aufwerfen musste, aber auch die andere nach dem möglichen Heilmittel. Nahezu alle islamistischen Bewegungen lassen sich mit dieser Zeitsituation der zwanziger Jahre des 20. Jahrhunderts verknüpfen – sei es, dass sie in dieser Zeit entstanden oder dass sie damals eine neue Wendung nahmen.

Ganz anders als nach dem Ersten Weltkrieg herrschte im 19. Jahrhundert in der islamischen *umma* noch eine Aufbruchsstimmung, deren wichtigster Exponent Mohammed Abdu wurde. Er hinterfragte die durchgängige göttliche Herkunft des gesamten Korantextes und vertrat zusammen mit Djamal ad-Dîn al-Afghani die Anwendung des *idjtihâd,* also der gedanklichen Argumentation, auf alle nichtreligiösen Angelegenheiten. Damit eröffneten diese beiden angesehenen Lehrer dem Islam eine vielversprechende Entwicklungsmöglichkeit. Wegen seiner Beteiligung an der nationalistischen Militärrevolte des Ministers Urabi Bey aus Ägypten verbannt, kehrte Abdu später zurück und bekleidete das Amt des Großmufti[257]. Um die Jahrhundertwende begründete er zusammen mit einigen Gesinnungsgenossen die Erneuerungsbewegung as-Salafiya, die später einem radikalen Fanatismus anheimfiel.

Von der Erneuerung zur radikalen Militanz

In den tiefgreifenden Umwälzungen seit dem Ersten Weltkrieg und bis etwa 1960 übte die Machtpolitik der europäischen Großmächte einen ebenso entscheidenden wie unheilvollen Einfluss auf alle Bestrebungen einer liberalen Erneuerung in islamischen Ländern aus. Zunächst waren Großbritannien und Frankreich die Hauptakteure dieses Geschehens, dann beteiligten sich Italien und Deutschland und schließlich traten die Sowjetunion und die USA auf den Plan. Auf politischem Gebiet wurden in allen arabischen Staaten Regime installiert, die den Interessen dieser Mächte genehm waren. Am Beginn dieser Entwicklung steht ein eklatanter Widerspruch zwischen dem Sykes-Picot-Abkommen von 1916, in dem die kolonialen Interessen Frankreichs und Großbritanniens festgeschrieben werden, und der Erklärung derselben Staaten vom 7. November 1918, in der den bisher unter türkischer Herrschaft stehenden arabischen Völkern die Selbstbestimmung versprochen wird. Die Realität folgt den Großmachtinteressen. Der Versuch von Emir Faisal, auf der Pariser Friedenskonferenz von 1919/20 ein arabisches Königreich oder wenigstens einen arabischen Staatenbund zu erreichen, bleibt ebenso erfolglos wie seine Begründung des Königreiches Großsyrien, dem schon nach wenigen Monaten von der französischen Mandatsmacht ein Ende bereitet wird. Anstelle des erstrebten gesamtarabischen

Staates entsteht ein Flickenteppich von Ländern, die zwar nominell unabhängig sind, aber sämtlich den verschiedensten Abhängigkeiten und Auflagen der Siegermächte unterliegen. In Ägypten fordert die Wafd-Partei mit Saad Zaghlûl 1919 die völlige Unabhängigkeit, Zaghlûl wird daraufhin von den Briten verhaftet und nach Malta deportiert. Aufgrund der daraus folgenden blutigen Unruhen stimmt das britische Parlament 1922 der Unabhängigkeit Ägyptens unter Auflagen zur Wahrung der britischen Interessen zu.

Allein im Irak wird das Versprechen halbwegs erfüllt: Faisal, der zusammen mit Oberst Lawrence entscheidend zum Sieg Großbritanniens gegen die Türkei und ihre deutschen Verbündeten beigetragen hat, wird 1921 mit überwältigender Zustimmung des Volkes zum König des Irak ausgerufen – allerdings auch hier unter Anerkennung der Kontrolle durch einen britischen Hochkommissar. Vom Irak aus unterstützt denn auch England die Stämme, die sich gegen Ibn Saud erhoben hatten; das einzige wirklich unabhängige arabische Land sollte durch das Schüren innerer Unruhen zu Fall gebracht werden.

Die Auflistung europäischer Einflussnahmen nach dem alten Schema des *«Divide et impera»* könnte weiter fortgeführt werden, mit der blutigen Unterdrückung des Senussi-Ordens und seiner Sozialbestrebungen durch Italien und Frankreich in Algerien und Libyen im Jahr 1931, mit der Besetzung Persiens durch England, die USA und die Sowjetunion am Ende des Zweiten Weltkriegs …

Als folgenreichster Eingriff wird sich jedoch der Brief des britischen Außenministers James Balfour an Lord Rothschild erweisen, in dem dem jüdischen Volk eine Heimstatt auf arabischem Boden versprochen wird. Der Zusatz «… *wobei klarzustellen ist, dass nichts unternommen werden soll, wodurch die bürgerlichen und religiösen Rechte der in Palästina bestehenden nichtjüdischen Gemeinschaften gefährdet würden …*» erweist sich in der Eigendynamik der späteren Entwicklung als unwirksam.

All diese Vorgänge haben den Nationalstolz und das Ehrgefühl der Araber und anderer islamischer Völker zutiefst verletzt. Die daraus entstehende Stimmung wird am deutlichsten zusammengefasst durch einen Ausspruch des Emirs Abdallah, des späteren Königs von Transjordanien im Gespräch mit Leopold Weiß/Mohammed Asad: *«Wir*

Araber sind weit davon entfernt, uns frei von Fehlern und Irrtümern zu glauben; aber wir wollen eben unsere Fehler selber begehen und aus ihnen auf unsere eigene Weise klug werden – so wie ein Baum durchs Wachsen lernt, wie man wachsen soll, oder wie fließendes Wasser durchs Fließen seinen rechten Weg findet. Wir wollen nicht zur Weisheit ‹geleitet› werden durch Menschen, die selber ohne Weisheit sind – die nur Macht und Kanonen besitzen und nur dem Gelde Ehre zollen und es nur verstehen, wie man Freunde verliert, die man sich doch so leicht als Freunde bewahren könnte.»[258]

Die Politik des Westens hat sich seitdem nicht grundlegend geändert. Bei einer Beurteilung der heutigen Krisensituation sollte der ursächliche Beitrag Europas und der USA nicht in Vergessenheit geraten.

Die Salafiya

Die Bewegung gründete in den Idealen der *aslâf*, der frommen Vorfahren.[259] Auf dieser Basis, aber unter Einbeziehung der engen Auffassung von Ibn Abd al-Wahhâb[260], entwickelte Schêch Abu Schu'aib al-Dukkâli nach dem Ersten Weltkrieg Reformgedanken, mit denen er durch eine ausgedehnte Predigttätigkeit zunächst in Marokko eine große Anhängerschaft gewann. Zu Anfang stand der Aufruf zu einer ethisch-moralischen Erneuerung und zur Abkehr von Aberglauben im Vordergrund, wobei noch die differenzierende Koranauslegung von Mohammed Abdu angestrebt wurde. Bald aber nahm die Bewegung nationalistisch-militante Züge an – die Salafisten breiteten sich über ganz Nordafrika bis nach Syrien aus; insbesondere fanden sie auch bei der studentischen Jugend der Hochschulen in Fez und Tunis starken Widerhall, und die Salafiya wurde zur Basis einer Bewegung gegen die europäischen Protektorats- oder Kolonialmächte, die in der Destour- und späteren Neo-Destourpartei ihren politischen Ausdruck fand.

Nach dem Zweiten Weltkrieg und der Loslösung der nordafrikanischen Staaten von Frankreich verlor die Bewegung an Bedeutung. Eine Nachfolgeorganisation ist die algerische GSPC *(Groupe Salafiste pour Propagande et Combat)*, die neuerdings in Algerien und Marokko mit terroristischen Anschlägen wieder aktiv geworden ist und offenbar auch Muslime als Kämpfer für al-Qaida anwirbt. Vier Mitglieder einer Gruppe «Salafi Djihâd» *(Salafiya Djihâdiya)* wurden 2003 wegen ihrer Beteiligung an dem Bombenanschlag in Casablanca zum Tode verurteilt. Dieselbe Gruppe soll auch für den verheerenden Anschlag auf vier Vorortzüge in Madrid im März 2004 verantwortlich sein, den sie nach neueren Erkenntnissen gemeinsam mit der (christlichen!) baskischen ETA durchgeführt haben soll[261] – und nicht zuletzt bekennen sich Osama bin Laden und Musab az-Zarqawy zur Salafiya, die im Irak wieder an Boden gewonnen hat.

Die Muslim-Bruderschaft

Zur selben Zeit wie der Salafist al-Dukkâli, aber mit verstärktem wahhâbitischen Einschlag, vertrat der ägyptische Lehrer Hassan al-Banna eine noch radikalere Auffassung des Djihâd, indem er ihn als einen Kampf mit allen Mitteln gegen alle nicht-islamischen Einflussnahmen sah. Zur praktischen Durchsetzung seiner Ideen gründete er 1928 die Muslim-Bruderschaft. Sie wurde bald zu einem politischen Machtfaktor und zum Vorbild aller späteren terroristischen Vereinigungen im Islam. Bannas Ansatz liegt in der zweifachen Feststellung, dass Ungläubige islamische Länder kontrollieren und die Ausübung der Glaubenspflichten beeinträchtigen und dass sie mit ihrer Sittenverderbnis die Menschen korrumpieren. Von jedem Gläubigen forderte er die individuelle Verpflichtung zum Kampf und zur Einhaltung koranischer Vorschriften für Kleidung, Nahrung und Sozialverhalten. Der Staat habe Ehe, Familie und Kinderreichtum mit allen Mitteln zu fördern, wie es der Koran fordert.[262] Die wissenschaftlich-technischen Ergebnisse des Westens seien dem Islam anzupassen. Ein eingängiger Wahlspruch fasste diese Forderungen zusammen: «*Das Reich Gottes ist unser Vaterland, der Koran unsere Verfassung, der Prophet unser Führer.*»

Eine umfangreiche soziale Tätigkeit bildete das Fundament für den Aufbau eines weit gespannten Netzwerks von straff organisierten Zellen weit über Ägypten hinaus. In der Zeitschrift «*Al-Ikhwân al-Muslimûn*» formulierte al-Banna seine Vorstellungen von einem islamischen Großreich. Bei dieser Zielrichtung war der Konflikt mit den damaligen Machthabern unvermeidlich; 1945 wurde Premierminister Ahmed Maher ermordet, 1948 wurde der Bruderschaft zunächst die Auflage gemacht, jede politische Tätigkeit einzustellen. Als kurz darauf auch Ministerpräsident Mahmûd Nuqraschi einem Attentat zum Opfer fiel, verschärften sich die Spannungen, und kurz darauf wurde im Februar 1949 auch al-Banna selbst ermordet. Das Netzwerk erwies sich jedoch als so widerstandsfähig, dass die Bruderschaft schon 1951 wieder offen politisch agieren konnte. Dies war wohl vor allem dem neuen Chefideologen Hasan al-Hudeibi und seinen engen Beziehungen zu König Faruq zu verdanken.

1952 trat Sayyed Qutub der Bruderschaft bei. Zunächst von einem ethischen Erneuerungsideal ausgehend, hatte er als Beamter des ägyptischen Bildungsministeriums bei einem Informationsaufenthalt in den USA mit Rassismus und studentischer Freizügigkeit unerfreuliche Beobachtungen gemacht. Zudem wurde er stark beeinflusst von dem gleichaltrigen Maudûdi und dessen radikaler Auffassung des Djihâd. Mit dem Ruf nach gewaltsamen Aktionen geriet Sayyed Qutub aber nach dem Putsch der «Freien Offiziere» 1953 – den die Brüder zunächst unterstützt hatten – in Gegensatz zu Oberst Gamal Abd an-Nasser, der seit 1954 die Staatsführung übernommen hatte und mehr nationalistisch als islamistisch eingestellt war. Es kam zu heftigen Auseinandersetzungen in den Medien, zu Demonstrationen und Streiks, bei denen der starke Rückhalt in der Bevölkerung und die internationalen Verflechtungen der Bruderschaft sichtbar wurden. König Ibn Saud trat als Vermittler auf und erreichte ein Stillhalteabkommen. Als dennoch ein Anschlag auf Präsident Abd an-Nasser verübt wurde, war der Bogen überspannt. Der Präsident verbot die Muslimbruderschaft, ließ die führenden Köpfe verhaften, und auch

Qutub wurde gefoltert und verbrachte zehn Jahre im Gefängnis. Seine nach der Entlassung 1964 veröffentlichte Schrift *Ma'alim fi'l-tariq* (Zeichen am Weg[263]) wurde zum Lehrbuch für eine Reihe extremer Gruppierungen. Die im untenstehenden Auszug enthaltene Analyse könnte aber bis auf Weniges ebenso aus der Feder westlicher Zeitkritiker stammen.

«Die Menschheit steht heute am Rande eines Abgrunds – nicht wegen der über ihr hängenden Gefahr völliger Vernichtung (sie ist nur ein Symptom und nicht die wahre Krankheitsursache) – sondern weil ihr die zu gesunder Entwicklung und echtem Fortschritt nötigen lebenswichtigen Werte fehlen. Selbst die westliche Welt erkennt, dass ihre Zivilisation der Menschheit keine gesunden Orientierungswerte zu bieten hat ... Sie weiß, dass sie nichts besitzt, was ihr Gewissen befriedigen und ihre Existenz rechtfertigen kann ... Die Menschheit hat eine neue Führung nötig ...

Die neue Führung muss die materiellen Früchte des europäischen Schöpfergeistes bewahren und der Menschheit die von ihr bisher unentdeckten hohen Ideale und Werte bringen, die sie mit einem Leben in Einklang mit der menschlichen Natur vertraut macht, das positiv, konstruktiv und praktikabel ist.

Der Islam ist das einzige System, dem diese Werte und diese Lebensweise eignen.

Schauen wir auf die Quellen und Grundlagen der modernen Lebensweise, so wird deutlich, dass die ganze Welt in die Djahiliya abgesunken ist, in die heidnische Unkenntnis göttlicher Führung; all die wunderbaren materiellen Bequemlichkeiten und hochwertigen Erfindungen machen die Djahiliya nicht geringer.»

Sayyed Qutub, aus «Zeichen am Weg», übersetzt nach dem Zitat bei Thornton, http://www.nmhschool.org/tthornton

Offenbar hatten die Muslimbrüder im Volk trotz aller Verfolgungen eine so starke Basis, dass Nasser sich 1963 veranlasst sah, eine umfassende Amnestie zu gewähren. Mittlerweile hatte die Bruderschaft auch in Jordanien und Syrien starke Gruppen gebildet und die dortigen Regierungen wiederholt wegen ihrer säkularen Politik angegriffen. In Ägypten hatte die Repression durch Abd an-Nasser die Gruppen offenbar eher gestärkt, denn die Militanz setzte sich dort nach dem Ende der Nasser-Ära auch unter dem neuen Präsidenten Anwar as-Sadat fort und verstärkte sich, als Sadat 1978 im Camp-David-Abkommen Ägyptens Beziehungen mit Israel normalisierte.

Und eine neue Kraft kam ins Spiel: Mit dem Sturz König Faruks hatte 1953 in Ägypten ein Modernisierungsprozess eingesetzt, der unter anderem einen Ausbau der Universitäten und damit eine sprunghafte Zunahme der Studentenzahlen im Gefolge hatte.[264] Damit erweiterte sich auch das Nachwuchspotenzial der Muslimbruderschaft, deren Ideen besonders in der islamischen Studentenvereinigung (*Djamâ'a Islamiya)* auf fruchtbaren Boden fielen. Zunächst von der Regierung gefördert, wurde diese Vereinigung allmählich zu einem ständigen Unruheherd, indem sie an Stelle des bestehenden Systems eine islamische Republik forderte. 1981 wurde sie nach wiederholten Ausschreitungen verboten. Nach der Verhaftung eines ihrer Führer ermordete dessen Bruder am 6. Oktober 1981 Präsident Sadat.

Im Gerichtsprozess kam eine neue militante Gruppe zum Vorschein, die *Djamâ'at al- Djihâd* (Djihâd-Gemeinschaft), die durch das Rechtsgutachten, die *fatwa* eines Theologen der Universität Assiut autorisiert worden war, durch Tötung von Christen und Aneignung ihres Vermögens ihren Kampf zu finanzieren.[265]

Das Prestige der Muslimbrüder und der *Djamâ'at al-Djihâd* bei der Bevölkerung wurde weiter gestärkt, nachdem ihre Hilfsorganisation «Grüner Halbmond» bei dem verheerenden Erdbeben von 1992 sofort mit Hilfsgütern zur Stelle war, bevor die Behörden allmählich tätig wurden. Gleichzeitig nahmen extremistische Aktionen immer bedrohlichere Formen an. Attentate gegen Intellektuelle wie Nagib Mahfus, die Ausrufung einer Islamischen Republik in Embaba, einem der ärmsten und volkreichsten Bezirke Kairos, die Aktionen gegen Touristen, die 1997 in der Ermordung von 58 Menschen vor dem Hatschepsut-Tempel bei Luxor kulminierten – all dies führte zu scharfen Reaktionen der Regierung mit strenger Kontrolle der Moscheen und Universitäten und zu einer Abkehr großer Bevölkerungsteile von den Extremistengruppen[266], aber auch zu verstärkten Anstrengungen der Regierung, die sozialen Verhältnisse zu verbessern. Die verschiedenen Gruppierungen nahmen daraufhin bis auf weiteres von bewaffneten Aktionen Abstand.[267]

Endlich mobilisierten sich auch konstruktive islamische Kräfte, und selbst innerhalb der Muslimbruderschaft setzte ein Wandel ein, der 1995 zur Gründung einer «Partei der Mitte» *(al-Wast)* führte. Erstmalig kamen in der Parteiführung Vertreter des Islam, der koptischen und der protestantischen Christen zusammen.

Auf einer großen «Konferenz für Arabische Kultur» warf der Dichter Hedjazi den Extremisten vor, den Islam in den Schmutz gezogen zu haben, und forderte eine Trennung von religiösem und politisch-sozialem Leben. Auf dem umgekehrten Weg kam Hassan al-Bannas Sohn Gamal zu demselben Schluss: Eine Verbindung mit dem Staat zerstört die Religion.

Das bisher letzte Zeichen setzt Präsident Mubarak, indem er zu Anfang 2003 das koptische Weihnachtsfest am 7. Januar zum Feiertag für ganz Ägypten erklärte.

An den geschilderten Vorgängen ist exemplarisch abzulesen, welche Faktoren in den vielschichtigen Konflikten zusammenwirken:

- Die Erkenntnis der geistig-seelischen Verarmung der technisierten Menschheit.
- Die Identifizierung der herrschenden westlichen Mächte mit der Ursache nicht nur dieser Verarmung, sondern auch der wirtschaftlichen und sozialen Benachteiligung der islamischen Länder.
- Das Bestreben, aus den ursprünglichen religiösen Kräften zu einer Erneuerung zu kommen.

Nachwirkungen der europäischen Kolonialpolitik

Im Märchen sind Könige oft weise und damit vorausschauend. In der neuzeitlichen Politik aber werden langfristige Folgen bei Entscheidungen selbst dann nicht berücksichtigt, wenn sie mit normalem

Menschenverstand abzusehen sind. In der Kolonialpolitik der europäischen Mächte wird dies besonders deutlich.[268]

Als die Britische Krone im Lauf des neunzehnten Jahrhunderts die Herrschaft über Indien erzwang und 1857 der islamischen Moguldynastie ein Ende bereitete, wurde an Stelle des traditionellen Bildungswesens das englische Schulsystem obligatorisch, zu dem allerdings faktisch nur die privilegierten Schichten Zugang hatten. Die unmittelbare Folge dieser Maßnahme war die Streichung aller nicht religiös fundierten Fächer in den Medresen[269] und damit ihr Wandel zu reinen Koranschulen. Indem diese auf das Lernen des Korans und der damit unmittelbar verbundenen Grundsätze und Regeln begrenzt waren, wurde von nun an für die breite Masse des Volkes eine verengte Bildung üblich. Aus der Koranschule erwuchsen die radikalen Bewegungen Indiens und Pakistans wie auch die afghanischen Taliban. Auch hier stand am Anfang der Entwicklung nicht eine gewaltsame Auflehnung gegen die europäische Oberherrschaft, sondern ein Bemühen, durch Rückbesinnung auf moralische Werte des Islam die eigene Identität zu wahren. Bald zeigte es sich aber, dass in einer Massenbewegung subtile Unterschiede leicht untergehen und die Bereitschaft zu Vereinfachung und Gewalt überhand nimmt.

Anders verhielt es sich im Sudan, wo um 1970 Mahmûd Taha auftrat. Aus einer Sufi-Gesinnung heraus setzte er mit seinem menschheitlich toleranten Islam eine vielversprechende Massenbewegung in Gang, gewaltfrei und in scharfem Gegensatz zu den Muslimbrüdern. Er geriet jedoch in das Mahlwerk zwischen USA, Sowjetunion und saudischen Wahabiten. Mit seiner Hinrichtung 1985 endete dieser Impuls, und auch im Sudan gewannen Fanatiker die Oberhand bis hin zum Völkermord in der Darfur-Region seit 2004.

Sayyid Abu'l-'Ala Maudûdi

Geistiger Vater und bis heute einflussreichste Persönlichkeit einer radikalen Erneuerung ist der Inder Maudûdi (*Aurangabad 1903, † 1979). In einer Gedenkansprache heißt es von ihm: «*Maulana*

Maudûdi war der Mann, der die Fackel der islamischen Renaissance entzündete. Er war der Mann, der die Lampe während der dunklen Stunden am Brennen hielt, als die umma sich in Untätigkeit und Lethargie befand …»[270]

Maudûdi geht aus dem *Dâr-ul-ulûm* hervor, einer 1867 in Deoband im Pandschab gegründeten religiösen Schule. Ihre Entstehung steht vor dem Hintergrund der englischen Kolonialherrschaft, die zehn Jahre zuvor dem indischen Islam einen vernichtenden Schlag versetzt hatte. Viele Muslime waren sich dadurch schmerzlich ihrer Unterlegenheit bewusst geworden und fragten sich nach den Ursachen ihrer Schwäche. Die Deobandis kamen zu der Ansicht, der Hauptgrund sei das Verlassen der ursprünglichen islamischen Tradition und das Eindringen westlicher Einflüsse und westlichen Sittenzerfalls in die islamische Gemeinschaft. Sie sahen ebenso wie die Rechtsschule des Ibn Hanafi die Heilung in der Rückkehr zu dem von Mohammed und seinen Gefährten vorgelebten Zustand. Ein Muslim ist nach ihrer Auffassung zuerst seiner Religion verpflichtet, ihre Verteidigung, der *djihâd,* muss sein wichtigstes Anliegen sein. Die *umma* gilt über alle Staatsgrenzen hinaus, der Gläubige muss den Glaubensbrüdern beistehen, wo immer sie sich im Kampf befinden.

Abu'l-'Ala Maudûdi durchlief die religiöse Schulung der Deobandi-Gemeinschaft, war dann seit 1928 Vorsteher der islamischen Hauptmoschee von Hyderabad in der gespannten Atmosphäre zwischen Hindus, Muslimen und britischer Kolonialverwaltung.[271] Dabei gewann er den Eindruck, dass nicht nur der westliche Einfluss, sondern auch die Durchmischung islamischer und hinduistischer Kultur zu einer Verwässerung des ursprünglichen Islam geführt hatte. All diese fremden Elemente mussten daher ausgemerzt werden, alle politischen und sozialen Kontakte mit Hindus und der westlichen Kultur waren eine Gefahr, die es einzudämmen galt. Dazu gehörte unter anderem auch, dass die Frau sich wieder in ihre untergeordnete Rolle zu fügen habe. Die Gedanken von Hassan al-Banna übten dabei einen starken Einfluss aus, Maudûdi seinerseits gab seine Überzeugung an Saiyed Qutub und die ägyptischen Muslim-Brüder weiter. 1941 gründete er mit einigen Deobandi-Gesinnungsgenossen in Lahore die Partei der Islamischen Vereinigung,

Djama'at al-Islami. Damit war nicht nur der Schritt in die Politik getan, sondern es entstand auch eine Basis für die systematische Ausarbeitung einer ideologischen Doktrin, in der der *Djihâd* in jeglicher Form an vorderster Stelle stand. In der berühmt-berüchtigten Koranstelle in Sure 2, 190-93 wurde bei der Einschränkung *«so sie euch bekämpfen, tötet sie»* das «bekämpfen» im weitesten Sinne ausgelegt, also auch auf das unaufhaltsame Eindringen westlicher Einflüsse bezogen.

Islam wird nun verstanden nicht nur als allein selig machende, sondern als allein herrschaftsberechtigte religiöse Macht. Wenn an einigen Stellen noch eine minimale Toleranz geübt wird, indem Maudûdi den Menschen *«vollständige Freiheit im Glauben und in der Lebensweise»* zubilligt, so folgt unmittelbar darauf die Einschränkung, *«der islamische Djihâd erlaubt es keinem Staat, sich nach einem System zu organisieren, das aus islamischer Sicht böse ist».* Umgekehrt ist dann auch innerhalb eines islamischen Staates nichts zulässig, was dem öffentlichen Interesse aus islamischer Sicht zuwiderläuft.[272]

Andere Stellen sind weitaus radikaler: *«Islam ist in Wirklichkeit eine revolutionäre Ideologie und ein Programm, das die Sozialordnung der ganzen Welt verändern und im Einklang mit seinen eigenen Grundsätzen und Idealen neu erbauen will.»*[273] Für diesen angestrebten islamischen Weltstaat sieht Maudûdi einen Präsidenten sowie einen Ministerpräsidenten samt Kabinett vor, denen eine *shura*, ein ausschließlich aus Muslimen bestehender und nur von Muslimen gewählter Rat, zugeordnet ist. Nicht-islamischen Untertanen soll das Wahlrecht in Gemeinderäten und anderen untergeordneten Gremien gewährt werden; sie sollen jedoch nirgends Einfluss haben, wo über die Lebensformen entschieden wird.

Maudûdi ist der Überzeugung, damit das Glück der Menschheit zu gewährleisten. Diese Auffassung finden wir auch bei anderen zeitgenössischen Autoritäten, wie z.B. bei Mahmud Shaltut, dem 1963 verstorbenen Rektor der Azhar-Hochschule in Kairo. Der Islam will all dies *«nicht, damit eine Nation die Erde beherrscht und die Quellen ihres Reichtums monopolisiert, die sie vorher ... anderen Nationen weggenommen hat. Nein, der Islam wünscht und beansprucht die Erde, damit das gesamte Menschengeschlecht die Weltsicht und die praktischen Vorgaben genießen kann, mit denen Gott den Islam beehrt und über die anderen Religionen und Gesetze gestellt hat ...»*[274]

Es ist unschwer zu erkennen, dass in solchem Denken ein berechtigtes Anliegen ethischer Erneuerung enthalten ist. Die Spannweite Maudûdis reicht von der Verinnerlichung des Sufismus bis zur radikalen Unduldsamkeit und bewegt sich damit dauernd auf einem schmalen Grat zwischen den beiden Wagnissen von Freiheit und diktatorischem Zwang.

Nahezu alle radikalen islamischen Gruppen berufen sich heute auf Maudûdi. Sein Ansehen beruht dabei wesentlich auch auf seinen theologischen Abhandlungen und Koranauslegungen. In Indien, Afghanistan, Pakistan und im südostasiatischen Islam bilden seine Lehren die herrschende Meinung. Bei weitem nicht alle seine Anhänger billigen jedoch die Anwendung von Gewalt, vor allem nicht die Gewalt gegen unbeteiligte Frauen und Kinder, eingedenk anderer Koranstellen, wie der dogmatisch-kurzen Feststellung «*Kein Zwang in der Religion!*» oder der nicht minder berühmten: «*Hat jemand einen Menschen getötet, der selbst nicht getötet und kein Verbrechen begangen hat, so ist es, als hätte er die ganze Menschheit getötet*».[275]

In Kreisen der *ahl as-sunnat,* der orthodoxen sunnitischen Gemeinschaft, gibt es jedoch auch heftige Polemik gegen Maudûdi, insbesondere aus der wahhabitischen Richtung Saudi-Arabiens und der Türkei. Man wirft ihm sowohl seine Kritik an den frühen Kalifen vor als auch seine Darstellung des Einfließens griechischer und orientalischer Philosophie in die islamische Kultur. Zahlreiche z.T. anonyme Diatriben im Internet bieten Zeugnisse dieser Polemik.[276] Eine Mohammed zugeschriebene Prophezeiung spricht davon, dass sich die Muslime einst in dreiundsiebzig Gruppen aufspalten würden, von denen nur eine einzige auf dem rechten Weg bliebe, d.h. eben die *ahl as-sunnat.* Die übrigen zweiundsiebzig gerieten in *bid'a,* in Abirrung. Aus dieser Sicht heißt es, dass heute zwar viele Muslime noch ihre islamischen Namen trügen, in Wirklichkeit aber zu Ungläubigen geworden seien.

Bei jeder Betrachtung fundamentalistischer Bestrebungen und des vielschichtigen Djihâd-Gedankens muss daher festgehalten werden, dass diese sich nicht nur gegen den Westen, sondern ebenso gegen anders ausgerichtete islamische Strömungen sowie gegen entsprechende Regierungen islamischer Staaten richten können. Wir sahen, wie die Muslim-Brüder ägyptische Staatsmänner ermordeten, wir kennen den erbitterten Kampf der algerischen Djihâdisten gegen ihre Regierung, den Kampf irakischer Muslime gegen die von den USA gestützte provisorische Staatsführung, also gegen Glaubensgenossen. Eine spannungsgeladene Lage sehen wir auch in Pakistan, wo der in Deoband geborene Präsident Musharraf zwar die Gedanken Maudûdis vertritt, andererseits aber als Verbündeter der USA von der Bevölkerung argwöhnisch beobachtet wird und damit ein doppeltes Spiel bestehen muss, dessen Gefährlichkeit zuletzt am 1. Oktober 2004 in Sialkot offenkundig wurde, als sich ein Selbstmordattentäter während des Freitagsgebets inmitten der versammelten Gläubigen in die Luft sprengte und nahezu hundert Menschen tötete oder verstümmelte.

Palästina

Palästina, das «Heilige Land», Ursprung der drei eng verbundenen «Buchreligionen», ist zum Angelpunkt der gegenwärtigen welthistorischen Spannungen geworden. Die dortigen Ereignisse haben einen Krankheitszustand entstehen lassen, der es fraglich erscheinen lässt, ob eine Heilung schon erreicht werden kann, wenn das lokale Problem einmal gelöst wäre.

Für den Beginn der Erkrankung kann ein genaues Datum genannt werden: Der 2. November 1917. Der an diesem Tag abgesandte Brief des britischen Außenministers an den Vertreter des Zionistischen Bundes enthielt ein Versprechen, von dem von vornherein klar sein musste, dass es nicht einzuhalten war. Im Endeffekt bedeutete es, dass die britische Regierung ein Gebiet, das ihr nicht gehörte, gleichzeitig an zwei verschiedene Empfänger verschenkte, von denen sich der eine durch seine Heimatrechte und durch frühere Versprechungen Englands für den rechtmäßigen Eigentümer hielt, während der andere aufgrund historischer und religiöser Tatsachen Anspruch auf das Land erhob.[277]

Dear Lord Rothschild,

I have much pleasure in conveying to you, on behalf of His Majesty's Government, the following declaration of sympathy with Jewish Zionist aspirations which has been submitted to, and approved by, the Cabinet.

«His Majesty's Government view with favour the establishment in Palestine of a national home for the Jewish people, and will use their best endeavours to facilitate the achievement of this object, it being clearly understood that nothing shall be done which may prejudice the civil and religious rights of existing non-Jewish communities in Palestine, or the rights and political status enjoyed by Jews in any other country.»

I should be grateful if you would bring this declaration to the knowledge of the Zionist Federation.

Yours sincerely,
Arthur James Balfour

Zunächst hatte dieses Versprechen keine unmittelbaren Folgen. Die zionistische Bewegung war zu dieser Zeit noch nicht identisch mit dem jüdischen Volk, und die Einwanderung von Juden nach Palästina hielt sich in Grenzen, wurde sogar von großen Teilen der Bevölkerung befürwortet.[278]

Und doch ließen sich zukünftige Komplikationen bereits absehen. Amin al-Husseini, Großmufti von Jerusalem und fanatischer Judenfeind, löste durch seine Agitation bereits 1920 einzelne antijüdische Gewalttaten aus, und die Zionisten richteten eigene Milizen ein. Muhammad Asad, der damals noch Leopold Weiß hieß, berichtet von einer Begegnung mit Chaim Weizmann, dem Präsidenten der zionistischen Weltorganisation, im Jahr 1922 in Jerusalem. Weizmann sprach im kleinen Kreis über finanzielle Schwierigkeiten bei der Verwirklichung der jüdischen Heimstatt, und der junge Weiß unterbrach ihn mit der Frage: *«Und wie steht's denn mit den Ara-*

bern?» *«Alle Anwesenden»*, fährt Weiß fort, *«hoben erstaunt und zum Teil auch mißbilligend die Köpfe hoch, während Dr. Weizmann sein Gesicht langsam mir zuwandte, die Tasse, die er in der Hand hielt, niedersetzte und meine Frage halb wiederholte: ‹... wie es mit den Arabern steht?› ‹Nun ja, was berechtigt Sie denn zu der Erwartung, dass es ihnen gelingen wird, Palästina gegen alle arabische Opposition zu ihrer Heimstatt zu gestalten? – denn die Araber sind ja hierzulande in der Mehrheit ...› Der Zionistenführer zuckte mit den Achseln und antwortete trocken: ‹Wahrscheinlich werden sie nicht mehr lange in der Mehrheit bleiben.›»*[279]

War die Lage somit schon gespannt, so wurde sie erst durch al-Husseinis Machenschaften zu einer jüdisch-islamischen Konfrontation aufgeheizt. Mit der Machtergreifung Hitlers und seiner antijüdischen Vernichtungspolitik änderte sich die Situation dramatisch, denn al-Husseini stellte sich mit seiner religiösen Autorität auf die Seite des Nationalsozialismus. Damit war zwar eine Trennungslinie zwischen den mit Hitler solidarisierten Arabern und den mit England verbundenen Juden vorgezeichnet, aber die britische Regierung verhinderte selbst nach Bekanntwerden der Judenvernichtung bis 1946 eine weitere Einwanderung nach Palästina. Erst nach diesem Datum begann ein massiver Zustrom von Überlebenden der Shoa. 1947 übernahm eine Kommission der Vereinten Nationen die Verantwortung für das Mandatsgebiet und versuchte, mit beiden Seiten ins Gespräch zu kommen. Mittlerweile hatte sich aber al-Husseini mit den Muslimbrüdern verbunden. Er lehnte Gespräche ab, während Hassan al-Banna als Führer der Muslimbrüder zum Djihâd gegen die Einwanderer aufrief.

Die UNO hatte inzwischen einen Teilungsplan ausgearbeitet. Noch immer war ein großer Teil der palästinensischen Araber, schließlich auch die jüdische Führung bereit, einer solchen Teilung zuzustimmen, nicht aber Husseini und Banna. Mit dem Abzug der Briten, dem Ende des UNO-Mandats und der Ausrufung des Staates Israel im Mai 1948 brach der Sturm endgültig los. Die Uneinigkeit der arabischen Seite verhinderte die Bildung eines arabisch-palästinensischen Staates, die arabischen Nachbarstaaten nahmen nur widerwillig die Massen der flüchtenden oder vertriebenen Menschen auf und brachten sie in Flüchtlingslagern unter, die bis heute ein Herd der Gewalt blieben. Von einer Solidarität der islamischen *Umma* war man weit entfernt.

Mit dem Krieg von 1948 war die Konstellation gebildet: ein zerstrittenes arabisches Konglomerat auf der einen Seite, das von den arabischen Nachbarstaaten wenig konkrete Hilfe erfuhr, sich im Bruderzwist zerrieb und nach außen großspurige Drohungen ausstieß; ein junger jüdischer Staat auf der anderen, der zwar auch heterogenste Elemente umfasste, aber in seinem Überlebensbewusstsein geeint war, zielgerichtet zu arbeiten verstand und die Unterstützung der Großmächte erhielt.

Die innerarabischen Streitigkeiten verschärften sich weiter. Die Befreiungsorganisation al-Fatah unter dem jungen Yasir Arafat versuchte das jordanische Königreich zu unterminieren, es kam zu blutigen Zusammenstößen und erbitterter persönlicher Feindschaft zwischen Arafat und König Hussein, der sich wie sein Vater Abdallah für eine friedliche Einigung mit den Juden einsetzte. Vergeblich waren auch die Bemühungen Dag Hammarskölds, durch die UNO zu einer Lösung zu kommen – alle diesbezüglichen Resolutionen wurden sowohl von Israel wie von den Palästinensern missachtet. Drei Kriege endeten mit einer Ausweitung und Konsolidierung des Staates Israel, und es gehört zu den tragischsten Entwicklungen der Zeitgeschichte, dass sich der jüdische Staat unter dem Zwang der Ereignisse von einem Staat der Unterdrückten zu einem Unterdrückerstaat wandelte, der sich gegen den unkoordinierten Terrorismus der arabischen Gegner zu behaupten hatte, dabei aber immer mehr Menschenrechte und internationales Recht aus den Augen verlor. Für die Muslime war die in einem Hadith beschriebene Situation eingetreten: *«Wer auch immer sich unrechtmäßig das Land eines Anderen aneignet, dem wird es um den Hals gehängt und er wird [am Tag des Gerichts] in dieTiefe der siebenten Erde gezogen.»*[280]

Unter dem ägyptischen Präsidenten Gamal Abd an-Naser und seinem «arabischen Sozialismus» verlor der Palästinakonflikt vorübergehend seine islamische Ausrichtung. Von ihm ist das Wort überliefert: *«Was haben wir mit den Indonesiern gemeinsam außer der Religion? Es wäre ein schwerer Fehler, sich allein auf die Einheit des Islam zu verlassen.»*[281]

Auf beiden Seiten fanden ausgleichende Stimmen wenig Gehör, wurden am Ausgleich arbeitende Staatsmänner von ihren eigenen Landsleuten ermordet.[282] Auf beiden Seiten waren ungezählte unschuldige Menschen die Opfer. Der Begriff des Djihâd verlor in diesem Zusammenhang seinen inneren Sinn und wandelte sich zum Synonym für blinde Gewalt und fanatische Intoleranz. Seine Vertreter suchten sich selektiv ihre Argumente in Koran und Hadith: *«Tötet die Polytheisten, wo immer ihr sie findet»* und verbündeten sich mit dem atheistischen Sowjetregime: *«Wer da kämpft in Allahs Weg, ob er falle oder siege, wahrlich, dem geben wir unermesslichen Lohn.»* Wenig bekannt ist, dass auf der jüdischen Seite ähnliche Kräfte am Werk sind, und z.B. der orthodoxe Rabbi Avraham Auerbach Ende Januar 2005 eine (jüdische) Fatwa erlassen hat, nach der von der Räumung bedrohte jüdische Siedler gewaltsam gegen die israelische Armee vorgehen dürfen.[283]

Den weiteren Verlauf haben wir alle mitverfolgt – die Zunahme des Terrorismus, die unerschütterliche einseitige Stellungnahme der USA für Israel[284], die unerhörte Tat des 11. September 2001 und die daraus folgende anti-islamische Pauschalisierung, die alle Versöhnungsbemühungen weiter erschwert, und schließlich der unselige Irak-Krieg, dessen Folgen noch nicht abzusehen sind.

Ein Lichtblick hat sich paradoxerweise durch den Tod Arafats ergeben. Wenn es den Palästinensern gelänge, zu einer Einigung und zu konstruktiver Zusammenarbeit mit Israel zu kommen, käme der Friede wieder in Sichtweite. Erste Anzeichen lassen hoffen, die Hetze in den Medien ist wundersamerweise verstummt.[285] Nur bei der US-Regierung scheint der Wille zu einem ausgeglichenen Kurs noch zu fehlen, wie die Blockierung des UN-Berichts über die arabische Entwicklung zeigt.[286]

Hoffnung gibt aber auch die wachsende Zahl von Bürgerinitiativen, die der Spirale von Gewalt und Gegengewalt durch unmittelbare menschliche Begegnung entgegenzuwirken suchen und damit die Angst überwinden, den mächtigen Gegenspieler der menschlichen Gemeinschaft.[287]

Wo wir heute stehen

Es ist hier nicht der Ort, den vielfältigen Gruppierungen und ihren sehr unterschiedlichen Motiven weiter nachzugehen. Die allgemeine Stimmung im Westen ist inzwischen dadurch gekennzeichnet, dass Islam weithin mit Gewalt, Rückständigkeit und Reformunfähigkeit gleichgesetzt wird, wozu auch die Medien ihren Teil beigetragen haben. Wesentliche dem Westen zuzuschreibende ursächliche Faktoren sind in Vergessenheit geraten oder werden einfach übersehen; jedenfalls spielen sie für die Stimmungslage keine Rolle. Die beiden wichtigsten seien nochmals in Erinnerung gerufen: Das wirtschaftlich-militärische Machtgefälle und die bedenkenlose Verpflanzung von Millionen von Menschen zur Deckung des Bedarfs an unqualifizierten Arbeitskräften in den Industrieländern.

In der noch relativ ruhigen Situation der zwanziger Jahre sah Leopold Weiß bereits die Gefahr heraufziehen: *«In all meinen Jahren im Mittleren Osten ... ist es mir ständig bewusst gewesen, dass das Eindringen europäischer Gedanken und Interessen sich unheilvoll für die islamische Welt auswirken muß. Was sich da vor uns abspielt, ist nicht etwa nur das Aufeinanderprallen zweier kultureller Strömungen, wie man es oft in der Geschichte beobachten konnte, nicht etwa eine fruchtbare Begegnung zwischen Ideen – sondern nackte Vergewaltigung auf der einen Seite und auf der anderen der tragische Verfall einer Kulturwelt, die zwar noch lebendig und wertvoll ist, jedoch nicht über genügend äußere Machtmittel verfügt, um sich innerlich stark zu erhalten und jene Vergewaltigungen erfolgreich abzuwehren.»*[288]

Als wichtige europäische Staaten seit 1969 akuten Arbeitskräftemangel hatten und «Gastarbeiter» in großer Zahl auch aus islamischen Ländern ins Land riefen, dachte niemand an diese kulturelle Problematik. Diese Menschen stammten so gut wie ausschließlich aus ländlichen Gegenden und waren somit einer doppelten Umstellung ausgesetzt: Einmal lernten sie zum ersten Mal das Stadtleben kennen, zum anderen sollten sie sich einer völlig andersartigen Kultur anpassen. Für die Türken ergab sich eine besonders delikate Situation dadurch, dass sich die Landbevölkerung mit der Säkularisierung

Atatürks noch immer nicht abgefunden hatte und infolgedessen für radikale Prediger besonders aufgeschlossen war. Deren Wirken entzog sich infolge der Sprachbarriere der Kenntnis deutscher Behörden und war zudem frei von den in der Türkei herrschenden Beschränkungen.[288a] Inzwischen sind sich die deutschen Verantwortlichen aus leidvoller Erfahrung ihrer einstigen Naivität bewusst geworden und denken über Sprachauflagen für islamische Prediger nach. Dasselbe gilt für fast alle europäischen Industriestaaten, wenn auch in Frankreich oder England die Verhältnisse durch die Folgen der kolonialen Vergangenheit etwas anders sind.

Mittlerweile hat sich der westliche Schwerpunkt des Geschehens aus Europa in die USA verlagert, wo in Regierungskreisen noch immer die von Fontane erwähnte Diktion und eine weitestgehende Blindheit gegenüber möglichen Ursachen zu gelten scheint, während in der Presse zunehmend klare Analysen zu finden sind. Der mit der Regierung Bush offen sichtbar gewordene christliche Fundamentalismus ist zwar gut dokumentiert[289], aber im allgemeinen Bewusstsein gegenüber seinem islamischen Gegenstück kaum präsent. Er beschreibt in Tim LaHayes «Left Behind»-Bestsellerromanen zwar das grausige Ende, das Jesus am demnächst bevorstehenden Jüngsten Gericht allen Ungläubigen bereitet, begeht allerdings selbst keine Attentate.[290] Bedenkt man allerdings den aus der gleichen Haltung in Gang gesetzten Krieg im Irak, seine unschuldigen Opfer und seine psychologische Wirkung auf die Bevölkerung nicht nur des Irak, sondern aller islamischen Länder, so entspricht diese Wirkung durchaus der von «islamischen» Terrorakten auf die christliche Bevölkerung. Fundamentalistischen Bewegungen aller Richtungen ist gemeinsam, dass sie Angst erzeugen und damit Zukunftsinitiativen lähmen. Im Irak zeigt sich seit der Ermordung der beliebten Margaret Hasan immer deutlicher, dass der Islam nur noch ein Vorwand für den Kampf gegen die militärische und wirtschaftliche Dominanz der Industrienationen ist. Wie von vielen vorausgesagt, wird die von Bush ausgelöste Militäraktion damit zu einem Katalysator, von dem berichtet wird: «*Radikale erleben Fortschritte in ihrem Bemühen, weitere Muslime aus der ganzen Welt zu überzeugen, dass Djihâd nunmehr eine religiöse Militärpflicht bedeutet ... In Dutzenden von*

Ländern wenden sich Radikale zunehmend den Ereignissen im Irak zu ... wie zum Beispiel die pakistanische Extremistengruppe Lashkar-e-Tayba, die offenbar ihre Zielrichtung von Kaschmir nach dem Irak verlagert ... und ... zur Rache für die Folterungen im Gefängnis von Abu Ghraib aufruft ...»; «Ein Scheich sieht im Irakkrieg einen Hinweis auf das Kommen des Mahdi ...»[291] – mit Bildern, die denen der amerikanische Left-Behind Romane nicht nachstehen.

6. Zukunftsperspektiven

Eine wie auch immer geartete Beurteilung des Islam durch Vertreter des Westens kann leicht einen Unterton der Arroganz bekommen, als setze sie die Überzeugung voraus, dass *«bei uns»* alles in bester Ordnung sei, dass nur *«die Andern»* etwas ändern müssten.

Das Folgende will daher keinesfalls als Rezeptur, sondern vielmehr als Beitrag in einem gemeinsamen Anliegen verstanden werden, in der die notwendig zu stellende andere Frage vorausgesetzt ist: Welche Kräfte können aktiviert werden, hier wie dort, um eine gemeinsame Zukunft zu gestalten? Die Beschränkung auf den Islam ist somit durch die thematische Aufgabe des Buches gegeben, und ich habe die Hoffnung, dass sie frei von jeglicher Wertung aufgefasst werden kann.

Besinnen wir uns zunächst in einer zusammenfassenden Rückschau nochmals auf alle im Islam veranlagten Werte, die als Grundlage des weiteren Zusammenlebens dienen können. Dabei wird sich der Blick sowohl auf die allgemeinen Formen menschlichen Zusammenlebens richten, wie auch auf Aussagen in Koran und Sunna – selbst solche, die im Zuge der Einengung und Konfrontation in Vergessenheit geraten sind. Das Bestreben soll dabei nicht dahin gehen, einem Gegenüber oder ‹Gegner› Fehler seiner Haltung vorzuwerfen oder dogmatische Unzulässigkeiten aufzuzeigen, sondern ihn an verschüttete oder nicht aktivierte Elemente seiner eigenen Religion zu erinnern und sie nach Möglichkeit in einen gemeinsamen Prozess einzubringen.

Ich beginne mit einer persönlichen Grunderfahrung. Auf zahllosen Reisen in islamischen Ländern, oft mit landesüblichen Verkehrsmitteln, gelegentlich im eigenen Auto, ob in der Türkei oder im Irak, in Ägypten oder im Jemen, im Iran, Afghanistan oder Pakistan, in Indien oder Marokko, bin ich stets einer überwältigenden und uneingeschränkten Gastfreundschaft begegnet. In der ärmsten Hütte war die

Einladung zum Tee, zum Essen oder das Angebot eines Schlafplatzes nicht konventionelle Höflichkeitsform, die man besser nicht allzu wörtlich nahm, sondern menschliche Selbstverständlichkeit. Eines der ersten kleinen Erlebnisse ist mir eher beschämend in Erinnerung. Auf einer abgelegenen anatolischen Landstraße kam mir eine Bäuerin mit ihrem Esel entgegen, die Körbe voller Trauben und Tomaten. Ich hielt und machte meine Kaufabsicht verständlich, die Frau schien einverstanden; ich wählte aus den Körben das Gewünschte kritisch aus und wollte bezahlen. Die Bäuerin nahm zunächst einige Tomaten aus meinem Kochgeschirr zurück, die ihr wohl nicht gut genug erschienen, gab mir dafür andere, legte noch eine üppige Traube obenauf, lehnte jede Bezahlung dezidiert ab und zog mit einem «*Allah esmarladyk*» ihres Weges. Wenn ich mir vorstelle, wie diese Bäuerin aus ihrem Landleben in eine Mietwohnung nach Köln oder Mannheim verpflanzt wird, wo für solche Werte wenig Raum ist, so erscheint die viel beklagte Ghettobildung in einem anderen Licht.

Ein erster Ansatzpunkt wird also die vorurteilslose menschliche Begegnung sein, für die es zahllose Gelegenheiten gibt. Ein Gespräch beim Einkauf im türkischen oder pakistanischen Laden um die Ecke, Austausch von Rezepten oder gemeinsames Kochen unter Eltern einer Schulklasse, eine Erkundigung nach aktuellen Festen – wer weiß bei uns schon, wann das Aaschurafest stattfindet, wann Ramadan ist und wann am Ramadan-Ende das fröhliche Fest des Fastenbrechens gefeiert wird?

Ansätze im Koran und in der Tradition

Im Koran finden wir die eigenartige Aussage: «*Hätte Gott es gewollt, so hätte er aus euch eine einzige Gemeinschaft gemacht. Er wollte euch jedoch auf die Probe stellen mit der Gabe, die er euch gab. Suchet einander in euren guten Taten zu übertreffen. Alle werdet ihr zu Gott zurückkehren – dann wird er euch über eure Verschiedenheiten aufklären.*»[292]

Die *umma al-muslimîn* erscheint ursprünglich als menschheitliche Aufgabe, muss also nach ihrem tieferen Anliegen nicht als exklusive Gemeinschaft der Muslime verstanden werden, wie es inzwischen für gewöhnlich der Fall ist. In den Hadithen wird Mohammed mit dem Ausspruch zitiert: *«Alle Propheten wurden zu einem bestimmten Volk gesandt, ich aber zur ganzen Menschheit.»* Das steht zwar in einem gewissen Widerspruch zu der Betonung der *arabischen* Natur des Korans, bringt aber unmissverständlich die menschheitliche Perspektive zum Ausdruck.[293] Zunächst wird man diese umfassende Perspektive so verstehen, dass der Islam den Anspruch erhebt, die allein gültige Religion für die ganze Menschheit zu sein. Es zeigt sich jedoch bei einer ganzen Reihe von islamischen Autoritäten die Tendenz, hier eine überreligiöse gemeinsame Basis zu sehen. Deutlich ist sie zum Beispiel ausgesprochen in einer Vorlesung, die der 1974 verstorbene mauretanische Hochschullehrer Muhammad al-Amîn asch-Schanqiti in Medina über die Namen Gottes gehalten hat: *«Sein Name ‹Der Barmherzige› mit Bezug auf den Thron [die Herrschaft] bedeutet, dass die Auswirkungen dieses Namens für die ganze Schöpfung zutreffen – für Muslime wie Nicht-Muslime.»*[294]

Sieht man Barmherzigkeit oder die Kraft der Empathie, des Mit-Leidens als Kennzeichen einer bestimmten Geistigkeit, so ergibt sich daraus ein wichtiger Brückenkopf der Verständigung, der aber durch dogmatisch definierte Namen und Abgrenzungen leicht in Gefahr gerät. Man wird sich in diesem Zusammenhang daran erinnern, wie bei visionären Begegnungen mit Geistwesen in menschlichen Extremsituationen diese jeweils gemäß der vertrauten religiösen Figuren identifiziert werden. Wo der Muslim Allah sieht, wird der Christ Jesus sehen, in vielen Fällen begegnen beide auf einer näher liegenden Ebene einem Engel. Erst mit der dogmatischen Zuordnung bestimmter Eigenschaften und mit der namentlichen Bestimmung kann der Streit beginnen, wie er sowohl innerhalb des Christentums als auch im Islam zur Genüge ausgefochten worden ist.

Damit berühren wir einen weiteren zentralen Punkt. Der unverrückbare Mittelpunkt der islamischen Religion ist der *tauhîd,* die Tatsache der Einheit Gottes und ihre Bekräftigung durch den Gläubigen mit der einhundertzwölften Sure:

Sprich: «Er, Gott ist einzig!
Gott, der Unergründliche!
Er zeugt nicht
und er ist nicht gezeugt,
und niemand ist ihm gleich!»

Aus diesem Satz ist zugleich der größte Gegensatz zum Christentum entstanden, indem die Bezeichnung Christi als «Sohn Gottes» von Mohammed im Sinne einer menschlichen Sohnschaft verstanden wurde und dadurch gegen den *tauhîd* verstieß, wogegen die Christen die Einheit Gottes im Mysterium der Dreieinigkeit gewahrt sahen. Während hier eine Verständigung durchaus möglich erscheint, bleibt die Frage der göttlich-menschlichen Natur Christi ein Stein des Anstoßes, wie sie es ja auch bei den Christen seit alters immer wieder war. Nun ist es ja aber durchaus nicht so einfach, wie es in Sure 5,75 erscheint und wie man es demzufolge vereinfachend von islamischen Gelehrten hört, dass Jesus nur ein Prophet wie alle vor ihm gesandten gewesen wäre. Er nimmt vielmehr unter diesen eine einmalige Sonderstellung ein, die sich selbst mit der des Mohammed schwer vergleichen lässt. Er ist *«ein Wort, von Gott ausgehend»*, ist *«unter den Gott Nahen»*, *«durch den Heiligen Geist gestärkt»*, er ist nicht getötet worden, *«Gott hat ihn zu sich erhoben»*.[295] In einem Hadith heißt es zusammenfassend: *«Jesus, Gottes Diener, Sein Apostel und Gottes Wort, und ein von Ihm kommender Geist.»*[296]

Kehren wir noch einmal zurück zum Begriff der göttlichen Barmherzigkeit, wie er in der Einleitung der Koransuren, am Anfang von Briefen und Dokumenten, zu Beginn öffentlicher Reden und Vorträge stets allgegenwärtig war und es noch immer unvermindert ist. Wilhelm Maas hat diese Barmherzigkeit in Frageform als Titel eines Buches gewählt und unterzieht zu Beginn dieses Buches den Begriff in seiner doppelten, göttlichen und menschlichen Form einer genaueren Betrachtung.[297] Dabei öffnet sich das Blickfeld über den passiven Sinn hinaus auf die in der Wortwurzel *rhm* ebenfalls enthaltene aktive Komponente des Schöpferischen Urquells.

Beides, Barmherzigkeit und Schöpferkraft wird in den letzten Jahrzehnten mehr und mehr durch die Gegenbegriffe der Rache, der

Verdammnis und Zerstörung überschattet, die sich selbsternannte Erfüllungsgehilfen Gottes angemaßt haben. Es liegt an uns, auf diese Provokation nicht einzugehen, sondern auf konstruktive Kräfte zu setzen.

Ein in mehreren Sammlungen überlieferter *hadith qudsi* spricht davon, Gott habe sich bei der Schöpfung die Selbstverpflichtung gegeben, dass seine Barmherzigkeit stets seinen Zorn überwiegen werde.[298] In einem weiteren dieser «Heiligen Hadithe» stellt Gott am Auferstehungstag die Frage: «*Wo sind die, welche einander durch meine Herrlichkeit lieben? Heute werde ich ihnen Schatten geben in meinem Schatten, an diesem Tag, wo kein Schatten ist außer meinem Schatten.*» Hier wird nicht gefragt: «Wo sind die Muslime, welche einander lieben ...?», sondern die Frage betrifft offensichtlich die ganze Menschheit. Ein drittes Beispiel bekräftigt diese Richtung: «*Ein Mann sagte: ‹Bei Allah, Allah wird dem NN nicht vergeben!› Darauf sprach Allah der Allmächtige: ‹Wer ist es, der auf meinen Namen schwört, ich würde dem NN nicht vergeben? Wahrlich, ich habe dem NN vergeben ...›*»[299]

Der Entwicklungsgedanke in der islamischen Diskussion

Wenn im Koran mehrfach betont wird: «*Jeder Gemeinschaft ist eine Zeit gesetzt. Läuft sie ab, so kann diese Gemeinschaft sie nicht einmal um eine Stunde verlängern oder verkürzen*»[300], so ist damit mit höchster Autorität auch die Mission der arabischen, wenn nicht der islamischen Gemeinschaft in ihrer zeitlichen Unbegrenztheit in Frage gestellt[301]. Konsequenterweise gilt dies natürlich auch für alle anderen Gemeinschaften, einschließlich der heutigen Industrienationen.

Innerhalb der islamischen Gelehrtenwelt haben Fragen der raumzeitlichen Begrenztheit und der Weiterentwicklung schon früh breiten Raum eingenommen. Schon bei der Bildung der grundlegenden

Rechtsschulen im achten und neunten Jahrhundert ist der Gedanke eingeflossen, dass Rechtsnormen sich zu verschiedenen Zeiten und für verschiedene gesellschaftliche Verhältnisse notwendigerweise unterscheiden müssen. Die dafür anzuwendenden Begriffe des *idjma'*, des *tawîl* und des *idjtihâd* wurden aber zunächst nur einem eng begrenzten Kreis von Gelehrten zugebilligt.

Im zwölften Jahrhundert hat dann Ibn Ruschd-Averroes in seinem hier schon mehrfach erwähnten «Abschließenden Diskurs» nicht nur die Ansicht vertreten, dass jeder Rechtskonsens genauestens auf eine bestimmte Zeitsituation zu beziehen sei, sondern er hat eigenes Forschen als Pflicht jedes Muslims definiert, soweit er die Fähigkeit dazu hat.[302]

Muhammad Iqbal: Entwicklung, eine originäre Forderung des Islam

Im Zuge der «Islamischen Renaissance» zwischen dem neunzehnten und zwanzigsten Jahrhundert bildete die Frage der Entwicklungsmöglichkeiten und einer grundsätzlichen Überprüfung der Glaubensbasis erneut den Angelpunkt aller Überlegungen. Sie bekam zusätzliches Gewicht, als es darum ging, auf dem indischen Subkontinent die Grundlagen für einen neuen islamischen Staat zu definieren. In diesem Prozess erhielt der Islam mit Muhammad Iqbal einen idealen Wortführer, dessen Werk auch heute als Grundlage aller Erneuerungsbestrebungen unveränderte Gültigkeit hat, wenn auch sein unmittelbares Anliegen, nämlich die Schaffung eines zeitgemäßen und gleichzeitig wahrhaft islamischen Staatswesens, nicht im angestrebten Sinn verwirklicht werden konnte.

Iqbals Kraft liegt in seinem umfassenden Menschsein. Seine Biografie liest sich wie eine Synthese aller Impulse für die Verwirklichung einer zukünftigen Menschheitskultur. In Kaschmir geboren, Schulzeit an einer schottischen Missionsschule und am Government College in Lahore, Studium des Arabischen, der Rechtswissenschaf-

Lahore, Grab des pakistanischen Staatsgründers M. A. Jinnah

ten, der Philosophie und der Wirtschaftswissenschaft, Promotion in München mit dem Thema «Entwicklung der Metaphysik in Persien»; Lehrtätigkeit an verschiedenen Schulen und Hochschulen, zeitweise afghanischer Erziehungsminister, seit 1930 Präsident der *Allindischen Muslim-Liga*. Umfangreiches dichterisches Werk in Persisch und Urdu, darunter *«Asrar-e-Khudi» (Geheimnisse des Ich), «Rumuz-e-Bekhudi» (Mysterien der Selbstlosigkeit), «Payam-e-Mashriq» (Die Botschaft des Ostens)* als Antwort auf Goethes West-östlichen Divan, und *«Javed Nameh» (Ewige Botschaft)* als Antwort auf Dantes Göttliche Komödie. Aus diesen Beispielen geht bereits seine Brückenstellung zwischen Ost und West hervor, und die Leitmotive sind zu ahnen, die er seinem gesamten Wirken voranstellte: Selbsterziehung, moralische Integrität, Freiheit des Individuums.

1931 veröffentlicht Iqbal unter dem Titel «The Reconstruction of Religious Thought in Islam» verschiedene frühere Vorlesungen und Vorträge und ermöglicht damit einen konzentrierten Überblick über das Spektrum seiner Ideen. Da das Werk meines Wissens nicht ins

Deutsche übersetzt wurde und auch in seiner englischen Fassung trotz zahlreicher Auflagen nicht leicht erhältlich ist, sollen im Folgenden wesentliche Überlegungen daraus wiedergegeben werden.[303]

Ausgangspunkt aller Erneuerung ist für Iqbal die Überzeugung, dass Religion niemals Selbstzweck sein kann. Er greift einen Hadith auf, in dem Mohammed sagt *«Die ganze Erde ist eine Moschee»*, und entwickelt daraus einen neuen Säkularismus, indem alle irdische Tätigkeit sakrale Wurzeln hat und infolgedessen menschheitliche Verantwortung erfordert. *«Ein Erwachen des Islam erfordert daher eine unvoreingenommene Betrachtung dessen, was Europa gelehrt hat, und inwiefern daraus gewonnene Schlussfolgerungen uns bei der Überprüfung und gegebenenfalls Neuordnung des theologischen Denkens im Islam helfen können.»*[304]

Indem er selbst diesen Weg beschreitet, bewundert er die westlichen Errungenschaften der Freiheit und des selbstständigen Denkens, während er andererseits in Kolonialismus und Imperialismus Gefährdungen des menschheitlichen Fortschrittes sieht, die mit dem Verlust der Religion und mit zunehmendem materialistischem Besitzdenken verknüpft sind. Der Westen hat in Iqbals (nach dem Ersten Weltkrieg gewonnener) Sicht seine geistigen Leitgedanken aufgegeben und infolgedessen politisch und sozial versagt; der Islam dagegen hat das im Koran angelegte Naturprinzip der ständigen Weiterentwicklung missachtet und stagniert infolgedessen seit fünfhundert Jahren. In seiner überreglementierten Welt genießt der Muslim zwar den ihn umgebenden sozialen Reichtum, verliert aber darin sein Selbst. Eine falsche Verehrung der Vergangenheit und ihre künstliche Wiedererweckung kann in einer solchen Situation kein Heilmittel sein.[305] *«Die Aufgabe des modernen Muslims ist daher gewaltig. Er muss das gesamte System des Islam neu denken, ohne aber völlig mit der Vergangenheit zu brechen.»*[306] In diesem Neu-Denken muss lebendige Entwicklung wirksam werden.

Dazu ist geistige Aktivität erforderlich. Wie schwer sie gegenüber der erstarrrenden Tradition zu verwirklichen ist, macht Iqbal an einem frühen Beispiel fest: Der Rechtsgelehrte Sufyan Sauri, einer der schärfsten Denker seiner Zeit, wäre fast zum Begründer einer Rechtsschule geworden. Da er aber zugleich ein tief geistiger Mensch war, wandte er sich, wie Iqbal sagt, *«von den staubtrockenen Spitzfindigkeiten»* seiner Zunftgenossen ab zum asketischen Sufitum.[307] Bei der Durchsicht zahlloser Traktate heutiger Korangelehrter und Traditionswissenschaftler mit ihrem von stereotypen Formeln gespickten Stil kann man das Weiterbestehen dieser Trockenheit unschwer feststellen.

In der westlichen Wissenschaft sieht Iqbal fortgesetzt, was Gelehrte im islamischen Kontext begonnen hatten. Er beobachtete schon damals eine gegenseitige Annäherung von Physik und Religion und sieht darin einen auch vom Islam einzuschlagenden Weg. Der Mensch verwirklicht sich nicht in seiner körperlichen Form, sondern in seinem Handeln, somit in einem fortschreitenden Prozess. Er wird dabei von Gott geleitet im Sinne der koranischen Aussage: *«Ein jeder handelt auf seine eigene Weise / Euer Herr aber weiß genau, wer am besten auf dem geraden Weg geleitet ist. Sie fragen dich nach dem Geist. Sprich: Der Geist folgt dem Geheiß meines Herrn.»* Iqbal fasst dies nicht als einen zu befolgenden Befehl auf, sondern als eine von Gott angelegte Richtung. In dem Gott verwandten menschlichen Geist lebt eine Neigung, in Freiheit dieser Richtung zu folgen. Treue zu Gott bedeutet daher Treue zum Ideal des eigenen menschlichen Wesens. Folglich muss ich als Mensch wahrgenommen, beurteilt und verstanden werden aufgrund meiner Urteile, meiner Willensausrichtung, meiner Ziele und Bestrebungen, aufgrund eines fortschreitenden Prozesses.[308]

Der «neue Idjtihâd»

Das Fortschreiten, das lebendige Werden im Gegensatz zur dogmatischen Versteinerung steht auch im Mittelpunkt des dichterischen Werkes von Adonis (Ali Ahmad Said Esber), z.B. in einem Gedicht aus dem Jahr 1967 mit dem Titel *«Al-Qâ'ida – die Grundlage»:*

Um gerade zu werden, um zu werden
Nimm ihre Hand fort, schlage
einen Funken, lös ihr den Gürtel …
Stoß den Eckpfeiler um
Ändere
Die Steine und den Grund
Ändere
Die Grundlage.[309]

In diesem Sinn ist in neuester Zeit etwas entstanden, was von Soheib Bensheikh als der «neue Idjtihâd» beschrieben wird. Noch ist es eine kleine Bewegung, nicht organisiert, aus Individuen mit weit voneinander entfernten Wohnsitzen, nicht vernetzt und vor allem im jeweiligen Umkreis wirkend, wie auch Bensheikh selbst in der muslimischen Gemeinde von Marseille – zu der sich immerhin 130.000 Muslime zählen. Auch Gamal al-Banna, kann dem «neuen Idjtihâd» zugerechnet werden, der Bruder von Hassan, dem geistigen Vater der Moslembrüder. In seinem neuesten Werk fordert er seine Glaubensgenossen auf, *«die Türen ohne jegliche Einschränkung für die Gedankenfreiheit zu öffnen … – selbst wenn jemand die Existenz Gottes leugnen wollte»*. Noch ist die Azhar-Universität nicht bereit, ihre religiöse Autorität in den Dienst des freien Denkens zu stellen, und ihr Forschungsrat hat Bannas Buch auf den Index gesetzt. Aber auch dort bewegt sich etwas, und man beginnt zu erkennen, dass das Treiben der Fundamentalisten auch ein Angriff auf den Islam und seinen menschheitlichen Anspruch darstellt. Schon im elften Jahrhundert schrieb der legendäre Mystiker und Religionsphilosoph al-Ghazâli: «Für die Religion wird es nicht nützlich, sondern schädlich sein, wenn die Unwissenden versuchen der Religion zu helfen.»

Aktivierung des Denkens und die Frage der Willensfreiheit

Für die Aktivierung des eigenen Erkenntnisvermögens im Islam gibt es ein eindrückliches Zeugnis in der Erzählung von Hayy Ibn Yaqzân, die Ibn Tufail im elften Jahrhundert verfasste. Der auf einer Insel allein lebende Hayy Ibn Yaqzân ist durch eigenes Denken in Siebenjahresschritten zur höchsten Erkenntnis gekommen. Als er diese Erkenntnis auf die benachbarte, von Menschen bewohnte Insel bringen will, wird er nicht nur nicht verstanden, sondern für gefährlich gehalten. Er sieht ein, dass die dortigen Muslime sich mit dem Koran begnügen müssen, und geht auf seine Insel zurück.

Wie die Bewohner der Nachbarinsel sieht die strenggläubige sunnitische Tradition den Willen vornehmlich als *Irâda 'llahi, als* ausschließlichen Besitz Gottes an. Dem Menschen kommt allenfalls eine *Irâda djûziya* zu, ein partieller Wille zu. In erster Linie obliegt ihm jedoch der *taqlîd,* die strikte Befolgung der göttlichen Gebote.

Demgegenüber sehen, im Gefolge von Hayy Ibn Yaqzân, Iqbal und alle ihm unmittelbar vorausgehenden und nachfolgenden Erneuerer in der eigenen Willensentscheidung eine wesentliche Aufgabe des heutigen Muslims. Das Instrument dafür ist zunächst der *idjtihâd,* die eigene Urteilsbildung über die in Koran und Sunna nicht von vornherein klaren Aussagen. Es liegt auf der Hand, dass über die Zulässigkeit des *idjtihâd* stets diskutiert wurde und fundamentalistische Kreise sie weiterhin auf qualifizierte Gelehrte beschränkt sehen wollen. Für eine wachsende Zahl moderner islamischer Denker ist *idjtihâd* heute jedoch nicht nur zur Selbstverständlichkeit geworden, sondern im positiven Sinne erweitert zu einem umfassenden Überdenken des Althergebrachten. «*Wenn nur derjenige ein guter Muslim ist, der unerschütterlich an einer einmal fixierten Meinung bzw. Auslegung des Korans festhält, so müssen wir mehr schlechte Muslime haben*», sagt Abdelwahab Meddeb.[310]

Mit gewaltiger internationaler Resonanz fordert die aus Uganda stammende Kanadierin Irshad Manji bei ihren Glaubensgenossen den neuen *idjtihâd* ein. Intelligent und schlagfertig betreibt sie ein Internet-Forum und findet vor allem bei der Jugend ein beachtliches

Echo. Ihr in viele Sprachen übersetztes Buch «The Trouble with Islam» (in der deutschen Ausgabe «Aufbruch») ist ein Kompendium aller Themen, um die es bei einer Erneuerung geht.[311]

In dieselbe Richtung zielt Malek Chebel, ein in Frankreich auch in der islamischen Bevölkerung durch Fernsehsendungen und Buchveröffentlichungen sehr bekannter Anthropologe und Psychologe algerischer Herkunft. Ein 2003 veröffentlichtes Gespräch mit der Autorin Marie de Solemne trägt den Titel *«Islam und Willensfreiheit?»*. Es berührt fast alle wesentlichen Punkte der gegenwärtigen Islamdebatte und nennt im Untertitel *«mehr Wagnis» (oder auch «mehr Unverschämtheit»)* als einen wünschenswerten Beitrag vor allem der Jugend zu fortschrittlicher Entwicklung.[312] Für Chebel schließen die Begriffe «Willensfreiheit» und «Islam» einander nur solange aus, als es sich um einen «fossilen» Islam handelt. Es kommt also auch für ihn darauf an, den Islam in Bewegung zu versetzen, zu beleben. Als größtes Hindernis erscheint ihm dabei der gegenwärtige Zustand der islamischen Welt, der noch immer vom Trauma der Niederlage geprägt ist, die das arabische Kulturbewusstsein mit dem Verlust von Granada erlitten hat – im Jahr 1492, demselben Jahr, in dem Kolumbus amerikanischen Boden betritt und damit die Vorherrschaft des Westens einleitet. Dieses Trauma sieht Chebel aufgefrischt durch die Erniedrigung der Kolonialherrschaft und ihrer wirtschaftlichen Folgeerscheinungen. Die Erkenntnis, der europäischen Überlegenheit nichts Eigenes entgegensetzen zu können, wird zur Ursache des verzweifelten Festhaltens an einem toten Islam. Nur seine Belebung kann aus dem Teufelskreis herausführen. Diese Belebung kann aus der Bildung entstehen, wie Chebel an seiner eigenen Biografie beobachtet hat, denn Gedankenfreiheit hängt für ihn eng mit Wissenserwerb zusammen.

Die Frage der Gedankenfreiheit, des *idjtihâd*, stand auch auf der Tagesordnung eines Treffens von etwa zwanzig Intellektuellen und Wissenschaftlern verschiedener islamischer Länder, das unter dem Vorsitz von Prof. Ibrahim Saadeddin vom 5.-7.Oktober 2004 vom Ibn Khaldun Center For Development Studies in Kairo durchgeführt wurde.[313] Dabei wurde erneut die Problematik aller Reformansätze deutlich, die nicht von einem breiten Bildungsimpuls begleitet werden: Das Treffen wurde von lautstarken Protesten fundamentalistischer Gruppen gestört, und Sayed Tantawy, der Rektor der Azhar-Universität, bezeichnete die Gruppe als Dissidenten, zumal auch amerikanische Institutionen als Mitveranstalter auftraten. Solche Reformkonferenzen häufen sich, und Thomas A. Friedman, Starkolumnist der New York Times, merkt dazu an: «*Reformprozess und Friedensprozess haben eines gemeinsam, nämlich dass es keinen Fortschritt gibt, solange wir Amerikaner den Parteien auf Englisch sagen, dass sie sich zu ändern haben. Einen Fortschritt kann es nur geben, wenn die Menschen hier [in den arab. Ländern] sich selbst auf Arabisch sagen, dass sie sich ändern müssen*».[314]

«Die Bush-Leute sind offenbar bereit, den Bericht zu verzögern oder gänzlich zu beseitigen. Sie haben einen Verbündeten. Die ägyptische Regierung, die im Bericht kritisiert wird, wünscht die Veröffentlichung auch nicht, im Verein mit einigen anderen arabischen Regimes.

Da haben wir's also: Eine Gruppe ernsthafter arabischer Intellektueller – weder Auslaufmodelle noch Bombenleger – hat eine machtvolle Analyse vom unzulänglichen Stand der arabischen Reform erstellt, auf Arabisch. Die Bush-Beamten aber, im Verein mit arabischen Autokraten, blockieren sie, bis sie nach ihren Wünschen verändert ist – selbst wenn das bedeuten sollte, dass sie überhaupt nicht erscheint.

Es ist zum Heulen.»

Thomas A. Friedmann zur Blockierung des UN-Berichts über Reformen in der arabischen Welt, weil der Bericht sich auch kritisch über die Irak- und Palästina-Politik äußert. New York Times, 16.12.2004

Einen weniger verfänglichen Reformansatz vertritt der Korangelehrte und Autor Yusuf al-Qaradawi. In einem Interview mit dem arabischen Fernsehsender Aljazeera drehte er zunächst den Spieß um und verwies die Vertreter undifferenzierter Gewalt auf die zahlreichen Aussagen des Koran, in denen von Bestrafung derer die Rede ist, welche Leid und Verderbtheit in die Welt gebracht haben. Sodann richtet er den Blick auf das «*hinderliche Gefühl der Uneinigkeit und* Lähmung» innerhalb der islamischen Länder und betont, dass «*jedes*

Land für Erneuerung selbst verantwortlich ist und nicht von außen reformiert werden kann. Es muss sich über seine Aufgabe innerhalb unserer Kultur klar werden, und die Religionsgelehrten und Wissenden müssen die Erneuerung als religiöse Verpflichtung auffassen.» Auch Qaradawi sieht also einen Bildungsauftrag: «Wir wollen die Reform mit den Menschen beginnen und nicht ihnen eine Reform aufzwingen».[315]

Ein Bericht des Nationalen Sicherheitsrates der USA vom 13.1.2005 kommt zu dem Schluss, dass der politische Islam und der Terrorismus über Jahrzehnte weiter bestehen werden, wenn nicht in Bildung und Lebensgrundlagen investiert wird, statt in Militäraktionen (New York Times 14.1.05).

Auf dem Weg zu neuen Bildungsformen

Staaten tun sich allgemein schwer mit neuen Impulsen im Bildungswesen, und arabische Staaten bilden darin keine Ausnahme. Mohamed Charfi, Jurist und ehemaliger tunesischer Erziehungsminister, verbindet seine Forderung nach einer grundlegenden Reform des Bildungswesens mit der Feststellung, es sei bisher *«oft denen überlassen worden, die in ihm lediglich ein Organ der Propaganda und nicht den Schlüssel zum demokratischen Prozess gesehen haben.»*

Auch der schon erwähnte Arabische Bildungsbericht nennt unter seinen «Fünf Säulen» die Forderung nach hochwertiger Bildung und nach einem aufgeklärten arabischen Wissensmodell, meint jedoch offenbar damit eine verstärkte naturwissenschaftlich-technische Schulbildung nach westlichem Vorbild.[316]

Inzwischen entstehen aber an verschiedenen Orten private Initiativen, und unter ihnen ist *Sekem* am Rande des ägyptischen Nildeltas eine der vielversprechendsten.[317] Der dort praktizierte Islam geht von der Verantwortung für die Erde und für die individuelle und soziale Entwicklung des Menschen aus und trifft sich darin mit der Religion der dort tätigen koptischen Christen. Auf dem der Wüste abgewonnenen landwirtschaftlichen Gelände werden neben den üblichen Landesprodukten auch Heilkräuter angebaut und in den angeschlossenen Betrieben verarbeitet. In Kindergarten, Schule, Berufsschule, Erwachsenenbildung und künstlerischer Arbeit ist die Menschenkunde gegenwärtig, die auch der Waldorfpädagogik zugrunde liegt; Kinder und Erwachsene erfahren damit die Bildung, die als Voraussetzung für eine gedeihliche Zukunft notwendig ist. Inzwischen arbeiten auf Sekem über tausend Menschen, die Wirkung strahlt in die bäuerliche Umgebung aus. Die aus der Menschenwürde und einer spirituellen Sicherheit heraus entwickelte Initiative geht auch im wirtschaftlichen Bereich neue Wege. Sie fand in zunehmendem Maß internationale Anerkennung, der Gründer Ibrahim Abouleish wurde 2004 mit dem Alternativen Nobelpreis ausgezeichnet.

Neues Koranverständnis – göttliche Botschaft und irdische Wörter

Im Verlauf der bisherigen Betrachtungen wurde bereits an zahlreichen Stellen erkennbar, dass im Islam alles davon abhängt, wie man den Koran versteht. Geht man bis zu den Anfängen zurück, so findet man einen lebendigen Koran, in dem wir auf Schritt und Tritt den Dialog erkennen – den Dialog des göttlichen Boten mit Mohammed[318], den Dialog Mohammeds mit seinen Zeitgenossen, Gläubigen wie Ungläubigen, den Dialog mit den Religionen der Umgebung. Viele Suren sind als Antwort auf bestimmte Fragen oder Probleme der ersten Gemeinschaft entstanden, was auch in der Sunna immer wieder bestätigt wird.

Mehrfach kamen Männer zu Mohammed, wenn sie Koranverse unterschiedlich rezitiert hatten, und baten um seine Entscheidung. Er wies sie dann darauf hin, dass *«der Koran so offenbart wurde, dass er auf sieben unterschiedliche Arten rezitiert werden kann»*, und fügte hinzu *«also rezitiert ihn so, wie es euch am leichtesten fällt.»* Diese sieben Lesarten werden wiederum auf einen Dialog des Propheten mit dem Engel Gabriel zurückgeführt: *Abdullah ben 'Abbas berichtete: Allahs Gesandter sagte: «Gabriel rezitierte den Koran für mich in einer bestimmten Art. Darauf bat ich ihn, ihn mir auf eine andere Art zu rezitieren, und ich fuhr fort, ihn zu bitten, ihn auf wieder andere Arten zu rezitieren, bis er ihn schließlich auf sieben verschiedene Arten rezitierte.»* [319]

Während diese Aussagen sich ebenso gut auf die Intonation beziehen können wie auf Variationen der Bedeutung durch unterschiedliche Punktuation und Vokalisierung der Buchstaben, sprechen Stellen wie Vers 7 der dritten Sure von verschiedenen Sinnschichten:

«Er hat das Buch zu dir herabkommen lassen; man findet darin offenkundige Verse ... und solche, die in Bildern sprechen. Die, deren Herzen zum Irrtum neigen, halten sich an das bildhaft Gesagte, denn sie suchen die Zwietracht ...»

Aus dieser Stelle kann zweierlei gefolgert werden: zum einen, dass der Korantext nicht immer wörtlich zu verstehen ist, zum anderen, dass bei jeder Interpretation die Gefahr des Irrtums und der Meinungskollision besteht. Wohl daher hat eine Dogmatik ihren Ausgang genommen, die jede Interpretation für schädlich hält, zumal Mohammed selbst auf Nachfragen grundsätzlich keine Erläuterungen gab, allenfalls mit dem sprichwörtlich gewordenen Ausspruch antwortete: *«Gott weiß es.»*

Ibn Ruschd/Averroes billigt das Recht auf Interpretation allenfalls einer Elite von fähigen und gründlich vorgebildeten Muslimen zu und nimmt zudem die Einschränkung vor, dass die angesprochene Tatsache an sich nicht in Frage gestellt werden dürfe, sondern lediglich ihr besonderes Verständnis – also dürfe zum Beispiel das Paradies an sich nicht geleugnet werden, wohl aber dessen sinnliche Natur. Zudem sollten Interpretationen nicht aufgeschrieben werden, denn dann könnten sie in die Hände Unverständiger fallen.[320] Diese Ansichten bestimmten bis ins neunzehnte Jahrhundert das Bild. Dann aber machten die erwähnten Neuerer wie Mohammed Abduh und Maudûdi zum Teil sehr weitgehende Vorschläge, auf die man heute zurückgreifen könnte. Abduh vertrat gegen Ende des neunzehnten Jahrhunderts die Auffassung, dass nicht der gesamte Koran göttlichen Ursprungs sei, sondern die Bestimmungen über menschliche soziale und persönliche Verhältnisse dem eigenen Denken Mohammeds entstammten.[321] Damals war es offenbar noch möglich, solche Dinge ohne Lebensgefahr zu veröffentlichen. Maudûdi liegt etwas mehr auf der traditionellen Linie, fordert aber ebenso deutlich ein Umdenken: «*Wir erstreben eine islamische Renaissance auf der Grundlage des Korans. Für uns sind koranischer Geist und islamische Grundsätze unveränderlich; die Anwendung dieser Gesinnung im praktischen Leben muß sich aber stets mit der Veränderung der Bedingungen und mit der Zunahme des Wissens ändern ... der Islam muss wieder eine dynamische Kraft werden.*» Wenn er an anderer Stelle von einer Weltherrschaft des Islam spricht, so steht dahinter eine humanistische Überzeugung, im Gegensatz zu den Tönen heutiger Fundamentalisten, die mit solchen Ansprüchen eine islamische Diktatur meinen.

Politische Impulse

Der Zeitraum nach dem Ersten Weltkrieg, von dessen herausragender Bedeutung schon mehrfach die Rede war, erscheint hinsichtlich der Entwicklungsmöglichkeiten und Erneuerungsimpulse des Islam wie ein offenes Tor, das sich dann jedoch aufgrund der vom Westen ausgehenden weltgeschichtlichen Impulse in den folgenden Jahrzehnten wieder geschlossen hat. Die Folge war eine Verschärfung der Gegensätze, wodurch die islamischen Länder in ihrem Unabhängigkeitsstreben immer mehr als Bedrohung westlicher Interessen erschienen und der Westen für die islamischen Länder immer mehr zum Feindbild wurde. Blicken wir noch einmal auf einige der dabei wirksamen Vorgänge und Faktoren zurück:

- Die Unterdrückung der Senussi-Erneuerungsbewegung in Libyen durch Mussolini
- Die Verbindung des Großmufti von Jerusalem mit dem nationalsozialistischen Deutschland
- Die eng mit der nationalsozialistischen Judenverfolgung zusammenhängende Verschärfung des Palästinaproblems

- Der Zusammenprall ost-westlicher Öl- und Großmachtinteressen mit islamischem Nationalismus in Persien und anderswo.
- Die Polarisation der islamischen und hinduistischen Bevölkerungsteile in Indien.
- Die blutigen Unabhängigkeitskriege in Nordafrika seit 1953, insbesondere der Versuch Frankreichs, Algerien als französisches Département zu behalten.
- Die Vorgänge um die Verstaatlichung der iranischen Ölvorkommen und des Suezkanals sowie um die Finanzierung des Hochstaudamms von Assuan.

Im Verlauf dieser etwa von 1930 bis 1960 reichenden Periode zeigte sich aufs deutlichste, dass die einigende Kraft des Islam nicht mehr stark genug war, ein Gegengewicht gegen die zunehmende Solidarität der westlichen Industrienationen zu bilden. So mussten alle Versuche scheitern, politisch zu gemeinsamem Handeln zu kommen – die panarabische Bewegung ab 1945, die verschiedenen Versuche Gamal Abd en-Nassers zur Bildung einer Vereinigten Arabischen Republik, die Haltung in der Palästinafrage. Ein Gefühl der Frustration verbreitete sich immer mehr.

Seitdem hat sich nicht viel geändert, der 11. September und die nachfolgenden Attentate und Kriege in Afghanistan und im Irak haben das Misstrauen des Westens wie der islamischen Welt weiter verstärkt. Aus der Tagesordnung des Gipfeltreffens in Marokko im Dezember 2004 wurde der Punkt «Verbreitung der Demokratie in den Arabischen Staaten» stillschweigend gestrichen und durch wirtschaftliche Projekte ersetzt.[322]

Suchen wir nun in dem verbliebenen Trümmerfeld nach Ansatzpunkten für zukünftige Perspektiven, so finden sich einerseits die bereits geschilderten Gedankengänge von Reformern wie Muhammad Abdu und Djamal ad-Dîn al-Afghani, die dann später von radikalen Bewegungen verschärft und zur Rechtfertigung von Gewalt herangezogen wurden, andererseits aber ähnliche Überlegungen, die dezidiert auf einen inneren Wandel hinzielten und von ideologischen Aneignungen verschont geblieben sind. Hier ist an erster Stelle an Mohammed Iqbal zu erinnern, dessen leidenschaftliches Plädoyer für eine Öffnung und Weiterentwicklung des Islam wir zu Beginn dieses Kapitels kennen gelernt haben. Beide Arten eines Reformdiskurses können in ihrer ursprünglichen Form nach wie vor wirksam werden und sind in der Tat in den letzten Jahren erneut aufgegriffen und weiter entwickelt worden. In politischer Hinsicht geht es dabei in erster Linie um drei Bereiche: Strafrecht, Frauen- und Familienrecht und Schulwesen.

Strafrechtsreform

Im Strafrecht gemäß der Scharia hat es seit jeher Möglichkeiten gegeben, sich von der Starrheit der unveränderten und wörtlichen Anwendung traditioneller Vorgaben zu lösen. Abdelwahab Meddeb zitiert in diesem Sinne frühe Beispiele und weist auf den modernen tunesischen Juristen Mohammed Charfi hin.[323]

Bei jeder Regel der muslimischen Rechtstradition, die heute unmenschlich oder nicht unserer Zeit entsprechend erscheint, da sie den Menschenrechten oder den Grundsätzen von Freiheit und Gleichheit widerspricht, geht man zurück an ihren Ursprung, um irgendwo eine Möglichkeit des Eingreifens zu finden. Wenn sie an ein hadîth geknüpft ist, wird untersucht, ob dieses authentisch ist und ob man es neu interpretieren kann. Dieses Vorgehen ist nicht unredlich, es wird nicht etwa der gegenteilige Sinn herausgelesen oder ein Zweifel geweckt, wenn das hadîth wirklich authentisch zu sein scheint. Aber die Untersuchung ist auch nicht völlig objektiv und ganz ohne Vorbedacht. Im Gegenteil, der Untersuchende hat sich bereits ein Ziel gesetzt und sucht nach historischen oder semantischen Argumenten, um es zu erreichen. Er versucht nicht, die Religion in sich zu verstehen, sondern eher, in sie eine Rechtfertigung der neuen Norm zu legen, die er für die gerechteste hält und die er daher festlegen möchte.

In einer Besprechung des Buches «Islam et liberté» von Charfi vertritt Abderrahim Lamchichi die Ansicht, dass vor einer wirksamen Reform des Islam auch eine Analyse der Begriffe *Demokratie* und *Freiheit* erfolgen müsse, wenn die Debatte nicht steril bleiben solle. Er legt damit den Finger auf einen wunden Punkt, der sowohl bei den jüngsten US-Präsidentenwahlen als auch bei den aktuellen Versuchen einer Verpflanzung unreflektierter Demokratie in den Irak eklatant sichtbar geworden ist.[324] Hier könnte der Begriff der *Brüderlichkeit* ins Spiel kommen, der in der islamischen Umma seit jeher verankert ist und neuerdings von Jacques Attali als zukunftsträchtige Kraft beschrieben wurde.[325]

Reform des Frauen- und Familienrechts

Wegen der Detailliertheit der in Koran und Sunna enthaltenen Ehe-, Scheidungs- und Erbbestimmungen tun sich islamische Staaten mit jeglicher Reform in diesem Bereich besonders schwer. Eine Frauenrechtsbewegung war jedoch schon im Zusammenhang mit Mohammed Abdu und der frühen Salafiya entstanden und besonders durch Abdus Weggefährten Qasim Amin (1863-1908), um die Jahrhundertwende in zwei viel diskutierten Werken dargelegt worden.[326]

Konkrete Veränderungen gibt es bisher in den nordafrikanischen Staaten mit Ausnahme Libyens; Marokko hat soeben erste Schritte zur Reform des Familienrechts verwirklicht, aber selbst wo die rechtlichen Grundlagen einer neuen Zeit angepasst wurden, wird es noch geraume Zeit dauern, bis die Umsetzung auch im täglichen Leben gegriffen hat. Ein Blick auf die europäischen Länder zeigt das zähe Leben diskriminierender Traditionen, und für die verschiedenen sozialen Schichten der islamischen Länder stellt sich die Frage jeweils völlig unterschiedlich. Eine rückläufige Tendenz zeigt sich seit Februar 2005 im Irak durch das Bestreben der schiitischen Wahlgewinner, die Diskriminierung der Frau bei Scheidung und Erbschaft in der neuen Verfasssung festzuschreiben.

Sonderfall Türkei

Über die verschiedenen speziellen Bereiche hinaus ist ein allgemein politischer Ansatz erwähnenswert, der unlängst durch den türkischen Politikwissenschaftler und Präsidentenberater Ahmet Davutoglu formuliert wurde.[327] Er bewegt sich nicht im üblich gewordenen bipolaren Schema von Anklage und Rechtfertigung, sondern kommt zu einer grundlegenden Überprüfung der Situation und möglicher weiterer Perspektiven.

Davutoglu, der auch als islamische Autorität einen Namen hat, weist zunächst darauf hin, dass die religiöse Autorität des Propheten Mohammed im Übergang auf den ersten Kalifen Abu Bakr zu einer politischen geworden sei, sich somit aus ihrer theologischen Bindung gelöst habe und damit für aktuelle Gestaltungen frei wurde. Dieser Übergang sei zudem durch die Gemeinschaft legitimiert worden, wodurch zwei wesentliche Merkmale der Demokratie von Anfang an im Islam veranlagt gewesen seien – die rational begründete Legitimation der Macht und die Mitwirkung der Gesellschaft bei der Begründung dieser Macht.

Zwei weitere Merkmale, nämlich die Überprüfbarkeit politischen Handelns und die Möglichkeit eines Machtwechsels durch Wahlen sieht Davutoglu ebenfalls nicht im Widerspruch zu islamischen Werten und in der Türkei bereits im politischen System angelegt. Er sieht es daher als unlogisch an, zwei so verschiedene Kategorien wie Islam und Demokratie als Gegensätze einander gegenüberzustellen. Infolgedessen rät er auch zur Vorsicht, seine Partei[328] als «islamische Partei» zu bezeichnen; eine Partei sei immer etwas Trennendes, während der Islam immer einen Gemeinschaftscharakter habe. Die Frage müsse, in der Türkei wie in allen anderen Ländern, lauten: «Welches Verhältnis hat eine Partei zur Religion?» Aus dieser Sicht spiele in der türkischen Politik seit den ersten regionalen Wahlen im neunzehnten Jahrhundert der Gegensatz zwischen einer reformfreudigen säkularen Stadtkultur und der religiös-traditionellen Landbevölkerung eine entscheidende Rolle. Letztere habe in der Politik der letzten Jahrzehnte ständig an Boden gewonnen, und es käme nun darauf an, ein Gleichgewicht zwischen Tradition und Modernität herzustellen.

Dies könne nur durch ein Erwachen, eine allgemeine geistige, kulturelle und ökonomische Wiederbelebung geschehen, nicht im Sinne eines für die gesamte islamische Welt gültigen Modells, sondern aus individuellen Kräften.

In der Frage eines türkischen EU-Beitritts liegt für Davutoglu gleichzeitig die Entscheidung über die zukünftige Rolle Europas – bleibt es auf den Alten Kontinent beschränkt, oder kann es zu einer auch nach Osten ausstrahlenden Kraft werden?

Ausblick

Es gibt inzwischen eine große Zahl von islamischen Schriftstellern, Dichtern, Denkern, Wissenschaftlern und, in etwas geringerer Zahl, auch Politikern, die aus den Quellen des Islam schöpfend die Ideale einer brüderlichen Weltgemeinschaft zu verwirklichen suchen. Die große Frage bleibt, wie solche Bestrebungen im Bewusstsein breiter Bevölkerungskreise wirksam gemacht werden können. Wie sich im jüngsten US-Wahlgeschehen erneut gezeigt hat, sind Literatur und Presse in ihrer Wirkung auf Menschengruppen beschränkt, die zwar das politische und soziale Geschehen wach beobachten und sich ein eigenes Urteil bilden, im Übrigen aber eine relativ geringe Wirkung auf die allgemeine Volksmeinung haben. Die Masse der Bevölkerung bildet sich ihre Weltsicht vornehmlich aus zwei Quellen: Aus der unmittelbaren materiellen Lebenssituation und aus dem Fernsehen. Auf Kinder und Jugendliche üben in vielen Ländern zudem Inhalte und Tonart des Schulunterrichts einen starken Einfluss aus. Im islamischen Bereich kommt als wirkungsvolle Beeinflussung die Freitagspredigt in der Moschee hinzu, wie übrigens auch in ländlichen Gebieten vieler europäischer und amerikanischer Länder die kirchliche Sonntagspredigt.

Hieraus ergeben sich wichtige Fragestellungen: Ist eine Regierung willens und in der Lage, den unmittelbaren Bedürfnissen der Bevölkerung Rechnung zu tragen und Zukunftsperspektiven zu eröffnen?

Sind Lehrerbildung und Bildungswesen so angelegt, dass Selbstständigkeit im Denken und Handeln gefördert wird, oder begnügt man sich mit reiner Wissensvermittlung und pflegt einen unzeitgemäßen Nationalstolz?

Ist das Massenmedium Fernsehen doktrinär geprägt – sei es von staatlicher oder weltanschaulicher Seite – oder bringt es Werte zum Ausdruck, die einer tragfähigen Zukunft förderlich sind?

Wirken maßgebliche religiöse Autoritäten in Richtung der von Muhammad Iqbal und anderen formulierten islamischen Ideale, oder fördern sie einen Islam des Hasses und der Exklusion?

Dazu einige Beispiele: Die ägyptische Regierung hat zwar ihren Polizeiapparat in den vergangenen Jahrzehnten enorm ausgebaut, aber wenig getan, um die wirtschaftliche Lage und die medizinische Versorgung der ländlichen Bevölkerung zu verbessern. So wurden z.B. die spärlichen Renten staatlicher Angestellter vielfach ersatzlos gestrichen. In den entstehenden Notsituationen tritt die Muslimbruderschaft als Helfer auf und erweitert damit ständig die Zahl der für ihre Parolen empfänglichen Menschen. Das Schulwesen ist zwar im Prinzip kostenlos, aber wegen der anfallenden Ausgaben für Schulmaterial und Bücher, Kleidung und Transport nicht allgemein zugänglich. Unterrichtsinhalte sowie Ausbildung und soziale Stellung der Lehrer entsprechen bei weitem nicht den für eine konstruktive Zukunft erforderlichen Ansprüchen.

In nicht wenigen islamischen Ländern verbreiten nicht nur fundamentalistische Koranschulen, sondern auch das staatliche Bildungssystem ein Klima der Feindseligkeit oder gar des Hasses gegenüber dem Westen, insbesondere gegen die USA. Besonders paradox ist eine solche Praxis in Saudi-Arabien und Pakistan, wo die offizielle Politik eng mit den USA verbunden ist. Über die Schulbildung könnte in relativ kurzer Zeit ein tiefgreifender Umschwung in der allgemeinen Stimmung bewirkt werden. Hier wie auch hinsichtlich der Rolle des Fernsehens kann mit der Tatsache gerechnet werden, dass die öffentliche Meinung der in Frage kommenden Länder leicht zu beeinflussen ist. Nicht von ungefähr hat Abu Abbas als einen der ersten Schritte zu einer palästinensisch-israelischen Verständigungspolitik die Medien aufgefordert, keine Hassparolen mehr gegen Israel zu verbreiten. Wer 1955/56 im Nahen Osten reiste, konnte den schlagartigen Stimmungsumschlag wahrnehmen, der nach der anglo-französischen Militäraktion in der Suezkanalzone Engländer und Franzosen zu Erzfeinden stempelte. Umgekehrt war zu beobachten, wie nach dem Camp-David-Abkommen 1978 in Ägypten die Feindseligkeit gegen Israel plötzlich verschwand und israelische Touristen an den Pyramiden und in Luxor herzlich willkommen geheißen wurden. Wenn auch ein Umschwung in Palästina wegen der ungleich tieferen Verletzungen auf beiden Seiten sehr viel schwerer zu bewirken sein wird, so kann doch auch dort mit der Anpassungsfähigkeit der Menschen gerechnet werden.

In einem größeren Zusammenhang hat für die Zukunft der arabisch-islamischen Kultur die UNO eine nicht zu unterschätzende Bedeutung. Der 2003 zum zweiten Mal erstellte *«Arab Human Development Report» (AHDR)* unternimmt von einem unabhängigen Standpunkt aus eine detaillierte Analyse der Situation und benennt Ansatzpunkte für weitere Entwicklung.

Der AHDR 2003 macht deutlich, dass in der Arabischen Zivilisation die Erlangung von Wissen aus Religion, Kultur und dem menschlichen Erfolgswillen entspringt. Behindert wird dieses Streben durch die von Menschen geschaffenen unzulänglichen Strukturen – soziale, wirtschaftliche und vor allem politische Strukturen. Die Araber müssen diese Strukturen abschaffen oder reformieren, um in der Wissenswelt des beginnenden Jahrtausends die Stellung einzunehmen, die sie verdienen.

Aus dem Umschlagtext, übersetzt von BS

Arabische Fachleute haben dieses gewagte Unterfangen initiiert und sind maßgeblich an der Bestandsaufnahme beteiligt. Der Bericht des Jahres 2003 befasst sich auf 217 Seiten speziell mit den Fragen von Wissen und Bildungsvermittlung unter Einschluss der religiösen Aspekte und zieht dabei Vergleiche mit der Untersuchung des vorangegangenen Jahres.[329] Dort waren die Defizite im Bereich der Freiheiten, der Bildung und der Frauenrechte benannt worden als Ursachen dafür, dass das Bruttosozialprodukt der zweiundzwanzig Staaten der

Region geringer war als das Spaniens. Der Bericht geht auch auf Bildung (S.52f) und Religion (S.118f) ein und betont in vorsichtiger, aber doch eindeutiger Weise die Notwendigkeit der Öffnung gegenüber nicht-islamischen Weltanschauungen.

Trotz des noch relativ beschränkten Internetzugangs dieser Länder wurden in kurzer Zeit über eine Million Exemplare des Berichts heruntergeladen, was wesentlich zur Impulsierung der internen Denkprozesse beitrug.[330]

Denkprozesse und Gespräche sind die Voraussetzungen für eine gedeihliche Zukunft. Wer den Koran und die Sunna offenen Auges liest, sei er nun Muslim oder nicht, kann unmöglich die Tatsache übersehen, dass es darin wenig apodiktische Vorschriften gibt, die unabhängig von ihrem Kontext und für alle Zeiten Gültigkeit beanspruchen können. Dagegen stehen alle den Muslimen heiligen Texte im Zeichen von Frage und Antwort, in einem ununterbrochenen Austausch von Argumenten und zeitlichen wie sozialen Bedingungen.[331] Von dieser Erkenntnis ausgehend, kann auch jeder Muslim seinen Glauben weiterentwickeln. Im Islam seit jeher angelegte Methoden wie *idjtihâd* und *tawîl*, eigenes Denken und Textauslegung, können somit zur methodischen Grundlage einer echten Erneuerung werden. Selbstständiges Denken aber muss geschult werden, somit wird eine zukunftsfähige Bildung zur Voraussetzung aller weiteren Entwicklung.

Wenn in den letzten Betrachtungen der Blick fast ausschließlich in die islamische Richtung gewendet war, so muss er sich zum Abschluss nochmals auf die eigenen Aufgaben richten.

Es wäre fatal, wenn sich in der islamischen Welt allmählich der begonnene Wandel durchsetzen würde und auf der anderen Seite dann keine Bereitschaft zum Dialog mehr vorfinden könnte. In der gegenwärtigen Situation ist auf beiden Seiten eine emotional geprägte Sicht vorherrschend, der sich die Medien weitgehend anpassen. Sie ist auf beiden Seiten nicht nur auf ungebildete Kreise beschränkt. Das Bemühen um eine differenzierende Einsicht und das Gespräch mit allen Menschen, die dafür offen sind, muss auch für uns zur ständigen Übung werden. In diesem Sinn schließe ich mich den beiden Worten an, die auch Abdelwahab Meddeb an den Schluss seiner kritischen

Betrachtungen gestellt hat, gewissermaßen von je einem Vertreter des Ostens und des Westens gesprochen:

> «Zahlreiche vielgeliebte Heilige in den Synagogen und Kirchen
> Viele schändliche Feinde in den Reihen der Moscheen.»
>
> ---
>
> «Viele Griechen sind böse Menschen
> und viele Barbaren von feiner Kultur.»[332]

Anmerkungen

1 Siehe unten, S. 59
2 Sihem Bensedrine, Besiegte Befreite. München 2004, S. 112
3 Die Vorsilbe *mu-* hat hierbei die grammatische Funktion des Partizips, zählt also nicht als Wurzelkonsonant.
4 Siehe unten. Im iranischen und indischen Sprachraum ist ein etwas erweitertes Alphabet im Gebrauch.
5 Siehe unten, S. 21 f.
6 *Koran,* 27,93; vgl. 29,67: «Wir haben eine heilige und sichere Stätte geschaffen, während rings umher Menschen entführt werden».
7 Siehe im Literaturverzeichnis unter G. Lüling u. Chr. Luxenberg
8 Siehe Kapitel 2 – Entstehung der Schi'a. Fatimas Name lebt auch in der Dynastie der Fatimiden fort.
9 Sure 96, 1-3; Statt der übl. Übersetzung ‹Blutgerinnsel› setzt Ibrahim Abouleish «Suspension». Vgl. 80,18; 86,5-6. Asad übersetzt mit «Germ Cell» (Keimzelle).
10 Al-Bukhari, Buch I; DF S. 74-75; MSA Bd.1, Buch 1, Nr.3
11 Al-Bukhari, Buch I; DF, S. 74
12 Sure 42, 51 und z.B. Muslim, 1.Buch, Nr. 337
13 Das Fest der heiligen Nacht, in der die Engel auf die Erde herabsteigen und in der Gott die Schicksale der Menschen beschließt, wird am 27. Ramadan gefeiert. vgl. S. 102
14 Sure 26,195 u.ö. Zur Problematik der sprachlichen Grundlagen siehe Luxenberg und Burgmer
15 Siehe unten, und die eindrückliche Darstellung von A. Neuwirth, in: C.Burgmer, *Streit …*, S.82-97
16 Siehe unten, Kap. 6.
17 18,109 und 31,27.
18 An einigen Stellen als der Engel Gabriel oder als «Geist Gottes» benannt, meist nicht näher bezeichnet.

19 Die Personengleichheit des Adoptivsohns mit dem späteren Sekretär wird neuerdings in Frage gestellt: C. Luxenberg, Lesart, S. 9 Anm.1, mit weiteren Einzelheiten zur Frage der Überlieferung (S. 41ff.).

20 Al-Bukhari, DF, S. 483-84 (siehe Kasten S. 19/20. «Die Reue» ist heute die neunte Sure).

21 Besonderheiten der damaligen arabischen Schrift gefährden die Sicherheit der schriftlichen Wiedergabe, konnten die mündliche Bewahrung sogar sicherer erscheinen lassen. Siehe die Erläuterung auf Seite 22 und den Aufsatz von G-R. Puin, in C.Burgmer: *Streit...*, S.51-63.

22 Einen Überblick gibt das soeben von C.Burgmer herausgegebene Büchlein *Streit um den Koran.*

23 Am radikalsten geschah dies durch Lüling und Luxenberg.

24 Sure 10, 37 und 64

25 M. Sidikk Gümüs, Tam Ilmihal, Kap.25

26 Ein kurioses Beispiel findet sich in einer Episode, bei der Mohammed gesagt haben soll «*Allah hat das Töten von Mekka ferngehalten* «und der Gewährsmann hinzufügt: «*ich bin mir nicht sicher, ob ‹Töten› oder ‹Elefant›* gesagt wurde». Die beiden Worte *qatl* und *fîl* sind in der Aussprache unverwechselbar, unterscheiden sich in der Schreibung aber nur durch die diakritischen Punkte. Al-Bukhari, Bd.1, Buch 3, Nr.112 MSA.

27 Für dieses Buch wurden zwei Quellen benutzt: die Hadith-Datei der islamischen Studentenvereinigung der University of South Carolina (USA) – http://www.usc.edu/dept/MSA/reference/searchhadith.html (zitiert als MSA) – sowie eine italienische repräsentative Auswahl aus al-Bukhari: Al-Bukhari, Abu Abdallah: *Detti e fatti del profeta dell'Islam.* Torino 1982 (zitiert als DF).

28 Al-Bukhari, Buch 24, Nr.544 MSA.

29 Nach: *Forty Hadith Qudsi,* hg. v. Revival of Islamic Heritage Society, Islamic Translation Center, Aldahieh, Kuwait; aus dem Englischen übersetzt von BS.

30 Al-Bukhari, Buch 57, Nr. 42 u.a. MSA.

31 Z.B. in Sure 11, 12 vielleicht auch Sure 17,60.

32 Sure 24, 11-17.
33 Siehe unten, S. 43.
34 «*Ich pflegte vor dem Gesandten Gottes zu schlafen und meine Füße lagen vor der qibla, sodass er bei der Prostration gegen sie stieß und ich sie zurückzog; wenn er aufstand, so streckte ich sie aus – damals gab es kein Licht in den Häusern.*» Al-Bukhari, Bd. 1, Buch 8, Nr. 379-81 MSA.
35 Siehe unten, S. 126, Anm. 160.
36 Al-Bukhari, Bd.1, 3.Buch, Nr. 103 MSA.
37 Sure 3,109-10 oder 7,181; auch andere Stellen umfassen nur die Grundanforderungen (z.B. 2,172).
37a Meddeb: Interview in *Die Zeit* 39/2004; Chebel: *Manifeste,* S. 99.
38 Insbes. 2,137; 4,115; 5,56. Näheres dazu: IMA, S. 190-91 m. Anm. 23.
39 Dazu M.Marx, in C.Burgmer: *Streit...*, S. 66 ff.
40 Al-Bukhari, Buch 8, Nr. 468; MSA. Vgl. Abb. S. 87
41 Al-Bukhari, ibid. Nr. 466, überliefert von Abu Huraira.
42 Sure 30, 17-18.
43 Al-Bukhari, Buch 24, Nr. 524 MSA.
44 Al-Bukhari, Buch 24, Nr. 487, MSA.
45 Koran, Sure 6,141.
46 Koran, Sure 9,103.
47 Koran, Sure 2, 183; in den darauf folgenden Versen sind die Bestimmungen für das Fasten aufgeführt.
48 «*hadj*» und «*umra*», siehe Kapitel 3.
49 Sure 2, 196 ff. und 3, 97; Das «Haus» ist die Kaaba in Mekka, wo gemäß der Tradition Abraham wohnte (vgl. Sure 22).
50 Sure 2,189 (vgl. Genesis 1,14 und Psalm 104,19).
51 Wie schon die Genesis (1,14), die Psalmen (104,19) und der Ecclesiast (43,6-8) spricht auch der Koran in der Sure 2,189 vom Mond als dem Zeitmesser.
52 Wurde der Mond am Abend des 29.Tages nicht gesichtet, so erhielt der betreffende Monat 30 Tage. Wie die Monate, so beginnen auch die bürgerlichen Tage am Abend mit Sonnenuntergang.

53 Abu Daud, Sunan 40, 4579.
54 At-Tauhidi, Aus dem Streitgespräch über die «Lauteren Brüder», Fleischhauer S. 294 f., s.u. S. 54f.
55 Einen Augenzeugenbericht der Tat überliefert Bukhari im 57. Buch, Nr. 50. MSA.
56 Die Gläubigen dürfen einander nichts antun.
57 Sure 5,117.
58 Sure 11, 17.
59 Dieses schi'itische Bild des Imâm ist zu unterscheiden von der heute verbreiteten Bezeichnung eines Moschee-Vorstehers, der keinerlei priesterliche oder gar esoterische Funktion hat. Vgl. S. 89.
60 Die *mudjtahid,* im Iran die *maradj-e-taqlîd,* die «beispielgebenden Persönlichkeiten».
61 Ansatz im Koran «Strebe auf dem Weg Gottes, du bist für dich selbst verantwortlich» (4,84).
62 Abgeleitet aus Sure 4,28, vgl. S. 120.
63 Koran 3,29: «Ob ihr verbergt, was ihr im Herzen tragt, oder es zeigt – Gott weiß es.»
64 «Erhabenes Zeichen Gottes» und «Beauftragter des Imâm».
65 Neuerdings gibt es dafür ein Portal im Internet: http://www.hawza.org.uk/news_detail.html, sowie eine Forschungs- und Bildungsstätte in Qum (Iran), Center of Interpretation and Quranic Sciences.
66 «Das irdische Leben ist nur Spiel und Scherz; wahrlich, das jenseitige Haus ist besser für die Gottesfürchtigen. Seht ihr das nicht ein?» (Koran 6,32; auch 8,28; 9,34 und öfter).
67 Im Koran sind sie als Vorbild erwähnt (5,82; 57,27), allerdings nicht ausnahmslos (9,34); vgl. auch den Gang Khadijas mit Mohammed zu ihrem christlichen Onkel Waraqa (s.o., S. 17).
68 *«Bis heute wird eine fromme Frau gerne als ‹zweite Rabi'a› bezeichnet.»* (A.Schimmel, *Gesang …,* S. 10).
69 Nach A.Godlas, University of Georgia (http://www.uga.edu/islam/sufism), mit dem Hinweis, dass schon im Jahr 988 das Kitab al-Luma' verschiedenste Definitionen referiert. (Nicholson 1916).

70 International Association of Sufism, Novato, California. Im Internet: http://www.ias.org/
Reichhaltige Informationen und Dokumente hat Prof. Alan Godlas von der Universität Georgia (USA) im Internet veröffentlicht: http://www.uga.edu/islam/sufism

71 Fleischhauer, Altarabische Prosa, S.289f; vgl. auch unten, Kap.3, S. 140.

72 Siehe unten, S. 172f.

73 «Buch der guten Worte», nach der altspanischen Übersetzung (s. Lit.Verz.), S. 60 und 91 übersetzt von BS.

74 Fleischhauer, *Altarabische Prosa,* S. 308.

75 Näheres dazu IMA, besonders S. 196 ff. und 259 ff.

76 Sure 43,2 und öfter.

77 Nach neueren Statistiken ist der Anteil arabischer Lehn- und Fremdwörter im Türkischen von 1923 bis 1980 von 80% auf 10% zurückgegangen.

78 Yasmine Ghata, *La nuit…,* S. 63, mit nostalgischem Stimmungsbild der Reformen.

79 Gümüs, M.Siddik: *Tam Ilmihal (Immerwährende Glückseligkeit),* Vorwort (siehe Lit.Verz.); aus dem Engl. übers. v. BS.

80 Der bereits erwähnte Roman von Yasmine Ghata enthält eine eindrückliche literarische Verarbeitung dieser Vorgänge.

81 Leopold Weiß wurde 1900 in einer jüdischen Familie in Lemberg geboren, war 1926 zum Islam übergetreten u. hatte den Namen Mohammad Asad angenommen. Siehe auch P. N. Waage, *Wenn Kulturen …*

82 M. Asad, *Der Weg nach Mekka.*

83 Raid Qusti, ein liberaler saudischer Schriftsteller, konnte erstmals im Mai 2004 in den *Arab News,* der englischsprachigen saudischen Tageszeitung, offen das Erziehungssystem als für den Terrorismus mitverantwortlich bezeichnen.

84 Die Sklaverei wurde offiziell 1962 abgeschafft, lebt aber in anderen Formen weiter.

85 Ein Freund, der das Königshaus mit Waffenverkäufen und kostspieligen politischen Ansinnen wie dem Wiederaufbau Bosniens nach Kräften geschröpft hat.

86 D.h. ein islamisches (Mond-)Jahrtausend. Mohammed al-Mahdi war 878 n.Chr./264 AH «in die Verborgenheit eingegangen». Das Jahr 1264 AH entspricht 1848 n.Chr. Nach Sonnenjahren wäre das Jahrtausend erst 1878/79 abgeschlossen.

87 Mit Titeln wie *Ayatullah Uzma* (Groß-Ayatullah), *Ruhullah, Hujjat ul-Islam, Thaqqat ul-Islam*, etc. wurde im Iran erst in neuerer Zeit eine Form klerikaler Hierarchie eingeführt.

88 Reza Aslan (Gastprofessor an der Univ. Iowa, Verf. des Buches «*Kein Gott außer Gott – eine Neuinterpretation des Islam*») in der New York Times vom 18.7.2003; ein ungewöhnliches, aber sehr aufschlussreiches Buch im Comicstil schrieb Marjane Satrapi: *Persepolis – eine Kindheit im Iran*, Zürich 2004.

89 Bericht über die Ereignisse bei Arrian, *Alexanders … Siegeszug*, Viertes Buch.

90 Siehe oben, S. 21.

91 M. Iqbal: The *Reconstruction of Religious Thought in Islam*, Neuauflage 1999.

92 Antrittsrede als Präsident der All India Muslim League, 1930, übersetzt von BS.

93 Lord Mountbatten, der brit. Vizekönig, bezeichnete Jinnah als «unzurechnungsfähig», «bösen Geist» oder auch als «Bastard».

94 Sultan Faletehan (Sunan Gunung Yati, Grab bei Cirebon).

95 In neuerer Zeit gehen z.B. die blutigen Ausschreitungen der «*Darul Islam*»-Bewegung und anderer Extremistengruppen auf die Santri-Richtung zurück.

96 A. Meddeb: *Die Krankheit des Islam*, S.156.

97 DF, S.145.

98 DF, S.144.

99 Einleitung zum *Sahih des Muslim ibn al-Hadjâdj* in der engl. MSA-Ausgabe, übersetzt von BS.

100 Sure 5,8.

101 DF, S. 112.

102 Als ein grundlegendes Element wiederholt sich der *takbir* in verschiedenen Stationen jeder *raqa*.

103 Al-Bukhari 12, 707 MSA, Muslim 4,758 MSA.

104 Kopf, Hände, Kniee und Füße.

105 *«Gott hat die ihn Preisenden erhört» – «O unser Herr! Preis sei dir!».* Bukhari, Bd. 1, Buch 12, Nr. 699 und 769 MSA. Diese Formeln sind heute fester Bestandteil des Gebetsrituals.

106 Beispiele: Das «Vaterunser» (II,286; III,8-9), die kurzen Suren 113 und 114 u.a.

107 DF, S. 116.

108 Al-Bukhari, 12, 747 MSA.

109 DF, S. 159.

110 Al-Bukhari, Bd. 1, Buch 8, Nr. 43. MSA «Behauener Stein» kann auch eine Ornamentierung einschließen.

111 Al-Bukhari, Bd. 1, Buch 2, Nr. 39 MSA.

112 Das war damals im Jahr 1955 so, heute dehnt sich dort der große Stausee.

113 A. Meddeb, *Die Krankheit des Islam,* S. 217; Tahar ben Jelloun in *Die Zeit* Nr. 37, 2. Sept. 2004.

114 Im Gegensatz zum Bericht der Genesis nennt der Koran den Namen des von Abraham zu opfernden Sohnes nicht, kündigt aber die Geburt Isaaks erst nach dem Opfer an (37,102-112). Der Islam verbindet daher Ismael mit Abrahams Opferbereitschaft.

115 Siehe unten, S. 111.

116 Dafür danke ich dem marokkanischen Jugend-Schachmeister Ahmed Anibar hiermit herzlich. Aus ganz anderer Perspektive schildert A. Meddeb das Tieropfer im Zusammenhang mit den Taten pervertierter Djihâdisten, die sich zu *«Priestern einer islamischen Adaptation des Ritualmordes»* erheben und damit *«die göttliche Erlösung auslöschen».* A. Meddeb: *Krankheit des Islam,* S. 209 f.

117 Sure 70, 24 f.

118 Von arab. *'aaschara,* zehn.

119 Siehe die ausführliche Darstellung durch H. Halm: *Der schitische Islam,* München 1994, S. 73-97.

120 Sure *14,32* und *6,145.*

121 Suren 4,43 ; 2,219, 5,91 (Amnestie für zurückliegende Verstöße in Vers 93).

122 Sahih des Muslim, Buch 23, Nr. 4882.

123 Sahih des Muslim, Buch 23, Nr. 4956, 4961; Bukhari Bd. 7, Buch 69, Nr. 491-93.

124 Sahih des Muslim, Buch 23, Nr. 4985; Bukhari Bd. 7, Buch 69, Nr. 482.

125a Sahih des Muslim, Buch 23, Nr. 5008/5012 – dort auch das folgende Zitat unter Nr. 5044.

125b Abu Daud, Sunan, Buch 32, Nr. 4038.

126a Asad, Message, S. 600 (Anm. 37f.) u. S. 731 (Anm. 75); vgl. auch Chebel, Manifeste, S. 81.

126b *Die Zeit*, Nr. 52 vom 16.12.2004 mit Zitat aus der Untersuchung von Erdal Gezik: Eerwraak in Nederland. Een quickscan van de stand van zaken. TransAct, November 2003.

127 Anm 27. Ramadan, siehe oben, S. 18.

128 Koran, 2,187 – die Angabe findet sich auch in Talmud (Berakot 1,5) und Mischna (Ber. 1,2), wird aber im Hadith interpretiert: *«bis sich die schwarze Nacht von der hellen Dämmerung unterscheidet»*.

129 *«Wenn der Ramadan kommt, sind die Tore des Gartens geöffnet und die Tore des Feuers verschlossen und die Teufel liegen in Ketten.»* (Malik ibn al-Anas, im Kitâb al-Muwatta, Buch 18,22,59) MSA.

130 Aus einem Hadith des Ibn Abbas.

131 In C.Burgmer: Streit um den Koran, S.35-41.

132 Sure 2, 183-85.

133 Al-Bukhari, Bd.3, Buch 31, Nr. 167 MSA.

134 Al-Bukhari, Bd.3, Buch 31, Nr. 127 MSA. Eine ähnliche Analogie (qiyâs) gilt, wenn das koranische Weinverbot auf Opiate ausgedehnt wird.

135 Sure 42,7.

136 Mit Ausnahme der rituellen Opfer am Adha-Fest, s.o., S. 94.

137 Sure 3, 96 f. *Bakka* ist der alte Name von Mekka. Das hier gebrauchte Wort *manâr* für *Orientierung* ist vom Licht abgeleitet – wir finden es auch als *Leuchtturm* und als *Minarett* der Moschee.

138 Zu der gewaltigen organisatorischen und infrastrukturellen

Herausforderung durch den Pilgerstrom siehe G. Schweizer und H.Blume in: Blume, *Saudi-Arabien,* S.245 und 322.

139 Das schließt nicht aus, dass wohlhabende Pilger im Fünfsterne-Hotel wohnen und eine Limousine mieten.

140 «Aadab al-muridin» (Verhaltensregeln für den Gottsucher) Hg. Abdulfattah Abdullah Baraka, Kairo 1976. Übersetzt v. BS nach der engl. Internetversion www.sunnah.org/tasawwuf/jihad003

141 «Zurück in die Zukunft», in: C. Burgmer, *Streit um den Koran,* S. 111-122.

142 Sure 1,128 und 143; Sure 13,30.

143 Sure 3, 104/110; die folgenden Kriterien 21,92; 23,52 und 2,143.

144 Sure 6,54.

145 Al-Bukhari, Buch 24, Nr. 504 MSA (vgl. Matth. 6,2-3).

146 Der arab. Begriff *waqf,* Mehrzahl, *auqaf* enthält die Bedeutung «innehalten» «(bestehen)bleiben».

147 Sahih Muslim, Buch 13, Nr. 4006 MSA.

148 Zum Beispiel die Suren 3,223; 4,24; 33,53.

149 Suren 7,189; 30,21.

150 Sahih des Muslim, 8. Buch, Nr. 3361; 1.Teil ebenso in Bukhari 54, 493, dann aber kein Geschlechtsprivileg .

151 Al-Bukhari, 72. Buch, 734; Muslim, Buch 8, 3468 MSA.

152 http://www.usc.edu/dept/MSA/fundamentals/hadithsunnah/muslim/008.smt.html

153 Sahih des Muslim, 8.Buch, Nr. 3371; Al-Bukhari, 54,430 (mit fatalistischer Erweiterung) und 55,549/550 MSA.

154 Malik, Muwatta 16,6,53, Bukhari 77,597.

155 Sure 4,3 u.ö.

156 Sahih des Muslim, Band 11, Nr. 2091; vgl. auch literarische Zeugnisse wie z.B. S. Alafenisch: *Die acht Frauen...*

157 Abu Dawud, 12.Buch, Nr. 2172.

158 Abu Dawud, 12.Buch, Nr. 2202.

159 Al-Bukhari, Buch 23, Nr. 402.

160 Al-Bukhari, 23, 382: Der Prophet sagte: *«Nicht zu uns gehört, wer seine Wangen schlägt, seine Kleider zerreißt und die Sitten und Bräuche der Zeit des Unwissens befolgt.»* Nach einem in

Maliks *Muwatta* überlieferten Hadith quält das Weinen der Hinterbliebenen die Toten (Malik, 16,12,37).

161 Ebenso wie ihn zum Gericht «*ein Führer und ein Zeuge*» begleiten (Sure 50,18 und 21).

162 Al-Bukhari, Buch 23, Nr. 453.

163 Malik, Muwatta, 16,14,43; allgemein siehe el-Saleh: *La vie future;* Schimmel: *Gesang und Ekstase;* Ibn Ahmad al-Qadi: *Totenbuch;* vgl. auch Klünker/Sandkühler: *Menschliche Seele* ..., S. 13 u.ö.

164 *The Reconstruction of Religious Thought*, 122 f.

165 Siehe Kap. 6.1, Seite 212 ff.

166 Ahmed Marzouki: *Tazmamart*, cellule 10, Paris 2000, S. 127 f. (übersetzt von BS).

167 Das folgende Kapitel zielt auf den innerislamischen Aspekt, Kap. 4 auf den Bezug zum Westen.

168 Suren 2,164; 16,5-16 u.ö. Selbst Dinge wie *Schiff* und *Zelt* hat Gott den Menschen gegeben (Sure 17,66; 40,79f.).

169 Suren 14,41; 38,28 u.ö.

170 Sure 10,24. Vgl. Goethes «Mahomets Gesang»

171 Sure 16, 11-13.

172 Suren 13,3; 16, 11-13 u.ö.

173 So ist wohl auch der in Anmerkung 177 zitierte Hadith zu verstehen.

174 Siehe oben, S. 54f.

175 At-Tauhidi, Fleischhauer, S. 292 f.

176 Siehe S. 216.

177 Al-Kindi, († 873), zit. v. Ibn Rushd (Averroes), nach der Ausgabe v. M. al-Jaberi: *The final say...* Derselbe Gedanke in einem Hadith des Propheten: «*Die Weisheit ist das verlorene Gut der Muslime. Sie dürfen sie nehmen, wo sie sie finden*» (zitiert nach M.Siddik Gümüs, *Tam Ilmihal,* Istanbul 1993, Vorwort).

178 Ignaz Goldziher, *Islam im Mittelalter,* S. 56 ff.

179 Erhalten ist der *fihrist* von al-Nadîm aus dem 10. Jh. mit biografischen Anmerkungen.

180 Vgl. auch Rudolf Steiner, GA 184, *Die Polarität von Dauer und Entwicklung*, 2. Aufl. Dornach 1990, S.282 f.

181 Dem lateinischen Mittelalter als *Mesue* bekannt.

182 Dazu die entspr. Artikel der EI, sowie H.-H. Schöffler, *Die Akademie von Gondischapur*, Stuttgart ^{2}1980, S. 94 ff. Der folgende Auszug aus der ausführlichen Hunain-Biografie von Al-Qifti, aus: M. Fleischhammer, *Altarabische Prosa*, S. 122 f.

183 Siehe dazu W.-U. Klünker / B. Sandkühler, *Menschliche Seele und kosmischer Geist*, Stuttgart 1988.

184 Hunain ist der lateinischen Scholastik als «Johannitius» bekannt. Seine Berühmtheit im Abendland verdankt er insbesondere seinen Abhandlungen zur Augenheilkunde.

185 Dazu sagt al-Birûni: «*Manche stempeln die Wissenschaft als eine Art Ketzerei ab, um sich selbst einen Freibrief auszustellen, ihre Vertreter auszurotten, damit durch deren Aussterben ihre eigene Geistesverfassung nicht ans Licht komme ...*» (In den Gärten der Wissenschaft, S. 39).

186 *Fasl al-maqâl wa al-taqriru / Discours décisif.* Paris 1996 (zweisprachige Ausgabe).

187 Siehe oben, S. 64, und unten, Kap. 4, S. 171.

188 Siehe oben, Kap. 2, S. 64.

189 Z.B. Sure 2,62 oder 28, 51-54 (die heutige Surenzählung berücksichtigt nicht die Reihenfolge der Entstehung).

190 Dabei ist wie in Sure 4, 90 mit Krieg *(harb)* ein realer Kampf, nicht nur ein Glaubensverstoß gemeint.

191 Mohammed al-Fazâri übersetzt in Baghdad das astronomische Werk *Siddhânta* des *Brahmagupta* aus dem Sanskrit.

192 Die Ähnlichkeit der beiden Parallelströme geht bis in gewisse Formeln, mit denen sich Autoren gegen den Vorwurf der Ketzerei zu schützen suchten; dazu z.B. GRLMA, Bd. X, 1, S. 178.

193 Khwarezm (alias Khorasan oder Khiva) liegt unweit des Oxus an der heutigen Grenze zwischen Usbekistan und Turkmenistan. Al-Khwarezmi lebte etwa zwischen 780 und 845 n. Chr. In der lateinischen Welt erhielt sein Name die Form Algorismi oder Algorismus.

194 Diese stellte er in geometrischen Figuren dar. Siehe Sesiano, in SWEC, S. 404 ff.

195 Auch als Leonardo Pisano erwähnt, circa 1170 bis nach 1240.

196 Sein mittelalterlicher Name war «Geber».

197 Avicenna wurde 970 in der Nähe von Bukhara geboren; er starb 1037 auf einer Reise nach Hamadan im Iran.

198 Ein weiteres Beispiel aus der Neurologie in: Sandkühler u.a., *Die menschliche Nervenorganisation* ..., hg. von W. Schad, Stuttgart 1992, Teil 1, S. 17 f.

199 AvL, 1,1 (Bd.I, S.36) und 5,7 (Bd. II, S.162)

200 Avicenna , Qasida über die Seele, Ausgabe: *Les Qasides* ... Serie 9, Bd. 7, S. 157-73, übersetzt von BS.

201 1142 durch Robert von Ketton und ein Übersetzerteam in Toledo, veranlasst von Petrus Venerabilis, dem Abt von Cluny, Näheres: Kritzeck, Peter-Ausgabe, New Jersey 1964, in der Petrus-von Glei, S. XIII f, und bei Hagemann, *Christentum* ..., S. 30 ff.

202 Deutsch v. R. Benz, Jena 1917 u.ö.: Kapitel «Von Sanct Pelagius dem Papst».

203 Dem Gespräch eines Muslims mit drei christlichen Gelehrten, siehe Literaturverzeichnis.

204 Z.B. war Abt Michael von Couiza um die Mitte des 10. Jh. ins Heilige Land gereist (der Kreuzgang seines Klosters wurde tausend Jahre später von einem Amerikaner gekauft und steht heute am Ufer des Hudson River).

205 Roger Bacon zählt um 1250 in seinem «Philosophischen Kompendium» in bunter Folge auf: *«wie jedermann in den Werken von Aristoteles, Seneca, Tullius [Cicero], Avicenna, Alfarabius, Plato, Socrates, und anderen lesen kann...»*

206 Contra sectam saracenorum, 24, Ausg. Glei, S.62/63; dort Genaueres zu Petrus und seinem Wirken, sowie ausführliche Dokumentation.

207 Joseph F. O'Callaghan, *A History of Medieval Spain.* Ithaca 1975, S. 313.

208 Koran, Sure 8,1 u.ö.

209 Zitiert nach A.Pym, http://www.fut.es/~apym. Mit «Volkssprache» ist kastilianisch-spanisch oder katalanisch gemeint. Dominikus Gundissalinus oder Gundisalvi war Erzdiakon von

Segovia, wir verdanken ihm u.a. ein bedeutsames Werk über die Unsterblichkeit der Seele.

210 E. Grant, *A Sourcebook*, S. 36

211 Ihre Sicherheit währte nicht allzu lange: 1300 schleifte Karl II. von Anjou die Stadt und verkaufte 6000 überlebende Einwohner in die Sklaverei (LMA, s. unter «Lucera»).

212 Ibn Sab'in (etwa 1217-1271) war ein in Sizilien hoch geachteter Sufi. Vgl. Lit.Verz.

213 Bemerkenswert die gegenüber der üblichen aristotelischen Tradition erweiterte Gliederung in Wachstumsseele, tiergleiche Seele, Rationalseele, Weisheitsseele, Prophetische Seele.

214 E. Wiedemann, *Fragen* ... (siehe Lit.Verz.)

215 Zum Projekt der Aktualisierung der älteren toletanischen Sterntafeln siehe Kasten (Text aus der englischen Übersicht der Univ. Washington übers. v. BS – http://faculty.washington.edu/petersen /alfonso/esctra13.htm.

216 Dagegen bezeichnet Adelards Zeitgenosse Wilhelm von Malmsbury die Mathematik noch als «gefährliche sarazenische Zauberei».

217 Einleitung zu Bacons *Opus tertium*, Ausg. Brewer, S. 1 und 15.

218 *«In den Kreuzzügen kommt die Einheit des christlichen Abendlandes, das Gut und Blut für eine religiöse Idee opfert, zu ihrem großartigsten Ausdruck»*. Würzburg ^{26}1960, S. 448.

219 Beide in Anführungszeichen gesetzten Zitate ebenfalls aus Ploetz, a.a.O., S. 449.

220 Geschichte des Feldzuges nach Jerusalem. Nach der engl. Ausg. v. H.Fink, Knoxville 1969, S. 120 f., übersetzt von BS.

221 Ibn al-Athir, nach Gabrieli, *Kreuzzüge*, S. 159 f.

222 Der folgende Text aus der Saladin-Biografie des Wesirs Bahad-Dîn nach Gabrieli, *Kreuzzüge*, S. 153 f.

223 Tommaso da Celano, 2. Franziskusbiografie, 2,30, nach Ipser, *Friedrich II.*, S. 116.

224 Vgl. Hoebrichts, *Saint Francis and Islam.*

225 Vgl. Lazarus-Yafeh, *The Majlis* ...

226 Potthast, Regesta...24, VII/1220, d 6310, zitiert nach Ipser, *Friedrich II.*, S. 115.

227 Usama 99, nach Gabrieli, *Kreuzzüge*, S. 122.

228 In dt. Übersetzung: Gabrieli, *Kreuzzüge* ..., S. 384-87.

229 Von *Almanach* bis *Zibebe* und *Zucker*. Vgl. Lokotsch, *Wörterbuch*.

230 Inzwischen hat man sich längst daran gewöhnt, dass ein Wissenschaftler in seiner Arbeit von Annahmen ausgeht, die er auf Grund seines katholischen oder islamischen Glaubens ablehnen müsste.

231 Eine vorbildliche neuere Ausgabe mit Forschungsübersicht: E. Werner 1986, siehe Lit.Verz.

232 *Contra legem saracenorum*, siehe J. Hopkins, in seiner Ausgabe der *Cribratio Alcorani*, Bd. 1, S. 966.

233 Clark, Harry: *The Publication of the Koran in Latin, a Reformation Dilemma*. 1984.

234 Aus: *De pace fidei*, XV, übers. v. BS.

235 Hagemann, *Christentum*, S. 98 f.

236 Traité sur la tolérance, in Voltaire, *Mélanges*, (Pléiade) Paris 1965 u.ö., S. 563-646.

237 An Zelter, 11. Mai 1820.

238 Hamburger Ausgabe, Bd. 2, S. 538.

239 Sure 2, 242.

240 Hamburger Ausgabe, Bd. 2, S. 127.

241 Ebenda, S. 143.

242 Ebenda, S. 149.

243 J. P. Eckermann, *Gespräche mit Goethe* (siehe Lit. Verz.), S. 212 f. (11. April 1827).

244 Hagemann, *Christentum* ..., S. 104 f.

245 Vgl. dazu W. Maas: *Im Namen des barmherzigen Gottes?* Stuttgart 1999, S. 94.

246 Vgl. A.E. Afifî, *The Influence of Hermetic Literature* ...

247 Z.B. *De imaginibus (über die Bildwerke)*, hg. v. F. J. Carmody, *Astronomical Works* ..., S. 167-97.

248 Hg. H. Sturm, S. 60: *«Wer sich selbst kennt, verliert sich nicht vor den Menschen.»*

249 Alanus ab Insulis: *Predigten zum Jahreslauf*, lat. u. dt., Stuttgart 1998, S. 134-59.

250 Vgl. P. Ponsoye, *L'Islam et le Graal*, Paris 1957, S. 22 u.ö.
251 D.h. kurz nachdem die letzten Sabier aus Baghdad vertrieben wurden. Vgl. W. Scott, *Hermetica.*
252 Ein besonders berühmtes Beispiel bietet das bis heute nicht entzifferte sog. «Voynich-Manuskript» von Roger Bacon.
253 Agrippa von Nettesheim, *Briefwechsel*, 1.Buch, Brief 11.
254 Siehe oben, S. 20, und unten, S. 212.
255 *Fasl al maqâl / Discours décisif* (Entscheidende Darlegung), § 25, S. 122 f. Siehe oben, S. 140; vgl. unten, S. 203.
256 So von Muhammad al-Mahmun al-Hudaibi, dem 2004 verstorbenen Leiter der Bruderschaft, in *Al-Madjalla,* August 18-24, 1996, S. 7 (engl. von Ted Thornton, 2004 – siehe Lit.Verz.)
257 D.h. oberste Autorität in Fragen des islamischen Rechts.
258 Asad, *Mein Weg nach Mekka,* S. 138-39; vgl. auch die offizielle jordanische Darstellung in Internet: www.kinghussein.gov.jo/his_arabrevolt.html
259 In gewissen sunnitischen Kreisen wird der Begriff eben wegen dieses Bezuges auf die vorbildlichen Muslime der ersten beiden Jahrhunderte abgelehnt.
260 Siehe S. 65.
261 El Mundo (Cataluña), 21.11.2004, S. 2: «Die Häufung von Zufällen läuft auf eine Gewissheit hinaus.»
262 In einem Hadith sagt Mohammed: *«Wer wohlhabend ist und nicht heiratet, gehört nicht zu mir.»* Vgl. Sure 30, 21.
263 Engl. Ausg.: *Milestones.* The Holy Koran Publishing House, Beirut 1980, S. 7 ff. Die Aktivitäten und Verzweigungen der Muslimbrüder dokumentiert neuerdings ausführlich M. Küntzel, *Djihâd.*
264 Allein an den großen Universitäten von Kairo und Assiut stieg die Zahl von 5000 auf 40.000 Studierende an.
265 Begründung: Zwischen Muslimen und Christen herrsche Krieg, es handele sich also um Beute, auf die die koranischen Bestimmungen anzuwenden seien (z.B. Sure 48,20).
266 Da der Tourismus an vielen Orten wichtigste Lebensgrundlage ist, wurden gegen ihn gerichtete Aktionen unmittelbar als Einnahmeausfall wahrgenommen.

267 In einem Gerichtsprozess in den USA kam jüngst zu Tage, dass die Führer der Djamâ'a im Herbst 2000 darüber berieten, ob sie ihre Stillhaltepolitik beibehalten oder den Kampf gegen die ägyptische Regierung wieder aufnehmen sollten (*New York Times*, «Tracing Militants...», 2.10.2004).

268 Siehe oben, S. 72 ff., 169 ff. und 178 f.

269 *Medrese*, arab. «Lehrstätte» ist die traditionelle islamische Schule, deren Schüler *talaba* (iranisch *taliban*, «Suchende») genannt werden.

270 http://www.witness-pioneer.org/vil/Articles/scholars/bio-2.html

271 In dieser Zeit hatte Maudûdi auch Kontakt mit Asad und Iqbal: siehe S. 76 f.

272 Ansprache Maudûdis aus dem Jahr 1939: *Djihâd in Islam*, S. 28, Islamic Publications, Lahore. Im Internet unter http://www.islamistwatch.org/texts/Maudûdi/Maudûdi.html. Übers. v. BS.

273 Ebda., S. 8.

274 Zit. nach Rudolph Peters, *Jihad in Classical and Modern Islam*, Princeton, N.J., 1996, S. 128, übers. v. BS. Hier ist auch an das *Dhimmi*-System zu denken, das den Status von Nichtmuslimen unter islamischer Herrschaft regelte. Dazu: Bat Yeor: Der Niedergang ...

275 Suren 2, 256 und 5,32.

276 Z.B. http://www.geocities.com/~abdulwahid/muslimarticles/mawdudi2.html

277 Es soll hier nicht näher auf die vorangegangene Politik und das britisch-französische Sykes-Picot-Abkommen eingegangen werden, das damals noch nicht öffentlich bekannt war. Für Einzelheiten der folgenden Zeit siehe M. Küntzel: *Djihâd und Judenhass.*

278 1917 lebten nur ca. 56.000 Juden in Palästina.

279 M. Asad: *Mein Weg nach Mekka*, S. 117; 1948 war die jüdische Einwohnerschaft auf 650.000 angestiegen und stellte nach der Flucht von ca. 850.000 arabischen Einwohnern 74% der Bevölkerung, weitere 664.000 wanderten bis 1951 ein. 1974

lag der jüdische Bevölkerungsanteil bei 88%, doch ist er seit einiger Zeit wegen der unterschiedlichen Geburtenrate wieder rückläufig.

280 Al-Bukhari, 43. Buch, Nr. 632 – Die Djihâdisten wollten quasi Gottes Richtspruch vorwegnehmen.

281 M. Heikal: *Kairo-Dossier*, S.320

282 1985 der ägypt. Präsident Anwar as-Sadat, 1991 der israelische Präsident Yitzhak Rabin

283 Suren 9,5 und 4,75; *Ha'aretz*, 4.2.2005.

284 Vgl. auch die Einengung des Begriffs «antisemitisch» auf das Judentum, wie sie z.B. in dem öffentlich wenig beachteten *Global Antisemitism Review Act* vom 16.10.2004 zum Ausdruck kommt, mit dem die US-Jurisdiktion weltweit antijüdische Äußerungen verfolgen will.

285 Leitartikel der *New York Times* vom 3. Dez. 2004 (»After Arafat, Despair and Hope»); neue Gespräche der gegnerischen Präsidenten seit Februar 2005.

286 Siehe unten, S. 210 und 221, und *UN-Arab Human Development Report* 2003, S. 23.

287 Die Vielzahl der Gruppen reicht von der «Genfer Erklärung» und großen Organisationen wie *Shalom arshav* (Frieden jetzt) über Jugendinitiativen wie die Kinderolympiade «All-in-peace» oder die Jugend-Begegnungen Sha'ar ha-Olam/Bâb al-'Alam (Tor zur Welt) bis zu der parallelen Erzählung palästinensisch-israelischer Geschichte «Histoire de l'autre» (s. Lit.-Verz.) oder dem jüdisch-arabischen Friedenskollektiv, das im September 2004 zahlreiche kleinere Gruppen Europas im «Straßburger Aufruf» vereint hat.

288 (L. Weiß alias) Muhammad Asad, *Der Weg nach Mekka*, Hamburg / Zürich 1992, S. 128. Er zitiert wenig später Theodor Fontane: «*Die Engländer sagen immer Christus, meinen aber Kattun*» (S.129).

288a Im 6. «Tübinger Gespräch» des Stuttgarter Instituts für Auslandsbeziehungen wurden schon 1985 verschiedene Aspekte und Gefahren dieser Entwicklung diskutiert, allerdings ohne nennenswerte politische Konsequenzen («Die Welt des Islam zwischen Tradition und Fortschritt» Zeitschrift für Kulturaustausch, 1985/3-4).

289 Zuletzt von E. Laurent: *Bush's Secret World,* 2004.

290 Nicholas D. Kristof, *New York Times* 17.7. und 24.11.2004: Apocalypse (Almost) Now. Ein weiterer viel gelesener christlicher Fundamentalist ist Oswald Chambers («My Utmost for His Highest»), der Gott zuliebe die «absolute und unwiderrufliche Aufgabe des eigenen Willens» fordert.

291 *New York Times* 27.10.2004, D. Benjamin / G. Weimann: *What the Terrorists Have in Mind.*

292 Sure 5, 48; ähnlich 11,118; 16,93; 42,8.

293 Al-Bukhari, Bd. 1, Buch 8, Nr.429 und 437 MSA.

294 http://www.muslimaccess.com/quraan/tafseer/097.htm

295 Suren 3,45; 2,87; 4,158; 5,117

296 Al-Bukhari, Bd. 6, Buch 60, Nr.3, Muslim, Buch 41, Nr. 6924 u. 7014 ff. Zu der ganzen Frage auch Nasr Hamid Abu Said, in: C. Burgmer, *Streit um den Koran,* S. 138, 141 f.

297 Maas, *Im Namen des barmherzigen Gottes?* Stuttgart 1999, S. 13 ff.

298 Z.B. al-Bukhari, Buch 54, 416 MSA.

299 FHQ, Nrn. 1, 23 und 31.

300 Suren 7,34; 10,49; 15,5; 23,43. (In diesen Versen steht stets der auch für die islamische Gemeinschaft gebräuchliche Ausdruck *umma).* Vgl. auch Sure 11,48.

301 In ähnliche Richtung geht eine Äußerung Rudolf Steiners: «...So ist die ‹Einheit der Religionen›. Wir müssen uns jede Religion im Laufe der Menschheitsentwickelung an dem richtigen Punkt aufsuchen und in ihr das Lebendige suchen, nicht das Tote; denn alles entwickelt sich weiter. Das müssen wir verstehen und begreifen lernen ...» (*Das Lukas-Evangelium,* Basel 20.9.1909, GA 144, S. 137).

302 *Fasl al-maqâl wa al-taqrîru/Discours décisif.* Paris 1996 (zweisprachige Ausgabe), §§ 25, 16 und 8.

303 8. Auflage, Neu Delhi 2003. Alle Zitate von BS aus dem Englischen übertragen.

304 *Reconstruction,* S. 8.

305 *Reconstruction,* S. 151.
306 *Reconstruction,* S. 97.
307 *Reconstruction,* S. 150.
308 *Reconstruction,* S.103.
309 Aus: *Ein Grab für New York.* Ausgewählte Gedichte, Zürich 2004, S. 40. Dazu seine Studie über «Das Statische und das Dynamische» (1973). Vgl. auch W. Maas, *Im Namen …,* S. 11.
310 Interview in *Le Monde de l'Education,* Januar 2004, S. 80-85.
311 The Responsibility for the Failure of the Islamic State. Kairo 2004. I. Mauji, *Der Aufbruch.* Frankfurt / M. 2003.
312 Malek Chebel / Marie de Solemne: *Islam et libre arbitre? – La tentation de l'insolence,* Paris 2003.
313 Die Abschlusserklärung im Internet: http://www.mengos.net/events/04newsevents/egypt/october/ ibnkhaldun-English.htm; eine aufschlussreiche Analyse in der *New York Times* vom 10.12.2004: http://www.nytimes.com/2004/12/10/international/middleeast/10islam.html?th
314 Holding Up Arab Reform. *New York Times,* 16. Dez. 2004.
315 http://english.aljazeera.net/NR/exeres/A27D1C86-9761-404D-BB04-A55CB58305EC.ht
316 *Arab Human Development Report 2003,* S. 52 u.ö.
317 Ibrahim Abouleish: *Die Sekem-Vision – eine Begegnung von Orient und Okzident verändert Ägypten,* Stuttgart/Berlin 2004.
318 *«Aischa erzählte: Wer auch immer behauptet hat, Mohammed habe seinen Herrn gesehen, der begeht einen großen Fehler, denn er sah nur Gabriel in seiner wahren Gestalt, in der er geschaffen ward, den ganzen Horizont erfüllend»* (al-Bukhari, 54. Buch, 457 MSA).
319 al-Bukhari, 61. Buch, 561; ib. 513 MSA und DF S. 484; vgl. Luxenberg, syr.-aram.Version, S. 44 ff.
320 Ibn Ruschd: *Fasl al-maqâl/Discours décisif,* §§ 23, 40-45.
321 The Message (Theology) of Unity (‹Risalat at-Tawhid›), übs. Ishaq Musa'ad und Kenneth Cragg, London 1966. Vgl. A. Meddeb, *Krankheit,* S. 246.
322 *New York Times,* 5. Dez. 2004: U.S. Slows Bid to Advance Democracy in Arab World (J. Brinkley).

323 Meddeb, *Krankheit,* S.64 und 246. Charfi, *Islam et liberté,* Paris 1999 (siehe Kasten, Übersetzung von Beate Till). Charfi lehrte an der Universität Tunis und war von 1989-94 tunesischer Erziehungsminister.

324 http://www.ifrance.com/Confluences/lecture/charfi.htm

325 J. Attali: *Brüderlichkeit – eine notwendige Utopie im Zeitalter der Globalisierung*. Stuttgart 2003.

326 The Emancipation of Women (Die Befreiung der Frau) und The New Woman (Die neue Frau)

327 In einem Interview mit dem englischsprachigen ägyptischen Wochenblatt *Al Ahrâm Weekly,* 11.-17.11.04.

328 Die «Partei für Gerechtigkeit und Entwicklung» (AK).

329 *Arab Human Development Report 2003,* Der dritte Bericht (2004) wird z. Zt. noch von der US-Regierung blockiert.

330 Siehe oben, S. 210, und vgl. den Artikel «Courageous Arab Thinkers» (»Mutige Arabische Denker») von Thomas L. Friedman in der *New York Times* vom 19. Oktober 2003.

331 Wesentliches dazu: Angelika Neuwirth, in C. Burgmer, *Streit um den Koran,* S. 82-97.

332 Ibn 'Arabi und Eratosthenes, A. Meddeb, *Krankheit,* S. 252.

333 Nach Mazahéri, S. 54-58.

Literaturverzeichnis

Abouleish, Ibrahîm: *Die Sekem-Vision.* Stuttgart/Berlin 2004.

Adonis: *Ein Grab für New York.* Ausgewählte Gedichte 1965-71, arab./deutsch, übertragen von Stefan Weidner Zürich 2004.

Afifî, A.E: The Influence of Hermetic Literature on Moslem Thought, *Bulletin of the School of Oriental and African Studies* No. 13, London 1951.

Alafenisch, Salim: *Die acht Frauen des Großvaters,* Zürich 2004.

Alanus ab Insulis: *Predigten zum Jahreslauf,* lat. u. dt., Stuttgart 1998, S. 134-59

Al-Biruni: *In den Gärten der Wissenschaft.* Übersetzt von G. Strohmaier, Leipzig 1988.

Al-Bukhari, Abu Abdallah: *Detti e fatti del profeta dell'Islam,* Torino 1982 (zitiert als DF).

Al-Gailani, Noora / Smith, Chris: *The Islamic Year – Surahs,* Stories and Celebrations, Stroud (UK) 2002.

Al-Jaberi, Muhammad (Hg.): *Ibn Rushd (Averroes),* «The Final Say on the Determination of the Relationship between Islamic Law and Wisdom», Beirut, ^{2}1999.

Al-Kawakibi, A.R.: *The Character of Despotism and the Downfall of Slavery,* Beirut 1984/93.

Amin, Qasim: *Die Befreiung der Frau.* Altenberge/Würzburg 1992.

Amiri, Suad: *Sharon und meine Schwiegermutter.* Frankfurt/M. 2004.

Anawati: *Dieu et le destin de l'homme dans la théologie musulmane.*

Andrae, Tor: *Islamische Mystiker,* Stuttgart 1960.

Arrian (Flavius Arrianus): *Alexanders des Großen Siegeszug durch Asien,* Zürich 1950 u.ö.

Asad, Muhammad: *Islam at the Crossroads* 1934; Nachdruck Lahore 1987.

Asad, Muhammad: *The Message of the Qur'an,* Translated and Explained, Gibraltar 1980. Neuauflage Bristol 2003.

Asad, Muhammad: *The Principles of State and Government in Islam,* Neuaufl. Bristol 2003.

Asad, Muhammad: *Der Weg nach Mekka,* Berlin/Frankfurt 1955. TB Hamburg/Zürich 1992.

Averroes – siehe Ibn Ruschd

Avicenna – siehe Ibn Sina

Bacon, Roger OFM: Opus Tertium u.a., hg. v. J. S. Brewer, *Rer. Britann. Scriptores* 15 (1859).

Bat Ye'or: *Der Niedergang des orientalischen Christentums unter dem Islam.* Zwischen Dschihad und Dhimmitude. Gräfelfing 2002.

Blume, Helmut u.a.: *Saudi-Arabien,* Tübingen 1976.

Bousar, Dounia: *«L'islam des banlieues»* Paris 2001.

Bousar, Dounia/ Kada, Saïda: «*L'une voilée, l'autre pas*», Paris 2003.

Böwering, Gerhard: *Wie Muslime denken,* Freiburg 2004.

Buchwald, Wolfgang u.a. (Hg.): *Tusculum.* Lexikon griech. u. lat. Autoren des Altertums und des Mittelalters, München/Zürich , [3]1982 u.ö. (zitiert als TL).

Burgmer, Christoph (Hg.): *Streit um den Koran.* Die Luxenberg-Debatte, Standpunkte und Hintergründe, Berlin 2005.

Butzer, Pal Leo (Hg.): *Science in Western and Eastern Civilization in Carolingian Times,* Basel 1993 (zitiert als SWEC).

Campbell, D.: *Arabian Medicine and its influence on the Middle Ages,* London 1926.

Carmody, Francis J.: *The Astronomical Works of Thabit b. Qurra,* Berkeley 1960.

Carmody, Francis J.: *Arabic Astronomical and Astrological Sciences in Latin Translation,* Berkeley 1956.

Cerulli, Enrico: il «Libro della Scala» e la questione delle fonti arabospagnole della Divina Commedia. Città del Vaticano 1949 (*Studi e testi,* 150).

Chebel, Malek: *Manifeste pour un Islam des Lumières – 27 propositions pour réformer l'Islam.* Paris 2004.

Chebel, Malek: *Dictionnaire des symboles musulmans,* Paris 1995 (zitiert als DSM).

Chebel, Malek / de Solemne, Marie: *Islam et libre arbitre? – La Tentation de l'insolence,* Paris 2003.

Eckermann, Johann Peter: *Gespräche mit Goethe in den letzten Jahren seines Lebens,* München 1984.

El-Saleh, Soubhi: *La vie future selon le Coran,* Paris 1986 (Etudes musulmanes, XIII).

Evola, Julius: *Die hermetische Tradition,* Interlaken 1989.

Fleischhammer, Manfred (Hg.): *Altarabische Prosa,* Köln 1988.

Fourest, Caroline: *Frère Tariq,* Paris 2004.

Foz, Clara: Bibliografia sobre la escuela de traductores de Toledo, in: *Quaderns, Revista de traducció* 4, Barcelona 1999, S. 85-91.

Gabrieli, Francesco: *Die Kreuzzüge aus arabischer Sicht,* Augsburg 1999 u. a. Ausgaben.

Ghata Yasmine: *La nuit des calligraphes,* Paris 2004.

Glei, R. – siehe Petrus Venerabilis

Grant, Edward (Hg.): *A Source Book in Medieval Science.* Cambridge, MA, 1974.

Grunebaum, G.E. von: *Der Islam im Mittelalter.* Zürich/Stuttgart 1963 (zitiert als IMA).

Gümüs, Mohamed Siddik: *Tam Ilmihal – Se'adet-i-Ebediye (Immerwährende Glückseligkeit).* Istanbul (Waqf Ikhlas) 1993. Übers. v. BS aus der engl. Internetversion: http://www.hizmetbooks.org/Endless_Bliss (1998).

Hadith: *Forty Hadith Qudsi.* Revival of Islamic Heritage Society, Islamic Translation Center. Aldahieh, Kuwait.

Hagemann, Ludwig: *Christentum contra Islam,* Darmstadt 1999.

Halm, Heinz: *Der schi'itische Islam,* München 1994.

Halm, Heinz: *Die Islamische Gnosis,* Zürich 1962.

Hamadeh, Anis: The Concept of Science in Early Islamic History, *Periodica Islamica* 6(1): 7-14, 1996.

Heikal, Mohammed: *Das Kairo-Dossier,* Wien/München/Zürich 1972.

Hoeberichts, J.: *St. Francis and Islam,* Quincy/USA 1997.

Hopkins, Jasper – siehe Nicolaus Cusanus, ed. Hopkins

Hunayn ibn Ishaq: *The Libro de los buenos proverbios*, hg. v. Harlan Sturm. Lexington 1970.

Ibn Ahmad al-Qadi, 'Abd ar-Rahîm: *Das Totenbuch des Islam,* Bindlach 1991.

Ibn Ruschd, Mohamed: *Discours décisif.* arab./frz., Paris 1996.

Ibn Sab'în 'Abd al-Haqq: Al-masa'il al-siqilliya (Die sizilianischen Fragen), in: M. Amari, *Biblioteca arabo-sicula* Bd.2 (1856), S.573-77. Franz. Übersetzung *im Journal des savants,* sér. VII, Bd.14 (1879), S. 341 ff.

Ibn Sina, Abu Ali al-Husain: *Dichtungen.* Franz. Übers. in *Journal Asiatique,* sér. 9, Bd. 7, S. 157-173.

Ibn Sina, Abu Ali al-Husain: *Avicenna Latinus, Liber de Anima,* hg. v. S. van Riet, Louvain/Leiden 1968-72 (zitiert als AvL).

Ibn Tufail, Abu Dja'far: *Haj ibn Jaqzan der Naturmensch,* dt. v. Joh. Gottfried Eichhorn, Leipzig 1983.

Ipser, Karl: *Der Staufer Friedrich II.,* Berg 1977.

Iqbal, Sir Muhammad: *The Reconstruction of Religious Thought in Islam,* New Delhi, ^{8}2003.

Khomeini, Ayatollah: *Meine Worte, Weisheiten, Warnungen, Weisungen,* München 1980.

Klünker, W.-U. / Sandkühler, B.: *Menschliche Seele und kosmischer Geist,* Stuttgart 1988.

Kritzeck, J.: *Peter the Venerable and Islam,* New Jersey 1964.

Küntzel, Matthias: *Djihâd und Judenhaß – über den neuen antijüdischen Krieg,* Freiburg 2003.

Lazarus-Yafeh, Hava u.a.: *The Majlis – Interreligious Encounters in Medieval Islam,* Wiesbaden 1999 (Studies in Arabian Language and Literature, vol.4).

Lewis, Bernard: *What Went Wrong? – The Clash between Islam and Modernity in the Middle East,* New York 2002.

Lewis, Bernard: *The Crisis of Islam – Holy War and Unholy Terror,* New York 2004.

Lewis, Bernard: *The Assassins – A Radical Sect in Islam,* London 1967.

Lokotsch, Karl: *Etymologisches Wörterbuch der europäischen Wörter orientalischen Ursprungs,* Heidelberg 1927.

Lüling, Günter: *Über den Urkoran,* Erlangen 1993.

Lull, Ramon: *Buch vom Heiden und den drei Weisen,* Freiburg 1986 u. Stuttgart 1998.

Luxenberg, Christian: *Die Syro-aramäischen Ursprünge des Koran.* ^{2}2004.

Manji, Irshad: *The Trouble with Islam – A Muslim's Call for Reform in her Faith.* Deutsch: *Der Aufbruch,* Frankfurt/Berlin 2003.

Mazahéri, Aly: *So lebten die Muselmanen im Mittelalter*, Stuttgart 1957.

Meddeb, Abdelwahhab: *Die Krankheit des Islam*, Heidelberg 2002.

Nicholson, R. A. (ed.): *Ketab Al-Luma*, London 1916.

Nicolaus Cusanus: *Cribratio Alcorani, De pace fidei.* Engl. v. J. Hopkins, Minneapolis 1996.

Nicolaus Cusanus: *Cribratio Alkorani.* Opera Omnia. Bd. 8, Hamburg 1986.

Nigosian, Solomon: *Islam, The Way of Submission.* 1987 o. O.

Obin, Jean Pierre: Les signes et manifestations d'appartenance religieuse dans les établissements scolaires. Ministère de l'éducation nationale, Paris 2004.

O'Callaghan, Joseph F.: *A History of Medieval Spain*, Ithaca 1975.

Öztürk, Yasar Nuri: *Rumi und die islamische Mystik*, Düsseldorf 2002.

Öztürk, Yasar Nuri: *400 Fragen zum Islam, 400 Antworten.* Düsseldorf 2000.

Peters, Rudolph A.: *Jihad in Classical and Modern Islam: A Reader*, Princeton, N.J. 1996.

Petrus Venerabilis: *Contra sectam Saracenorum*, hg. v. R. Glei (Corpus Islamo-Christianum, ser. latina, Bd.1), Altenberge 1985.

Ploetz, Karl: *Auszug aus der Geschichte*, zahlreiche Auflagen

Potthast, Alfred: *Regesta Pontificum Romanorum*, Berlin 1873.

Riccoldo da Montecroce: *Contra legem saracenorum*, hg. v. J. M. Mérigoux (Memorie Dominicane, Nuova Serie 17/1986, S. 60-142).

Ronart, S. und N.: *Lexikon der Arabischen Welt*, Zürich und München 1972 (zitiert als LAW).

Roy, Olivier: *Globalised Islam. The Search for a New Ummah.* London, 2004.

Roy, Olivier: *L'Islam mondialisé*, Paris 2002.

Saleh, Soubhi – siehe el-Saleh

Sandkühler, Bruno – siehe Klünker

Sandkühler, Bruno: *Zur Geschichte der Begriffe motorische und sensitive Nerven* – siehe Schad

Satrapi, Marjane: *Persepolis – eine Kindheit im Iran.* Zürich 2004.

Schad, Wolfgang (Hg.): *Das menschliche Nervensystem und die soziale Frage*, Stuttgart 1992.

Schimmel, Annemarie (1999): *Gesang und Ekstase – Sufi-Texte des indischen Islam*, München 1999.

Schimmel, Annemarie (2002): *Das Islamische Jahr*, München, ²2002.

Schöffler, Heinz-Herbert: *Die Akademie von Gondischapur*, Stuttgart ²1980.

Scott, Walter: *Hermetica*, Oxford 1924.

Sesiano, Jacques: Arabische Mathematik im 8.-10. Jh., in: Butzer, *SWEC*, S. 398-442.

Thornton, Ted: http://www.nmhschool.org/tthornton/revivalism.htm

Ullmann, Manfred: Die Natur- und Geheimwissenschaften im Islam, (Handbuch der Orientalistik, Erste Abteilung, Ergänzungsband VI, 2.)

United Nations Development Program: *The Arab Human Development Report 2003 – Building a Knowledge Society*, New York 2003, ISBN: 92-1-126157-0.

University of South Carolina: *Muslim Student Association.* http://www.usc.edu/dept/MSA

Waage, Peter N.: *Wenn Kulturen kollidieren – Islam und Europa, das Phänomen S. Rushdie*, Stuttgart 1991.

Waheed, Ziad: *How the Holy Warriors Learned to Hate.* New York Times 18.6.2004.

Weiß, Leopold – siehe Muhammad Asad

Werner, Edeltraud (Hg.): *Liber Scale Machometi, die latein. Fassung des Kitâb al mi'râdj*, Düsseldorf 1986.

Wernher, Hilda: *My Indian Family*, New York/Toronto 1945 u.ö.

Wiedemann, E.: Fragen aus dem Gebiete der Naturwissenschaft, gestellt an Friedrich II. von Hohenstaufen. In: *Archiv für Kulturgeschichte*, Leipzig 1914, Bd. 11, S. 483ff.

Übersicht über die bedeutendsten Gelehrten der arabischen Blütezeit

Wo latinisierte Namen vermerkt sind, wurden Werke dieser Autoren im mittelalterlichen Europa benutzt – die Liste dokumentiert damit den Umfang des islamischen Beitrags zur Entwicklung der abendländischen Wissenschaften. Die meisten der Genannten waren auf mehreren Gebieten kreativ, es sind jeweils die Schwerpunkte genannt.

Arabischer Name	Lebensdaten	latinisiert
Abu Dâwûd as-Sidjistâni, Sulaimân (Hadithkompilator)	* 817 in Basra † 888	
Abu Ubaida (Philologe)	* 728 in Basra † um 825	
Abu'l-Qasim as-Zahrawi	* 874 in Basra † 935	Albucasis
Al-Asch'ari, ‹Ali b. Ismâ'îl, Theologe	* 936 † 1013	
al-Battani, Mohammed b. Djabir (Astronom, Mathematiker)	* 858 (Persien?) † um 929	Albatenius
al-Birûni, Abu Raihan (Universalgelehrter, ind. Geschichte)	* 973 in Kath (Khorezm) †1048	Albiruni
al-Bitrudji (Astronom), bfreundet mit Ibn Tufail	* Sevilla † 1204	Alpetragius
al-Bukhari, Mohammed b. Isma'îl (Hadithkompilator)	*810 in Bukhara † 870	
al-Farabi, Mohammed b. Mohammed (Philosoph)	* ca. 870 in Farab (Turkestan) † 950	Alpharabius

al-Ghazali, Mohammed b. Mohammed (Mystiker)	* 1058 in Khorasan † 1111	Algazel
al-Imrâni, Ali ibn Ahmed (Astronom)	in Mosul bezeugt † 955 Haly	Embrani
al-Khwarezmi	* 770 in Khwarezm † 840	Algorismus
al-Kindi, Abu Yusuf Yaqub ibn Ishaq al-Sabbah (Philosoph)	* 801 in Kufa † 873	Alkindus
al-Mas'udi (Geschichtsschreiber, Geograph)	* in Baghdad (?) † 956/57	
al-Mawardi, Ali b. Mohammed (Gesellschaftswissenschaft)		
al-Qabisi, Abu 'l-Hasan 'Ali b. Mohammed (Jurist)	* 972 † 1058	Alchabitius
al-Qarâfi, ibn Idrisi, Schihâb ad-dîn Ahmed (Physiker)	* 935 in Kairuan † 1012	
al-Qifti (Biograf)	*1172 in Quft/Ägypten † 1248	
ar-Razi, Mohammed b. Zakkariya (Arzt)	* 864 in Ray/Iran † 930	Rhases
as-Sufi	* 903 † 986	Azophi
as-Suhrawardi, Schihâb ad-Dîn Yahya (Mystiker)	* 1154 in Maragha (Iran) †1191	
at-Tabari, Mohammed b. Djarîr (Korankommentator)	* 838 in Amul (Iran) † 923	
az-Zarqali	*1028 † 1087	Arzachel

Djabir b. Hayyân, Abd Allah (Alchimist, Universalgelehrter)	* um 750 in Kufa † ?	Geber
Hunain ibn Ishaq al-'Ibadi (Arzt, Übersetzer)	* 809 in Hira † 873	Johannitius
Ibn Abdun, Abu Mohammed (Theologe)	* 1080 Evora (Portugal) † 1134	
Ibn Abi Ridjâl, Ahmed b. Salih (Astrologe)	* 619 † 686	Abenragel
Ibn al 'Abbas, Abd Allah (Korangelehrter)	*1620 †1681	
Ibn al-'Abbâs, 'Ali (Augenarzt)	† um 1010	
Ibn al-Haithâm (Physik)	* 965 † 1040	Alhazen
Ibn Badjdja, Abu Bakr Mohammed (Moralphilosoph)	* um 1090 in Andalusien † 1139	Avempace
Ibn Battuta (Reisebeschreibungen)	* 1304 in Tanger † vor 1377	
Ibn Hazm al-Andalusi, 'Ali b.Ahmed (Theologe, Philosoph)	* 994 in Cordoba † 1064	
Ibn Hischâm (Biografie des Propheten)	* in Ägypten † 828 od. 833	
Ibn Khaldûn, Yahya b. Mohammed (Kulturphilosoph)	* 1333 in Tunis † 1379	
Ibn Mâsawaih, Yuhanna, Abu Zakariya (Arzt)	* 777 in Gondischapur † um 857	Mesue
Ibn Qutaiba (Theologe, Historiker)		
Ibn Ridwân, Ali b. Ali, Abu Hassan (Ptolemäus-Komentator)	* 828 in Kufa † 889 HalyAbenrudian	Abenrudian
Ibn Ruschd, Mohammed b. Ahmed	* in Cordoba 1126 † 1198	Averroes

Ibn Sab'în, Qutb ad-dîn Abu Mohammed Abd al-Haqq Sufi	* Vergilia um 1217 † 1269	
Ibn Sina, Abu 'Ali al-Husayn ibn 'Abd Allah (Unviersalgelehrter)	* 981 bei Bukhara † 1037	Avicenna
Ibn Tufail, Abu Dja'far (Arzt, Verf. des philos. Romans Hayy ibn Yaqzân)	* vor 1110 bei Granada † 1185	
Ibn Zuhr, 'Abd al-Malik (Arzt)	* in Sevilla † 1162	Avenzoar
Ibn Zuhr, Abu 'l-'Ala (Arzt)	*1091 in Sevilla (?) † 1130	Aboali u..a.
Mâschâ'allah., ibn Athari al-Basri (Astrologe)	* um 770 in Basra † um 815	Mesehalla
Miskawaih, Abu Ali Ahmed b. Mohammed b. Yakûb (Geschichtsschreiber, Philosoph)	* um 932 in Rayy (Iran) † 1103	Mesue
Muslim b. al-Hadjâdj (Hadithkompilator)	† 875	
Omar al-Khayyâm (Philosoph, Dichter)	* im Irak † 779	
Sufyan Sauri	*1044 † 1123	
Thabit b. Qurra	* 836 in Harrân † 901	Thebit Benchorath
Tirmidhi, Isa Mohammed (Hadithkompilator)	* 824 in Tirmidh † 892	
Usâma ibn Munkidh (Kriegsmann, Autobiografie)	* 1095 in Schaizar (Syrien) † 1188	

Die arabischen Namen enthalten zumeist die Reihe der Vorfahren. Im praktischen Gebrauch erhält der Muslim einen Kurznamen, die *kunya*, die bei Männern mit *Abu* ..., (Vater von ...), bei Frauen mit *umm* ... (Mutter von ...) beginnt (oft selbst dann, wenn die Betreffenden gar keine Kinder haben).

Neben der Kunya kommen vor allem seit dem 10. Jh. Familiennamen in Gebrauch, sei es nach dem Beruf eines Vorfahren (z.B. Omar al-Khaiyâm = Omar Zeltmacher), dem Herkunftsort (al-Bukhari = der aus Bukhara) oder nach dem Vater (ibn al-'Abbâs = Sohn des 'Abbâs, entsprechend dem europäischen Johannsen, Johnson usw.). Bei nichtarabischer Herkunft kann an die Stelle des *ibn* bzw. *ben* (Sohn) die entsprechende Form der betreffenden Sprache treten, z.B. im Persischen die Endsilbe *-waih* oder *-ân* (Masawaih = Sohn des Masa). In Andalusien und Sizilien wird oft ein *–s* an den Namen angehängt, sodass aus Abd ein *abdus* wird.

In späterer Zeit werden vielfach Ehrenbezeichnungen oder Titel zum Namensbestandteil, die früher hochstehenden Persönlichkeiten vorbehalten waren, wie etwa Nureddin von *nûr ed-dîn* (Licht des Glaubens).

Unter Muslimen lebende Angehörige anderen Glaubens (Juden, Christen, Parsen ...) folgten der arabischen Sitte der Namensgebung, also ist an ihren Namen nicht von vornherein die Religionszugehörigkeit zu erkennen. Ihr eigentlicher, d.h. ihrer Religion entsprechender Name war oft nur im Freundes- oder Familienkreis bekannt.[333]

Erklärung islamischer Begriffe

Al-lauh al-mahfûz	Die «behütete Tafel» im Himmel, auf der die Ur-Offenbarung aufbewahrt ist
Ayatollah	*«Zeichen Gottes»*, höhere religiöse Würde im schiitischen Islam
Azzân	Der Gebetsruf des Muezzin
Basmala	Die Formel «Im Namen Gottes, des Barmherzigen Erbarmers (Schöpfers)»
Bida'	Neuerungen, Ansichten oder Gebräuche, die nicht in der *sunna* enthalten und daher unzulässig sind
Dadjdjâl, ad-dadjdjâl	«Der Betrüger», islamische Bezeichnung für den Antichrist
Dâr al-Islam	Das «Haus des Islam», die islamische Welt
Dhimmi	Tributpflichtige nichtislamische Untertanen islamischer Länder
Dîn	Der islamische Glaube
Djama'a	Moschee, Freitagsmoschee
Djamarât, Sing. Djamr	Drei Satan versinnbildlichende Steinmale im Tal von Mina bei Mekka
Djihâd	Das innere und äußere Ringen um oder für den Glauben
Fard	Wozu jeder Muslim verpflichtet ist (vgl. *sunna*)
Fatwa	Rechtsgutachten einer anerkannten geistlichen Autorität
Fedayîn	Glaubenskämpfer
Fida'i	Glaubenskämpfer, besonders bei der Isma'îli-Gemeinschaft
Fiqh	Koranisches Recht

Hadith	Mündlich überlieferter Ausspruch des Propheten oder der ersten Gefährten
Hadith qudsi	*«Heiliger Hadith», Überlieferung* eines Ausspruchs des Propheten Mohammed, der direkt auf eine göttliche Offenbarung zurückgeführt wird
Hadj, Hadji	Pilgerfahrt, Pilger
Hadjar al-aswad	Der an der Westecke der Kaaba eingemauerte schwarze Stein
Halal	Koscher (z.B. vorschriftsmäßig geschlachtetes Fleisch), erlaubt
Harâm	Heilig (vergl. aus der selben Wurzel *ihrâm, Muharram etc).* Heiliges ist unantastbar, daher auch die Bedeutung von *absolut verboten*, auch im Sinn von Sünde (*Harem* bezeichnet somit den unantastbaren Raum des Hauses)
Hedjra	Auszug Mohammeds aus Mekka nach Yathrib (Medina) im Jahr 622
Hidjâb	Kopftuch der islamischen Frauen
Idjma‘	Konsens der Gläubigen als legitime Rechtsquelle
Idjtihâd	Persönliche, selbständige Argumentation zur Anpassung der Koraninterpretation an veränderte Verhältnisse
Ihrâm	Der geheiligte Zustand des Pilgers in Mekka / das rituelle Pilgergewand
Imâm	Vorbeter, in der Schia einer der heiligen Führer der Gemeinschaft
Kadi, Qadi	Richter
Kalif, Khalif	«Nachfolger». Auf Mohammed folgender politischer Führer der Umma
Labbaika	*«Ich komme zu Dir, (Gott)!»* Ruf der Pilger im Angesicht von Mekka
Lailat al-qadr	«Nacht der Bestimmung» am 27. Ramadan

Madhab, Pl. madâhib	Sunnitische Rechtsschule
Maulid (milâd, mouled) an-nebi,	Geburt(-stag) des Propheten Mohammed, wird in manchen Ländern gefeiert
Medrese, Madrasa	Schule, früher nur für Koranschulen und -Studienstätten gebraucht
Mevlud	Für *Maulid an-nebi* in der Türkei, Albanien und Bosnien
Mimbar	Die Predigerkanzel in der Moschee
Muballigh	Wandernder Missionar der Baha'i-Religion
Mudjahid	Der im Djihâd Befindliche
Muezzin	Der zum Gebet Rufende
Mufti	Oberste theologisch-juristische Autorität im sunnitischen Islam
Muhrim	Mekkapilger im Zustand der Weihe *(ihrâm)*
Mullah	Vorbeter, theolog. Gelehrter
Niya	Absicht, Intention, mit der etwas getan wird (z.B. bei Gebet und Fasten)
Qibla	Gebetsrichtung nach Mekka, Nische in der Moschee, die die Q. anzeigt
Qiyâs	Analogieschluss als Rechtsquelle
Raqa'	Ein Gebetszklus, der alle das Gebet begleitenden Haltungen umfasst
Ruhullah = rûhu Allah	«Geist Gottes». Höchste geistliche Autorität der Schiiten
Sadaqa	Freiwilliges Almosen an Bedürftige, besonders eine Gabe vom Fleisch des Opfertieres beim Aaschura-Fest, vgl. *zaqat*
Sahîh	Anerkannte Sammlung von Hadithen
Schâhid	Glaubenszeuge, Märtyrer
Scharî'a	Der *«vorgezeichnete Weg»* (Koran, 45,18); Offenbarung, Rechtsnorm
Schehâda	Glaubenbekenntnis
Sunna	Tradition; Koran und verbürgte Aussprüche *(hadith)* Mohammeds

Takbir	Aussprechen der Formel *Allahu akbar,* Gott ist am größten
Talbiya	Das Aussprechen der Formel «*Labbaika Allahumma labbaik, labbaika lâ sharîka laka*» *(Ich komme zu Dir, Gott! Du hast keine Gefährten!)*
Taqlîd	Striktes Bewahren von Koran bzw. Sunna, Verbot jeglicher Neuerung
Taslîm	Grüßen (mit dem obligatorischen Gruß *as-salâmu ,alêkum)*
Tauhîd	Die Formel *lâ ilâha illa Allah – es gibt keine Götter außer Allah*
Tawîl	Koranauslegung
Ulema, Sing. alîm	Korangelehrte,
Umma, *ummah al-muslimîn*	Die weltweite Gemeinschaft der islamischen Gläubigen
Umrah	Der rituelle Vollzug im Bezirk der heiligen Moschee in MekkaZakat Abgabe, Sozialsteuer – eine der fünf essentiellen Pflichten des Islam

Personen- und Ortsnamen

Moderne (zitierte) Autoren mit abgekürzten Vornamen.
Siehe auch die Gelehrten-Übersicht S. 251ff.

Sachregister

(Siehe auch die Begriffserklärungen auf Seite 256ff.)

Der Erziehung neue Flügel verleihen

Waldorfpädagogik in islamischen Ländern – Helfen Sie uns helfen!

Das tolerante, ja gastfreundliche Zusammenleben von Menschen verschiedener Kulturen und Religionen ist möglich! Frieden und soziale Zusammenhänge entstehen allerdings nicht von selbst. Wo alte Traditionen wegbrechen, müssen sich Menschen erst individuell neue handlungsleitende Ideen zu eigen machen. In diesem Sinne ist die Waldorfpädagogik zeitgemäße Freiheits- und Friedenspädagogik in einem.

Die Waldorfpädagogik orientiert sich konsequent an der Entwicklung des Kindes und stellt es in den Mittelpunkt. Sie fördert die Fantasie, das Interesse für die Welt und später selbstständiges Denken, statt diese Fähigkeit frühzeitig zu verschütten. Wirklich friedensfähig werden in Zukunft nur jene Menschen sein, welche die eigene Freiheit und schöpferische Begabung erleben können.

Einzelne Menschen haben immer wieder erkannt, wie zukunftsträchtig der Waldorfimpuls auch für die islamischen Länder ist. Hervorragendes Beispiel ist Ibrahim Abouleish, der mit seiner Sekem-Initiative in Ägypten einen starken sozio-kulturellen Impuls setzte und kürzlich den Alternativen Nobelpreis verliehen bekam.

Auch in Jordanien und Pakistan haben Waldorfinitiativen begonnen, im Norden Israels gibt es eine jüdisch-arabische Gemeinschafts-Initiative … In der Türkei, in Algerien, Iran, Bangladesh oder Afghanistan suchen einzelne Menschen nach Möglichkeiten und Wegen, die Waldorfpädagogik als Ansatz für eine zeitgemäße Erziehung bekannter zu machen.

Helfen Sie uns, dass wir diese mutigen Initiativen unterstützen können!

Freunde der Erziehungskunst Rudolf Steiners e.V.
Postbank Stuttgart, BLZ 600 100 70, Kontonummer 39800-704,
Stichwort: «2614 Islam»
www.freunde-waldorf.de